Smarter Crime Control:
A Guide to a Safer Future for Citizens, Communities, and Politicians

智慧的犯罪控制

共建安全未来的指南

Irvin Waller

【加】欧文·沃勒 ◎ 著
吕岩 ◎ 译

中国法制出版社
CHINA LEGAL PUBLISHING HOUSE

世上有一种东西比所有的军队都更强大,那就是恰逢其时的思想。

——维克多·雨果

序

我与本书作者欧文·沃勒教授相识于20多年前。当时，我在司法部预防犯罪研究所任副所长，他在加拿大蒙特利尔的国际预防犯罪中心任主任，两人有些通信往来。我们初次见面是在每年一度的维也纳举行的联合国预防犯罪和刑事司法委员会会议上，他代表他的中心，我是中国政府代表团成员。两个人都在会上发了言，对各自的发言都很留意，会下见面进行了交流。后来，我们在这个场合和很多其他场合包括北京不断见面，就越来越熟。我在1996年主编了一本《犯罪被害人学》（北京大学出版社1997年版），我邀请他撰写了关于国际被害人学会这一部分的稿子。2015年，我们都参加了在多哈举行的第十三届联合国预防犯罪和刑事司法大会，他与被害人学界的几位知名学者积极参加中国代表团举办的法律援助展览和推介活动，向中国表示友好和支持。在这次会议上，他提到了这本书和译者吕岩，吕岩正在他执教的渥太华大学犯罪学系研修，吕岩和他本人都希望我为这本书作序，我就毫未推辞地答应了。

吕岩翻译完书稿之后将电子版发给了我，我认真读了两遍，尽管电子版读起来不太方便。我读完之后感觉这本书是沃勒教授从事犯罪学特别是预防犯罪研究40多年的心得集萃，以非常朴实的语言做了述说，正如他在前言中所说的："本书语言简单易懂，意在和一般公民、执政者及警官、司法人员、媒体和学生分享真正能有效阻止犯罪的方法，并说明这些方法今天如何能够得到实施以提高未来我们的集体公共安全。"实际上，作者的语言不仅通俗易懂，而且发自肺腑。作者真心希望政府、政治家和刑事司法系统能够把受害人和纳税人的安全作为首项议程。

沃勒教授在书中选择的10个专题，包括犯罪前预防的重要性、刑事司法系统观念和体制的革新，犯罪前预防的重点人群包括加害群体和易受害群体、重点环节和重要方式以及财政投入的方向等。每个专题都以大量的事实与数据和深入浅出的行文，批判了在预防犯罪上的过失和没用的思想，给出了改革创新的方法。他介绍的美国执法，法庭和矫正创新项目的科学研究成果就达数百个。

书中仅选取美国的资料为研究背景是一个遗憾。作者的解释是美国在犯罪和应对犯罪两个方面的数据、研究和证据比其他国家要丰富和系统。另一方面，美国的犯罪情形也是其他任何发达国家都无法比肩的。当然，富有创新精神的美国在面对全世界最高的犯罪率和监禁率时的反思并据此进行的革新尝试也是多数发达国家所不能及的。

其实，对犯罪预防胜于惩处的思想和观念并不鲜见，古已有之，法学大师们一直在传播，现代政治家也在倡导。学者们发现，早在2000多年之前，我国《周易》中就有"君子以明庶政，无敢折狱"这样的记载。在200多年之前，古典学派大师贝卡里亚在《论犯罪与刑罚》的结尾就宣称："预防犯罪胜于惩罚犯罪。"颇受贝卡里亚思想影响的沙俄女皇叶卡捷琳娜大帝在《与伏尔泰的往来书信及1767年圣谕》中也重申贝卡里亚的这一观点。沃勒教授在书中指出，2012年英国首相也精彩地提出了这样的观点："预防是最有效和最省钱的处理犯罪的方法，其他方法都是在收拾残局。"

但是，中国有句古语："知易行难。"在治理犯罪问题上，预防胜于惩罚的观念实施起来尤其如此，因为预防犯罪需要投入，而这类投入没有立竿见影和显而易见的有形回报，犯罪减少是无形的报偿，公众和政府往往感觉不到。反过来，只有犯罪增加和频发时，公众和政府才会吃惊。希望沃勒教授这本《智慧的犯罪控制》能够对我国的公众意识、刑事政策和公共政策发挥积极的影响,对于预防犯罪和社会治理产生正面的效果。

郭建安

中国法律服务(香港)有限公司副董事长、

总经理,原司法部司法协助外事司司长

目 录

致　谢 / 001
前　言 / 001

第一章　智慧的公共安全：优先考虑被害人和纳税人 / 001

第一部分　犯罪控制的革新方案 / 033

第二章　警务：从事后的过度应对到犯罪危害产生前制止犯罪 / 034

第三章　司法：通过避免不必要的法庭介入来制止犯罪 / 067

第四章　矫正：通过减少大规模监禁来制止犯罪 / 103

第二部分　智慧的预防犯罪方案 / 131

第五章　预防青年成为惯犯 / 132

第六章　智慧的枪支暴力预防：外延服务和控制 / 170

第七章　预防针对女性的暴力 / 202

第八章　预防交通和酒精有关的暴力 / 225

第九章　预防社区财产犯罪：自主预防 / 253

第三部分　受害人和纳税人的安全：政府议程的首要问题 / 275

第十章　投资于智慧的公共安全，以减少受害者和降低税收 / 276

参考书目 / 311

索　引 / 338

致　谢

本书的灵感来自于和我已经共事 40 多年的成就非凡之人，他们来自于政府部门、非政府部门以及全世界，特别是加拿大、法国、英国和美国。他们每个人都对我的一生和我先前的两本书《少一点法律，多一点秩序》(*Less Law, More Order*) 和《被遗忘的犯罪被害人权利——回归公平与正义》(*Rights for Victims of Crime: Rebalancing Justice*) 做出了特殊贡献。

我觉得这些书的问世还不足矣，因为犯罪控制已经到了关键时刻。"世上有一种东西比所有的军队都更强大，那就是恰逢其时的思想。"执政者和警察领导者改变了他们的话语论述，他们开始用诸如"智慧的犯罪控制"这样的短语，这在《少一点法律，多一点秩序》一书中有所体现。他们承认不能被犯罪绑架，想要将有效的社会预防和聪明的执法结合起来，毒品战争的失败和大规模监禁令他们感到不安。

全新的社交媒体使我和那些献身于用证据制止暴力的人的联系扩大了，在这个新的世界里，志同道合的专业人士和被害人的拥护者能分享和争论被害人研究的最新进展。他们当中的一些人在本书中被提及，另外一些人知道我借鉴了他们的思想。有三件事引起我对 Twitter 的关注，改变了本书以及我的热情。第一件事是米歇尔·亚力山大（Michelle Alexander）的著作《新吉姆·克罗：色盲时代的大规模监禁》（*The New Jim Crow: Mass Incarcerationin a Time of Color Blindness*），这本书抓住了国家命脉，荣登《纽约时代》（*New York Times*）最畅销书之列。这本书论述道，大规模监禁非常带有种族歧视色彩，对社区的作用适得其反。第二件事是医药研究所对美国年轻人健康差距做了全面的分析，研究表明，和其他富裕民主国家比较，美国支出巨大的前沿健康护理（高度监禁）不能让年轻人健康。第三件事是一群超级明星和超级变革的代理人将他们对大规模监禁和毒品战争的看法直接上书给美国总统，总统已经开始引用投资学前教育制止犯罪（每投入 1 美元节省 7 美元），投资生活技能培训制止吸毒（每投入 1 美元节省 18 美元），这些投资的成本有效性无可争议。

我还要感谢编辑和伊丽莎白·邦德的帮助，感谢皮埃尔·伯特兰为本书绘制图表。我希望本书是对我周围为此做出牺牲的人的最好答谢，特别感谢我妻子的耐心和建议。

所以谨以此书献给所有致力于制止暴力、拯救被害人生命，以及那些直面更多年轻人死于暴力现实的人,因为更多的年轻人死于狱中,而不是直面更多的年轻人死于狱中。本书特别献给那些重新点燃火炬照亮更智慧的前行之路的人,特别献给那些劝说执政者将犯罪被害人权利作为头等大事而重新进行智慧的投资的人,特别献给那些劝说执政者建设没有暴力的社区的人。

欧文·沃勒

加拿大渥太华

前　言

> 安全是我们最重要的民权，免受暴力是我们最重要的自由。
>
> ——康妮·赖斯　民权律师

美国是世界上最富有（医疗最发达）的国家，在富裕的民主国家（这个词指的是西欧、北美和澳大拉西亚[1]的主要国家）中，美国因杀人、交通事故和毒品过量而造成的年轻人的死亡率也最高。关于如何制止暴力犯罪，美国研究出最科学的知识，但是对这些知识的使用却最少。

本书直面这一残酷的事实，为加强公共安全节省税款提供实际可行的解决方法。本书将关于制止暴力的丰富知识转化成立法者可以实践的具体行动，如果立法者作出变革，将执法、法庭和矫正成本的10%进行重新投资的话，每年会在大量受害者生活质量的损

---

[1] 澳大拉西亚，一个不明确的地理名词，一般指澳大利亚、新西兰及附近南太平洋诸岛，有时也泛指大洋洲和太平洋岛屿。——译者注

失问题上节省3000亿美元。

而且,相信小政府的美国人人均用于更大的政府以应对犯罪的成本比其他富裕的民主国家要高。英国通过削减已经比美国少的政府开销而取得了更低的犯罪率,将其在警务和矫正领域的开销减少了多达20%,而美国的犯罪率也空前地下降了,但是成本仍然很高。

本书论述了如何重新投资以制止暴力,使被害人免于伤害,以及在犯罪数量减少的同时为纳税人节省成本。本书还论述了如何通过停止对被害人没有造成伤害的犯罪人进行监禁来节省更多税款。将现在用于应对犯罪的10%的钱重新投资到成本有效的预防和使被害人免受伤害的更加有效的犯罪控制上,同时可以为纳税人节省数十亿美元。所以削减20%的开销(像英国那样)将会为被害人节省3000亿美元,减少10%的税收,削减不起作用的机构的开销可以为纳税人节省更多。

本书估测,即使重新投资于成本有效的公共安全,纳税人每年可以节省高达1000亿美元。犯罪率进一步下降的话这点可以达到,但是需要减少大规模监禁,将监禁率减少到美国暴力率和今天一样低的时期,最终监禁率和其他富裕的民主国家相当,证据表明这可以达到,对犯罪被害人不会增加风险。

本书的每一章都分析了制止暴力的有利手段,然后列出立法举措。本书的第一部分重点探讨了警察、法庭和矫正机构如何变革进行安全重组，减少无效的行动，以及更有效地使被害人免受伤害。第二部分用证据支持立法行动，这些证据不仅包括预防年轻人成为惯犯，而且包括将枪支暴力、针对女性的暴力、交通死亡和财产犯罪的被害人数量减少一半或者更多。

美国的街头暴力犯罪率特别高，这并不新奇。20世纪60年代的暴力犯罪率如此糟糕，以至于多达三任总统委员会对如何阻止暴力流血提出实用的建议，暴力被冠以"自由社会的犯罪挑战"称号。50年后，我们不仅积累了更多关于现代执法、刑事司法和矫正的经验，而且积累了关于预防暴力及节省纳税人成本的宝贵科学研究成果，这些科学研究大多在美国得以形成和发展。

美国重视民权和自由。即使在20世纪60年代，民权还在向前进步时，这个国家的监禁率就是其他自由的民主国家的二倍，已经比今天世界的平均监禁率还高三分之一。但令人遗憾的是，对于暴力行为的受害人来说，美国政府的各种制度忽视了委员会预防暴力的建议，以司法的名义将其监禁率翻了三倍，强化了种族歧视，《纽约时代》周刊的畅销版称之为"新时代的吉姆·克罗"。

但是不仅黑人——我在本书中用这个词是因为主要统计资料中使用这个词——的监禁率比白人高得多，而且这么高的监禁率并没有消除黑人、白人和西班牙裔之杀人被害风险的巨大悬殊。我还将在本书中使用这个词，因为主要的统计机构都在使用它。

现在美国不仅拥有世界上最高的杀人、交通死亡和吸食（注射）毒品过量率，它还拥有最高的监禁率，这对于这个星球上任何其他自由的民主国家来说都不可想象。一些人说这个国家对监禁已经上瘾：剂量不够就再三地增加。

那些运作刑事司法体系的人（和他们的社会学辩护者）认为监禁成瘾的理由是犯罪被害人的倡导。但这并不是大多数被害人的倡导所导致的，当然监禁不能保护大多数被害人。一个忽视被害人需要的制度肯定会引起愤怒。美国不是那些被害人的垄断者，他们的生活已经被不可原谅的暴力破坏了，他们无可非议地迫切需要给予犯罪嫌疑人严厉的判决。但是这不是现代司法的初衷，也不是制止暴力的方法。

尽管如此，暴力不是不可避免的，暴力可以预防。大多数被害人真正想要的是制止暴力。美国的科学家正在征服太空、寻找治疗癌症的方法，自从接受这些使命他们再也没有睡过好觉。一群犯罪学的"泰坦"[2]通过纵向研究、随机控制实验和合作元分析，一直在探索制止暴力的方法。今天已经有非常丰富的知识和项目赢得了消费者的真正认可，因为有科学证据

---

[2] 泰坦（titans），希腊神话中的神族。——译者注

证明它们能制止暴力。所以为什么不在美国和其他富裕的民主国家运用这些知识、实施这些项目呢？

本书的特色表现在以下几个方面：第一，本书侧重于研究制止暴力的方法，暴力深刻地影响到年轻的拉丁美洲人，尤其是黑人，而其他著作只是在强调监禁上的种族歧视。第二，本书侧重研究在被害人受到伤害前预防暴力的投资方法，而不是大肆宣传监禁后再次入狱的小变化。第三，本书侧重成本有效的犯罪前预防，而不是研究是否更昂贵的压制性执法能够控制犯罪。第四，本书使用了美国的统计数据和相关知识，然后将美国的犯罪趋势和其他富裕的民主国家进行比较，而不是孤立地解释美国的趋势。第五，本书的结论为美国和其他富裕的民主国家的被害人提供了无限的希望。

本书是公民、社区和执政者制止暴力、交通死亡、吸食（注射）毒品过量等行为，建设更安全社区的指南。它给出制止浪费的实用指南，因为社区不像现代科学表明的那样安全，年轻人的生命都因大规模监禁而浪费了，而不是为社区做出贡献，税款花在没用的体制和机构上，而不是花在有效和成本有效的举措上。本书的每一章都给执政者简单列出了以公民名义制止暴力的举措。如果他们按照这个指南行动的话，他们将为我们自己和我们的下一代，提供更智慧的公共安全。

第一章　智慧的公共安全：优先考虑被害人和纳税人

一、引言

当我们听到新闻里新近发生的耸人听闻、罕见的犯罪报道时，许多人的反应是恐惧和沮丧，通常人们叫嚷着"惩罚犯罪人！""他们犯罪了就得蹲监狱。""把他们扔到监狱里，他们就不会做坏事了。"警察对他们实施逮捕，法官对他们进行审判，监狱看守对他们进行监禁。大多数人，甚至我们的执政者，想都不想，就认为这一制度不管怎样都会有效地保护我们，使我们不受伤害。制度一直这样，所以它肯定有效，对吗？

答案是"不对"，因为这一制度不总是有效。富裕的民主国家之一——美国，因杀人、交通事故、吸食（注射）毒品过量等原因死亡的年轻人最多，监狱里犯罪人的数量是英格兰和威尔士的5倍，是其他主要富裕民主国家的7倍。不考虑监禁水平的话，对应其人口数的财产犯罪率一直在下降。

在美国，每天出现的庞大犯罪被害人数量，就使找到更智慧的犯罪控制方法迫在眉睫，虽然人们已经习惯于老早就发明了的刑罚制度，而且纳税人也为此付出了巨大成本。

尽管这一传统制度确实在美国或其他国家运行，甚至有点效果，但是它特别压制年轻男性，尤其是黑人和少数群体，恰恰这方面因素使得年轻人在这一制度下更可能被杀害或遭到严重伤害。

对于纳税人来说，这一制度也不划算。在整本书中，我们将看到，这一制度带来的收益没有更聪明的、花费较少的方法，尤其对有效的预防再投资所取得的收益那样好（通常情况下更糟）。具有讽刺意味的是，研究者（他们中很多是美国人）用其敏锐的科学头脑，发现了更为有效和划算的措施。越来越多的科学研究已经发现了减少被害人数量和纳税人成本的方法，这些方法已经得到证明。虽然这些方法越来越多地被美国政府运用，网上也可以免费获得，但是在立法层面没有被具体提出来，本书将为美国和其他富裕的民主国家的立法提供建议。

然而一直让我困惑的是，美国和其他一些富裕民主的国家在很大程度上仍然没有将这些更聪明的方法大规模付诸实践，包括执法、法庭、所谓的"矫正"（事实上没有"矫正"问题），犯罪行为发生前的预防——睿智的人们称之为"犯罪前预防"。

所以现在是时候质问美国和其他国家的立法者：为什么我们不能更聪明地做事呢？为什么我们不能基于既有的最好知识做事呢？为什么我们把纳税人大量的金钱浪费在显然不能有利于被害人的方法上？为什么我们仍然制定在保护被害人之前就注定成为被害人的制度？诚然，当公民的安全和生活质量受到食物链顶端那些人们错误想法威胁的时候，我们确实有权利给立法者施压。所以为什么我们不问问执政者这些尖锐的问题，要求他们直接回答并且采取一些重要的措施呢？

关于犯罪控制的书籍和学术文章大多含糊不清，令人糊涂，因为它们的写作方式似乎告诉普通的美国人或其他公民，解决犯罪问题最好留给专业的执法者、律师、法官和矫正机构的管理者，所以普通公民和执政者如果不在先进的学术环境下研究这一科学的话，他们就不能理解这一科学的法律原则及其背后的逻辑。

那么，本书就是我对此作出的回应。我已经在这一领域工作40多年了，我想告诉美国的公民和全世界人民，犯罪控制事关每个人，因为犯罪控制以非常个体的方式影响到每个人，要么他们是犯罪被害人（或者不久可能是被害人），要么他们的工作性质使得他们第一时间看到犯罪造成的严重后果，或者他们不知不觉地允许执政者在他们未授权的情况下将其辛辛苦苦挣来的税款交给官员和律师来对抗犯罪。

本书将阐明关于智慧的犯罪控制的知识没有超出普通纳税人、选民或者执政者的认知。本书语言简单易懂，意在和一般公民、执政者、警官、司法人员、媒体和学生分享真正能有效制止犯罪的方法，并说明这些方法今天如何能够得到实施以提高未来我们的集体公共安全。本书旨在将这一知识与那些有勇气做出变革的执政者和那些真正为被害人（未来的被害人）利益着想的立法者分享。本书还将这一知识和公众分享，因为他们享有基本市民权利，如要求其税款能得到最明智的使用，如果过时的和没用的思想盛行的话，受苦的是公众。

没错，本书主要使用美国的数据、研究和证据。一方面是因为和任何其他富裕的民主国家相比，美国在犯罪和应对犯罪的制度方面拥有更多数据，研究更丰富，证据更具有说服力；另一方面是因为街头、家庭和交通暴力犯罪使我们面临严峻的挑战，可是打击这些暴力犯罪的措施过于极端，花销巨大。所以从美国的科学研究和基本数据中得出结论的可能性显而易见，好多结论和其他富裕的民主国家息息相关，因为这些国家没有犯罪控制的数据和证据，而且也没有像美国那样极致地控制犯罪。

本书论述了通过更聪明的方法和务实的改革，美国如何能重组其当前的执法、法庭和矫正制度；论述了社会机构和组织如何得到支持，找到长久的解决办法，通常成本要少得多，有时将更聪明的执法和解决问题的法庭相结合。本书还论述了这些更聪明的方法如何使潜在的被害人免于伤害，为纳税人省钱，使有风险的年轻人免于在监狱中虚度光阴。本书每一章的结尾都简洁地列出了立法者改善今天社区状况可以采取的措施，这些结论和美国及其他富裕的民主国家都有关。

本书介绍了数百个创新的执法、法庭和矫正项目的科学研究成果，许多研究是美国的研究者在美国的社区做出的美国式创新。本书还给出一些其他国家的经验供美国借鉴。表明经检验证明了的项目等着在全国任何社区实施，本书确切地告诉读者到哪里可以找到有效制止犯罪的更多方法案例。没错，这些新方法比起代表现存制度的一些执政者那些令人眼花缭乱的说法可能有些不起眼，但是它们比较实际，因为这些新方法使被害人免受伤害，而且花费让人能够负担得起。

重要的是，本书没有重点强调我们要在更大或者更小程度上惩罚犯罪人，而是强调我们如何阻止犯罪的发生，以减少被害人数量。

下面的问题供大家思考：我们现在的执法、法庭和矫正制度都注重犯罪行为发生后对其做出应对，确切地说，他们只不过是把牙膏放回管里。好吧，难道就没有人想过，无辜的人们已经成为犯罪被害人尤其是暴力犯罪的被害人后，这种做法不足以解决问题，而且太晚了吗？实际上，纳税人的钱都花在事后清理的工作人员身上了，而这些钱本应该花在研究暴力犯罪预防的专家身上。

现在如果我们把重点从积极地制止犯罪转移到预防犯罪的话，我们每年会节省数十亿美元，使数以百万计的公民和家庭免受改变生活（经常是破坏生活）的受害经历——据估计造成的伤害达数以千亿美元。2012年英国首相精彩地总结了上述观点："预防是最有效和最省钱的控制犯罪的方法，其他方法都是在收拾残局。"我希望这本书能让大家都意识到收拾残局的做法不够好。

二、美国的犯罪悖论

美国是一个富裕的民主国家，以自由、幸福和个人创业为基础。

但是，在全世界最富裕的民主国家中，美国一直是凶杀率最高的国家（见图1-1），这个称号从1950年前就开始拥有。美国年轻人被杀率是其他富裕民主国家的7倍，持枪杀人是其他富裕民主国家的20倍，通常是用手枪。[1] 而且，年轻黑人被杀率是白人的10倍。

---

[1] Steven H. Woolf and Laudan Aron, eds., U.S. *Health in International Perspective: Shorter Lives, Poorer Health* (Washington, DC: National Academies Press, 2013).

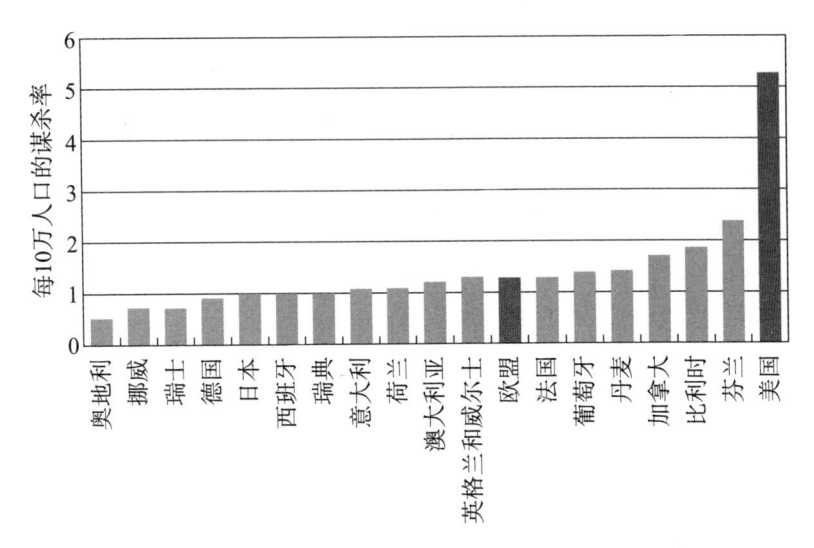

图 1-1　美国的谋杀率：比其他富裕的民主国家（地区）高得多

除此之外，美国的交通死亡率至少是其他富裕民主国家的 2 倍，醉驾致死率是英格兰和威尔士的 8 倍（见图 1-2）。事实上，医学研究所的报告表明，美国年轻人早逝的风险比其他富裕民主国家的要高得多，因使用枪支，交通事故（好多事故涉及的司机因为意识不清而造成刑事犯罪）和吸食（注射）毒品过量导致的死亡率也比其他国家高得多。[2]

---

[2] Sabrina Tavernise, "For Americans under 50, Stark Findings on Health Published", *New York Times*, January 9, 2013, http://www.nytimes.com/2013/01/10/health/americans-under-50-fare-poorly-on-health-measures-new-report-says.html?_r=1&, accessed February 20, 2013; National Research Council, U.S. Health.

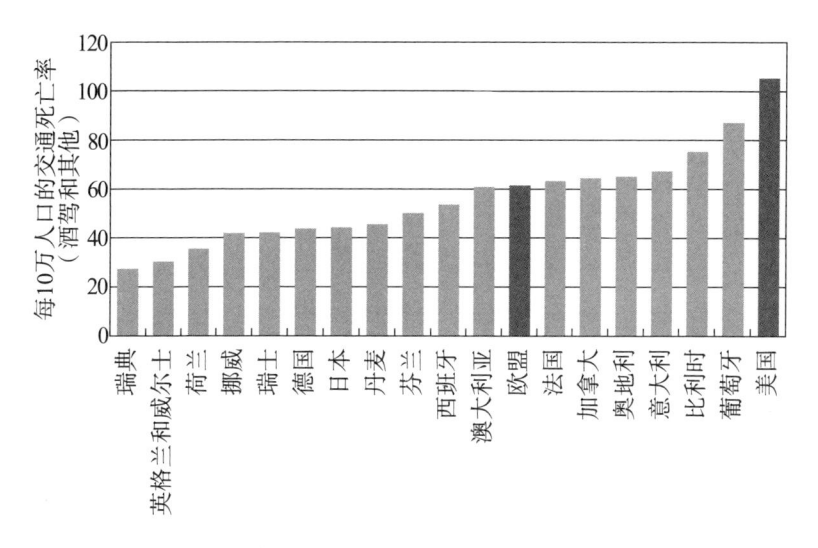

图 1-2 美国的交通死亡率：比其他富裕的民主国家高得多

尽管美国开展大范围甚至过度的所谓反对毒品的行动，吸毒还是榜上有名。据估计，美国消耗掉世界上 25% 的非法毒品，但其人口只占 5%。[3] 尽管对毒品的打击加强了，但是因为吸食（注射）毒品过量而导致的意外死亡还是增加了两倍，这个数量超过杀人和醉驾事故的总和。[4]

自 1950 年以来，美国一直是"狱警冠军"。众所周知，从那时起，暴力犯罪可获两个或更多的无期徒刑，几十年在狱中服刑。1970 年，美国的监禁率大概是加拿大、法国、德国和英国的两倍，

---

[3] Ernesto Zedillo, "Rethinking the 'War on Drugs': Insights from the US and Mexico", Vox, May 22, 2012, http://lnkd.in/x5E-7w, accessed August 11, 2013.
[4] 死亡率一直在上涨，鸦片引起了严重问题。见国家重要数据系统，网址 http://www.cdc.gov/nchs/nvss.htm.

虽然还赶不上苏联。[5] 但是今天美国让世界上每一个其他的民主或者不民主的主要国家都黯然失色，因为其监禁率占世界的20%，而其人口只占世界的5%。超过英格兰和威尔士5倍，是其他富裕民主国家的7倍（见图1-3），比俄国高50%，是中国的5倍，而俄罗斯和中国通常被认为是世界上最严苛的国家。[6]

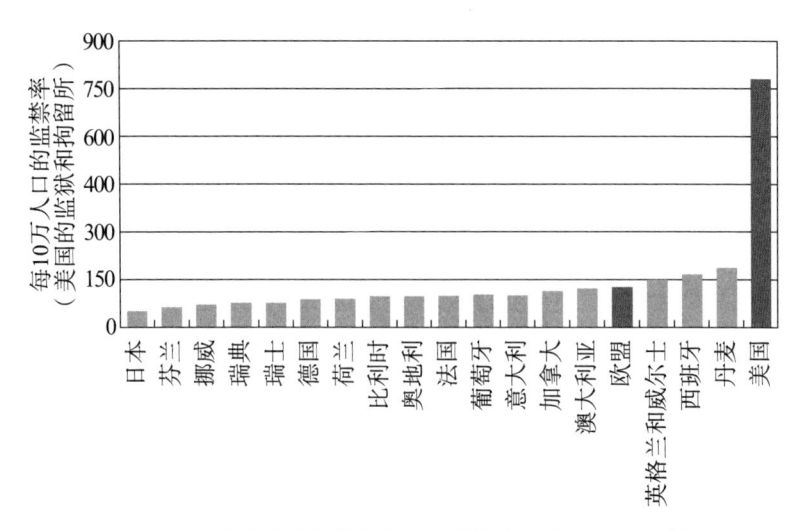

图1-3 美国的（高度）监禁率：比其他富裕的民主国家高得多

令人奇怪的是，美国对交通犯罪的反应要温和得多，它效仿了其他富裕民主国家的成功做法，实际就是按照国际上的做法，通过法律来处理死亡的风险因素（如超速和醉驾），而不是徒劳无

---

[5] Irvin Waller and Janet Chan, "Prison Use: A Canadian and International Comparison", *Criminal Law Quarterly* 17, no. 1（1974）: 47–71.
[6]《全世界每十万人拥有的监狱人口数》，国际监狱研究中心 http://www.prisonstudies.org/info/worldbrief/wpb_stats.php?area=all&category=wb_poprate, accessed May 5, 2013.

益地让罪犯长期服刑。对于交通事故,"聪明"的做法就是将道路和汽车设计得更合理从而保证人们的安全,对超速和醉驾行为进行罚款或者有效地服刑。尽管这样,美国的交通死亡率比其他发达的民主国家还高,这有可能是因为美国没有像其他国家那样执行法律,这点将在本书第八章中谈及,美国没有像欧洲那样有罪必查。

我并不想把美国描述成无可救药,在过去的30年到50年,正如其他富裕的民主国家一样,美国大多种类的犯罪率和交通死亡率实际一直在下降。自1990年以来,美国的暴力犯罪下降了50%,自1970年以来财产犯罪下降了70%。事实上,自1970年以来,就大多数暴力犯罪和财产犯罪而言,也没有更低的了。乐观的是,不计杀人和枪支暴力犯罪的话,美国的犯罪率几乎和其他富裕民主国家一样,美国因道路交通犯罪,如酒驾,导致的死亡数量也在大大减少,尽管没达到其他发达国家的水平。除此之外,美国和其他国家一样,对女性暴力被害人的需求也做出回应。

三、被害人付出的巨大代价

但是这些小小成就还不足矣。美国犯罪统计报告表明,过去40年的被害人数量在减少,但是司法统计局的年度全国犯罪被害人调查表明，被害人的真正数量是执法机构掌握的数量的 2 倍，[7] 因为很多被害人对传统的执法机构、法庭和矫正机构的工作很失望，所以他们不到警察局报案。[8]

我们来看一下每年的实际犯罪数量，尽管自 1990 年以来暴力犯罪数量下降了 50%，在每 1000 个年龄 12 岁或 12 岁以上的人中，大约有 3 个身体受伤害的被害人，5 个人是涉及武器的严重暴力犯罪的被害人。[9] 美国每年有 500 万起侵犯人身的犯罪，其中包括 100 万起严重侵犯人身罪，对于 2 亿 5700 万个年龄 12 岁或 12 岁以上的人群来说，也就是每 50 人中有一个人是被害人。

同样，自 1970 年以来，尽管财产犯罪数量下降了 70%，每 1000 个家庭中，有将近 30 个家庭遭受入室盗窃，5 个家庭的机动车被盗，对于每年的 1200 万起盗窃事件来说，这意味着对于大约 1 亿 2300 万个家庭来说，据估计个人财产被害人达 1700 万，也就

---

[7] 这项调查是国家犯罪受害调查，此调查独立于执法，不受警察决策的影响，统计公正。调查独立于警察决策将资源分配给侦探和对"911"电话的应对，调查的对象是成人，调查的方式和人口普查、每年的失业调查一样。实际人口普查局代表美国司法部确定代表样本，负责调查。这些调查评估普通犯罪如住所盗窃、汽车盗窃、侵害、抢劫和性侵的受害率。自 1972 年以来，每年进行一次，已经超过 40 年了。调查规模巨大，2010 年美国大约 84,000 个家庭的 150,000 个 12 岁以上的人接受了调查。现在在其他工业化国家，类似的调查很常见。例如，英格兰威尔士犯罪调查每年的样本是 6 万个家庭，已经成为检测英国犯罪减少策略成功与否的参照。加拿大落后于其他国家，因为它每五年进行一次调查，而且样本相对较小，只有 25,000 个家庭。然而，加拿大在针对女性的暴力调查领先于其他国家，现在也开始在其他国家进行。还有国际犯罪被害人调查，可以对不同国家的被害率进行比较，每个国家的样本只有 2000 个。

[8] Irvin Waller, *Rights for Victims of Crime: Rebalancing Justice* (Lanham, MD: Rowman and Littlefield, 2010), 58–62.

[9] Jennifer L. Truman and Michael Planty, *Criminal Victimization*, 2011 (Washington, DC: US Department of Justice, Bureau of Justice Statistics, 2013).

是说每 7 个家庭中有一个受害。所以，尽管犯罪率下降了很多，受害却并没有减少。

这点同样适用于针对女性的暴力犯罪，这一犯罪的长期发展趋势不是很明了，因为直到过去 10 年，这方面的调查都不可靠，但是今天我们可以参考那些优秀的全国范围的调查。这些调查表明每年有 100 万名女性遭到强奸，这意味着每五名女性中有一个在其一生中遭到过强奸，大多在 25 岁之前。[10] 每五名女性中就会有一个在读大学期间遭到性侵，除此之外，每年有超过 100 万名女性会遭受亲密伴侣的严重身体暴力侵害。[11] 我们不清楚这些犯罪率是在上升还是在下降，我们知道的是这些调查结果可信，针对女性的暴力犯罪令人担忧。

估算年轻被害人的数量要困难得多，儿童照管机构确认有超过七分之一的孩子受过虐待，儿童福利联盟证实每年至少有 80 万起虐童案件，案件通常发生在家中，这些孩子当中有 1200 名受到杀害。受到虐待孩童的真正数量可能更多，家庭之外，每 14 名孩童中有一名在学校里会受到欺凌，这一现象逐渐得到重视，我们应该认真对待这一现象。

现在我们可以相应地从经济学角度来估算一下暴力犯罪和财产犯罪对被害人造成的损失有多大了。每年的总损失超过 4700 亿美元（相当于每个美国人每年损失 1500 美元），这一数目从 1990 年以来没什么变化，因为大多数普通犯罪的犯罪率下降了 50%，但是生活成

---

[10] 见第七章图 7-1。

[11] M. C. Black, K. C. Basile, M. J. Breiding, S. G. Smith, M. L. Walters, M. T. Merrick, J. Chen, and M. R. Stevens, 国家亲密伴侣和性暴力调查：2010 年 Summary Report（Atlanta, GA: National Center for Injury Prevention and Control, Centers for Disease Control and Prevention, 2011）。

本也上升了 50%。[12] 1993 年损失的成本包括医疗成本（180 亿美元）、财产损失、精神医疗成本、生产力损失成本（870 亿美元）和被害人巨大的生活质量（遭受的痛苦和悲伤）损失成本（3450 亿美元）[13]。

在图 1-4 中，我按照三种犯罪被害人比较了上面估算的损失成本：杀人犯罪和酒驾造成的死亡（1080 亿美元）、强奸/性侵（1500 亿美元）、侵犯人身（900 亿美元）[14]，每一种犯罪每年造成的损失都在 900 亿美元到 1500 亿美元之间——接近 GDP 的百分之一。对被害人造成的伤害的成本是警察、法庭和矫正机构的成本的 6 倍。我增加了虐童的成本——每年 1240 亿美元，[15] 我还增加了酒驾的成本——每年大约是 1350 亿美元。[16] 对于交通死亡的总

---

[12] Ted Miller, Mark Cohen, and Brian Wiersema, *Victim Costs and Consequences: A New Look* (Washington, DC: US Department of Justice, National Institute of Justice, 1996).

[13] 2004 年世界银行的研究表明仅在生产力上，性别暴力导致现有市场经济中女性五天的工作日失去一天的生产力。参见世界卫生组织：《人与人之间暴力的经济维度》（日内瓦：世界卫生组织，2004）。经济学家也分析犯罪被害人的痛苦和创伤经历，他们称之为"生活质量的丧失"。他们的衡量标准由美国民事法庭对各种犯罪平均裁定的研究决定，所以经济学家对痛苦和创伤带来的损失的统计基于民事法庭的赔偿（由他们的陪审团决定）。另外一个统计方法基于对因为受害带来的痛苦和创伤的即时补偿。后者的成本比本书中提到的成本要高的多，参见 Mark A. Cohen and Alex R. Piquero, "New Evidence on the Monetary Value of Saving a High Risk Youth", *Journal of Quantitative Criminology* 25, no. 1 (March 2009): 32–36.

[14] 参见 Waller, *Rights for Victims*, 24–26 页的观点和细节，估算来自于 Cohen and Piquero, "New Evidence", 32–36 页的最新的自下而上的估计，但是来自于本书中第七章对强奸（1,000,000）和第八章对醉驾事故（12,000 例死亡和 275,000 起事故伤害）的最新统计。

[15] "Cost of Child Abuse and Neglect Rival Other Major Public Health Problems", CDC Injury Center, http://www.cdc.gov/violenceprevention/child-maltreatment/economiccost.html, accessed April 30, 2013.

[16] "Statistics", 反对酒驾的母亲（MADD）, http://www.madd.org/statistics/, accessed February 16, 2013; "Impaired Driving in the United States", 国家高速交通安全管理局 http://www.nhtsa.gov/people/injury/alcohol/impaired_driving_pg2/us.htm, accessed April 28, 2013.

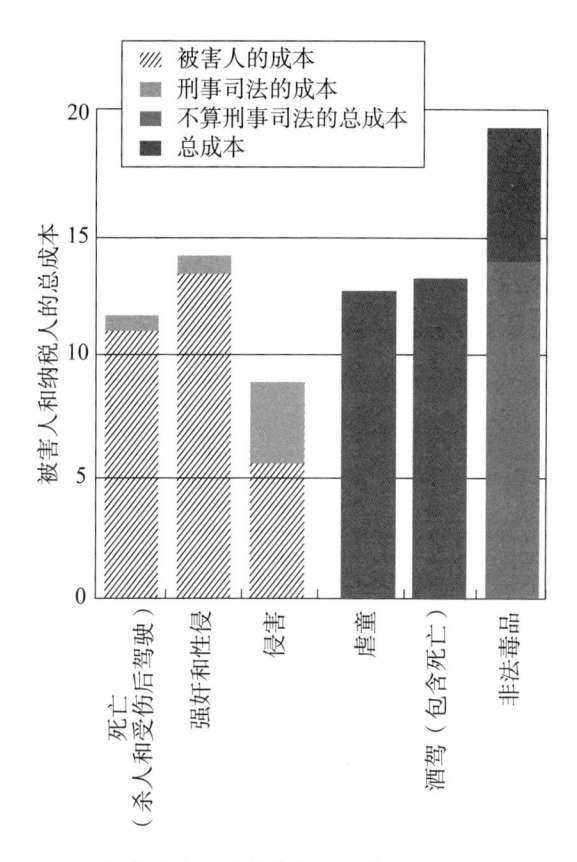

图 1-4 犯罪给被害人方造成的成本：谋杀、强奸、醉驾和虐童

成本有不同的估算方法，疾病控制和预防中心估算的是 2350 亿美元，[17] 非法毒品滥用造成的死亡计算方式不同，因为它没有造成被害人的直接死亡，我把这一成本算成 1950 亿美元，少于 20 亿

---

[17] CDC 的 510 亿美元的估算来自于 L. Blincoe, A. Seay, E. Zaloshnja, T. Miller, E. Romano, S. Luchter, et al., "The Economic Impact of Motor Vehicle Crashes, 2000"（Washington, DC: US Department of Transpor-tation, National Highway Traffic Safety Administration [NHTSA], 2002）.

美元是被害人的成本，法庭制度的成本是 560 亿美元，另外 520 亿美元（没有单列出来）是监禁造成的生产力损失成本。[18] 这些按美元估算出来的损失和太多的个人悲剧故事使得我们迫切需要重新制定政策和预算，成功地减少被害人的数量，避免对他们的生活质量造成严重伤害。

所以，显而易见的是，受害所造成的成本很高。如果有一种知识，知道如何能大量减少被害人的数量，并且能预防暴力的发生，那这种知识会有什么样的意义？在这本书中，你会看到这样的知识确实存在，大多为美国人所发现。本书的第二部分探讨了有前景的项目可以预防上文讨论的损失，而不仅仅是事后做出应对。[19] 事实上，本书专门有一章论述犯罪预防，重点论述减少虐童犯罪、避免年轻人成为惯犯继而成为街头、家庭和道路交通（车轮后面）暴力犯罪人的方法。本书还从不同章节论述了枪支杀人犯罪（占美国所有杀人罪的 80%）、交通死亡（大约 30% 涉及酒驾）、针对女性的暴力犯罪，以及如何预防财产犯罪。[20]

四、监禁和犯罪的艰难关联

前文说过，美国的杀人、交通死亡、毒品滥用数量比其他富裕的民主国家要高得多。令人难过的是，杀人罪有明显的种族区分，

---

[18] *The Economic Impact of Illicit Drug Use on American Society* (Washington, DC: US Department of Justice, National Drug Intelligence Center, 2011).
[19] 世界卫生组织《经济维度》。
[20] Cohen and Piquero, "New Evidence", 46.

黑人被杀率是白人的 10 倍，[21] 所以减少这一死亡数量——种族歧视——必须成为政策的重点。

美国是世界上最狂热的"狱警"，其监狱人口至少是其他富裕民主国家的 5 倍，而其他民主国家总体上的普通犯罪（不包括杀人犯罪和枪支犯罪）和美国基本一样。所以，很显然美国式的大量监禁（我称之为"过度监禁"）并不像一些人让我们相信的那样有效，因为如果它真的非常有效的话，美国的普通犯罪率应该比其他富裕的民主国家低得多，可事实不是这样。执政者们依然把大量的预算都花在监禁上，因为他们相信监禁可以一劳永逸地解决暴力和犯罪问题，而所有这些都需要纳税人买单，纳税人的投资回报率很糟糕。

从 1980 年到 2010 年的 30 年间，人均成人监禁率猛涨了 350%，这是美国的独特现象。现在几乎每天都有 220 万美国人在高墙里。把这些人口聚集在一起的话，可以成为第四大城市，比芝加哥小，比休斯敦大。同样令人震惊的是，这些人口数量比 15 个州的人口总和大。好多囚犯是黑人，男性黑人囚犯数量（每 10 万个男性囚犯中有 4347 个黑人）是男性白人囚犯数量（每 10 万个男性囚犯中有 678 个白人）的 6 倍还多。[22] 大规模的监禁似乎代表了新型

---

[21] Dan Keating, "Gun Deaths Shaped by Race in America", *Washington Post*, March 22, 2013, http://www.washingtonpost.com/sf/feature/wp/2013/03/22/gun-deaths-shaped-by-race-in-america/, accessed March 25, 2013; Alexia Cooper and Erica L. Smith,《美国杀人趋势，1980 年到 2008 年：2009 年和 2010 年的年杀人率》（美国司法部司法统计局报告 NCJ236018，2011 年 11 月）http://bjs.ojp.usdoj.gov/content/pub/pdf/htus8008.pdf, accessed February 20, 2013.

[22] Lauren E. Glaze, "Correctional Populations in the United States, 2010", 美国司法部司法统计局 2011 年 12 月报告 NCJ 236319。

的吉姆·克罗法律——一种司法法定种族控制制度，其基础是纽约时代杂志中最畅销书作者米歇尔·亚历山大指出的色盲时代的不平等。[23] 结果黑人被杀害率是白人的 10 倍，似乎失败的处理方式造成黑人囚犯的数量是白人的 6 倍。[24]

这种种族划分至少在 20 世纪 70 年代[25]就一直存在，但是美国的缉毒战争使其恶化了，因为通常情况下缉毒的目标被锁定在街上容易被逮住的黑人身上，而不是学校里活跃的吸毒者和贩毒者，而他们往往都是白人。一直以来，因为毒品犯罪被缉拿的黑人或许对被害人没有造成伤害，但从他们入狱之时起，他们就开始收获无法解决的"附加后果"：他们有可能被禁止投票，很难保住工作，很难和他们深爱的人保持健康的关系，很难和孩子、家人及社区的人们待在一起。一些附加后果是犯重罪后法律规定的，另一些附加后果是在监狱里长时间被监禁后的自然结果，因为释放后的后果这么大，如果年轻黑人刑满释放后能成功倒是让人奇怪了。[26]

当谈到控制犯罪和减少犯罪率时，种族区分是我们必须考虑的唯一一个复杂的社会问题。犯罪原因表现形式多样：生活经历、酗酒、就业因素等，一个人可以总是选择不去犯罪，而一些人做出这个选择比其他人更为容易，正如阿纳托尔·弗朗士说的那样，"法律上的平等同样禁止富人和穷人睡在桥下，在街上乞讨、偷面包"。

---

[23] Michelle Alexander, *The New Jim Crow: Mass Incarceration in the Age of Colorblindness* (New York: New Press, 2010).
[24] Alexander, *The New Jim Crow*.
[25] Irvin Waller and Janet Chan, "Prison Use: A Canadian and International Comparison", *Criminal Law Quarterly* 17, no. 1 (December 1974): 47–71.
[26] 同注 24。

这个问题复杂敏感，解决起来也棘手，不能简单粗鲁，因为很显然压制的办法不解决问题，结果是，在警局、法庭上和监狱里同样的面孔不断出现。令人震惊的是，2006年四分之三被起诉重罪的人有被逮捕的前科，其中69%有多次被捕前科。[27] 而且，40%到60%被释放出来的人三年之内会再次被逮捕。这些统计数字不足为奇，因为矫正制度没有实际的"改造""矫正"作用，尽管改造项目中被监禁的没什么好人，通常这些项目也得不到实施。太多的囚犯得不到帮助来解决自己的酗酒问题，他们的问题得不到咨询辅导，精神疾病得不到医治。相反的是，只是把他们和其他有类似问题的犯罪人关在一起。所以，在很多情况下，从一开始就关押犯罪人实际上只能把问题变得更糟。

我并不是说监禁在制止犯罪上从没奏效过，研究结果表明当监禁数量急剧上升时，每上升10%，犯罪率会下降2%，[28] 这可是巨额投资，收益可不多。而且我们知道，正如我书中的观点，监禁数量的减少和犯罪率的下降只是个巧合，如果我们使用更智慧的策略的话，犯罪数量可以大大减少，可以减少纳税人成本，使更少的公民成为被害人。

这些智慧的策略包括犯罪前的预防性投资，我们会在本书第二部分看到。我们知道大量犯罪发生在"问题地方"，大量囚犯通常

---

[27] "Felony Defendants in Large Urban Counties, 2006"，见司法统计局网站 http://bjs.ojp.usdoj.gov/index.cfm?ty=tp&tid=231, accessed March 13, 2013.

[28] William Spelman, "Crime, Cash, and Limited Options: Explaining the Prison Boom", *Criminology & Public Policy 8, no. 1*（2009）; William Spelman, "The Limited Importance of Prison Expansion", in *The Crime Drop in America*, ed. Alfred Blumstein and Joel Wallman（Cambridge: Cambridge University Press, 2000）, 97–129.

也来自于这些地方。令人欣慰的是,对于困扰这些地方的问题,有行之有效的解决办法,把钱花在社区矫正上(而不是只是把人们全部扔到监狱里),我们真正解决了"矫正"错误的问题。

或许城市国家联盟最好地表达了这点:"我们不能通过逮捕解决问题。"相反,我们必须运用策略解决问题,一次解决一个社区问题。这听起来让人气馁,但是这不应该,因为实践证明社区矫正可行而且非常有效,今天得到实施,明天就可以拯救被害人。对成本有效的项目我们已经制定了蓝图,因为我们知道它们有用,现在我们需要的是让它们得以实现的政治意愿。

五、传统"控制"犯罪的代价

不足为奇的是,大规模监禁并不省钱。2010年每年矫正的花销达到800亿美元这个天文数字,即使算上通货膨胀的因素,这仍然表明仅仅从1980年就增长了250%,主要是因为囚犯数量的增加。今天,纳税人每年要花费36,000美元在每个囚犯身上,这还只是对于各州的监狱来说,不包括地方监狱。还不包括监狱设施建设成本,每增加一个监狱房间的成本大概要花50,000—100,000美元。司法部在迅速扩建联邦监狱,每年花费60亿美元,约司法部预算的四分之一,[29] 所有这些钱都用于1970年还只有现在规模七分之一的监狱上,而那时的暴力犯罪数量和现在的一样多。

---

[29] "Growing Federal Prison Budget May Force Cuts in DOJ Programs: IG", 2012年11月21日犯罪报告 http://www.thecrimereport.org/news/crime-and-justice-news/2012-11-ig-report-on-prisons, accessed March 13, 2013. Ma.

过去的 30 年间，执法、法庭和矫正机构的花费增长不可阻挡。[30] 和其他发达国家如英国、加拿大比较起来，美国人在这方面的成本至少多 30%，选举时期，执政者承诺要"严打"犯罪，他们得雇佣更多执法官员，规定最短刑期，让惯犯在监狱里服刑时间更长，实际上这些都在增加我们的纳税负担。图 1-5 表明了美国纳税人的负担有多重。即使你调整通货膨胀的数字，使用经济学家所谓的"常量美元"，1980 年以来，执法的直接花费也是二倍多，矫正机构的花费是三倍多。

这里我们看到的是美国纳税人多缴出那部分税款的用途，他们每年花费 1240 万美元雇佣 750,000 名或更多的全职宣誓执法官员，雇佣 350,000 个州和地方政府职员，[31] 从 1980 年到 2010 年，这些数字增长了 54%。美国一点儿都不落后，每个美国人拥有的执法官员的数量和加拿大或者英国相比没什么不同。[32] 每年用于法院（司法和法庭任命的法律服务机构）的税收超过 560 万亿美元，大众监狱 800 亿美元。2010 年用于执法、法院和矫正机构的总花费是 2610 亿美元——2010 年的数据是可用的最新公开数据，如今的总花费肯定更多。[33]

---

[30] 美国司法部司法统计局 "Justice Expenditure and Employment in the United States, 2009"。
[31] 2004 年司法统计局报告显示有 80 万名宣誓警官，增加了 73%。
[32] Irvin Waller, *Less Law, More Order: The Truth about Reducing Crime* (Westport, CT: Praeger, 2006; Ancaster, Canada: Manor House, 2008), 7-9.
[33] 那些总花费的增加是继暴力犯罪下降之后，也就是说，暴力犯罪越少，花费增加越多——不是越少。你们将看到总的犯罪率减少了 27%，是因为囚犯的数量增加了 300%。见 Spelman, "The Limited Importance"，第 123 页。

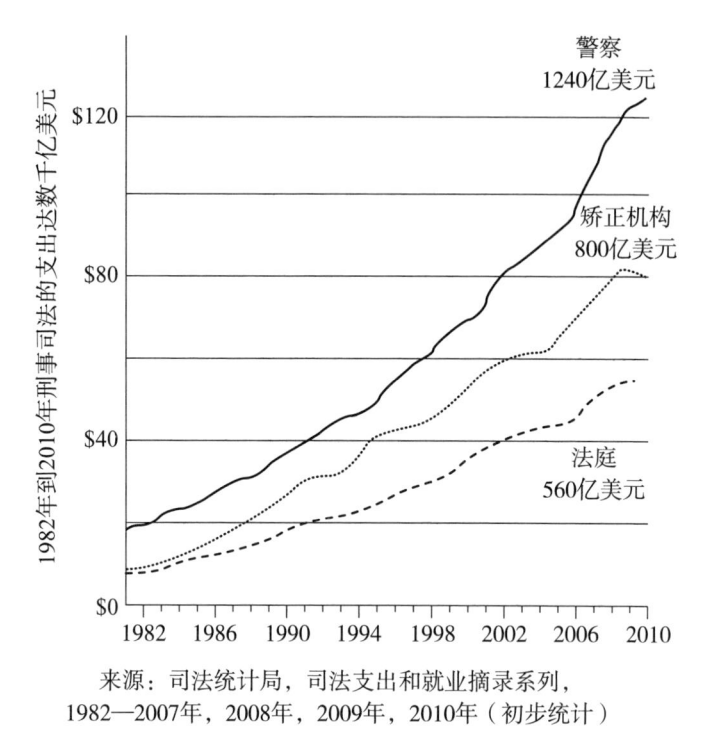

来源：司法统计局，司法支出和就业摘录系列，
1982—2007年，2008年，2009年，2010年（初步统计）

图1-5 警察、法庭和矫正增长的税款支出

纳税人用于警察、矫正和法庭的成本快速增加，至于这些花费的增加（尤其矫正机构）是否真正在一定程度上对犯罪率的下降产生影响，和其他犯罪率同样下降而花费没有增加的富裕民主国家相比，我们可以发现美国在这些方面花费的增加对犯罪率的下降没有起到主要作用。而且本书的重要发现是，这些成本的增加反而让美国的杀人犯罪和枪支暴力犯罪水平比其他富裕民主国家高得多。

但是美国纳税人的花费还不止这些，如有一些家庭和商人花钱雇佣私人保安，美国私人保安业有 200 多万员工，他们的服务成本可能还需 1000 亿美元。美国人还要支付报警器和安全小器具的费用，还有防偷盗和其他犯罪的保险，这些大概要花费约 1000 多亿美元。遗憾的是，对于这些花费没有确切的估算数字。

尽管这样，许多美国人还是拥有枪支，这样他们才能感觉"受到保护"。所以和其他富裕民主国家如加拿大、英国相比，美国人为了执法、法庭和矫正机构的运行要多缴 30% 的税，他们还要雇佣私人保安，然后约 30% 的美国人认为需要凭借武器保护他们自己。[34] 为什么美国人把这么多钱花在他们显然没有信心的臃肿体制上呢？

六、预防：美国人有信心的解决办法

犯罪不是不可避免。犯罪率已经下降了，运用经检验证明了的方法可以使犯罪率下降更多，这些解决办法主要是预防。本书的第一部分阐述了对犯罪通常的应对性处理只是短期肤浅的解决办法。让我们那么多的执法官员等待接听"911"电话，然后一个人受害后，执法官员再去追踪犯罪人，这不是最聪明的利用资源的方式。尤其当犯罪人就像打鼹鼠游戏中的鼹鼠一样再次回来时，会给他们自己、被害人和纳税人带来的后果更为严重。

奇怪的是，在对犯罪政策的政治讨论中，预防几乎从未被提

---

[34] Allison Brennan, "Analysis: Fewer U.S. Gun Owners Own More Guns," CNN, July 31, 2012, http://www.cnn.com/2012/07/31/politics/gun-ownershipdeclining; "A Shrinking Minority: The Continuing Decline of Gun Ownership in America," Violence Policy Center, http://www.vpc.org/studies/ownership.pdf.

及。[35] 与大规模监禁和警察自诩的"严厉打击犯罪"相比，执政者似乎害怕"对犯罪手软"的话他们会下台。我喜欢视预防为"智慧的控制犯罪"，因为预防可以使公民免于受害，使纳税人省钱。

我们也不应该完全责备执政者没有广泛实施犯罪预防。在本书中你们会看到有几个重要的例外情况，关注现存执法、法庭和矫正制度的美国研究业很少提及预防。然而，对于暴力犯罪预防，国家公众健康研究业却是世界的领导者，还有疾病控制预防中心也是。可是目前，这些组织与公众健康部门和医生的交流要多于与警察局长及执政者的交流，难怪他们好多有说服力的研究没有在最需要的社区得以实施。

当我们想到致命的流行病时，我们会想到预防，通过清洁饮用水，天花和霍乱被根除了，这样便预防了疾病的传播。通过接种疫苗，小儿麻痹症可以得到预防，原则上，我们已经接受使用安全带并加大对超速和酒驾的执法力度可以预防交通死亡，预防确实有意义，不止我一个人认同这一观点。

世界上都承认暴力犯罪关乎公众健康，鉴于此，令人尊重的世界卫生组织的公众健康医生一直努力寻求减少暴力犯罪导致的伤害、创伤和死亡的方法以及如何将这些方法得以实施。他们强调社会因素造成暴力犯罪，所以解决暴力就是解决这些社会成因——被称为"犯罪前预防"。世界卫生组织一直认为在这一过程中执法和法庭起到作用，其实学校、住房、社会服务部门和其他利益相关者也起到重要作用。

---

[35] 有趣的是 PROMISE 立法是个例外。见"The Legis Lation", Youth Promise Action, http://www.youthpromiseaction.org/about-bill.html, accessed April 30, 2013。

重要的是，和犯罪预防相关的成本节省巨大，所以纳税人可以受益。有利的研究表明，运用执法、法庭和矫正机构的传统反应机制，要想将总的犯罪率降10%的话，每个家庭要多缴纳200多美元的税。现在，每个家庭投资50美元帮助有犯罪风险的孩子完成学业，投资35美元在父母培训项目上，会取得同样的结果，可成本却节省了一半多。[36]

七、年轻人成为犯罪人的原因

现在的执法、法庭和矫正制度源于18、19世纪的法律思想，那个时期对于犯罪我们没有更好的方法，只能带着报应的心理惩罚犯罪人。这种报应的惩罚方法在过去的40年卷土重来，同时（幸运的是本书发现），对于如何减少被害人的数量，甚至如何让成本有效，我们已经了解得更多。而对于被害人和纳税人的坏消息是，这些方法没有得以实施。但是今天的科学表明犯罪不是简单的一个个体对另外一个个体的无法控制的邪恶行为。对于成长在特别消极的生活环境中的群体来说，犯罪可以得到预测，了解了这一点，现在我们就可以开始改变结果，也就是说，我们能够阻止犯罪的发生。

年轻人容易成为惯犯的证据强大并且清晰。大范围的研究项目

---

[36] Waller, Less Law, More Order; Irvin Waller, Daniel Sansfaçon, and Brandon Welsh, Crime Prevention Digest II: Comparative Analysis of Successful Community Safety (Montreal: International Centre for Prevention of Crime, 1999); Peter W. Greenwood, Changing Lives: Delinquency Prevention as Crime-Control Policy (Chicago: University of Chicago Press, 2006).

（称为"纵向研究"）跟踪男性的个人成长经历，从出生到青少年再到成人，研究者记录下他们生活经历的数据，如父母对其养育没有恒心，对其加以虐待，小学时期行为困难，酗酒和吸毒，青少年时逃课，这些被公认为"风险因素"。例如，今天我们知道犯罪人更可能：

1. 出生在相对贫穷和住房空间不足的家庭
2. 父母对其养育没有恒心，不予关注，甚至施加暴力
3. 表现出有限的社会认知能力
4. 小学阶段表现出可确认的行为问题
5. 中学阶段退学或者辍学
6. 生活在电视和社区充满暴力的文化中
7. 年轻成人时经常失业，收入相对有限

研究者发现这些有消极生活经历的男性比起那些消极生活经历较少的男性来说，他们成为惯犯的可能性要大得多。[37] 而且，现在研究者可以运用这些风险因素来预测以后他们犯罪的可能性，准到像流行病预测那样，根据他们的体重、收入和吸烟习惯就可以预测到谁会得肺癌。[38] 当然这不是在为犯罪人的行为找理由，因为有好多人在成长过程中同样存在这些不利因素，但是他们并没有选择犯罪，只是当这些因素存在时，做出正确的选择变得更为艰难（也有可能没那么难）。

---

[37] 国家研究委员会医药所，*Juvenile Crime, Juvenile Justice*（Washington, DC: National Academies Press, 2011），3-4, 66-104.
[38] 国家研究委员会，*Juvenile Crime, Juvenile Justice*, 3-4.

成为惯犯的另一个重要原因是"地方"。最近芝加哥哈佛大学费尔顿·厄尔斯做的一项大范围研究对这些风险因素进行跟踪，研究发现社区的"保护"因素和人际关系可以弥补一些风险因素的不足，能够对预期结果产生积极作用。当然，在决定年轻人犯罪的风险结果上，社区起很大作用。

警察研究者和警局数据分析家对"911"报警电话的分析证实，大多数普通犯罪集中在城市的一些地方，这些地方一直贫穷（被研究者称为"问题地方"）。这就是为什么城市和社区的组织对于本书提出的聪明解决办法至关重要，因为没有人比这些城市的执政者和规划者更了解这些地方，没有人能把这些方法直接有效地针对问题地方来利用，当然所有这些都需要得到更高级别政府的财政和实际支持。

纵向研究的最重要发现是，每年出生的一小部分孩子和未来犯罪的数量不成比例。事实是，所有孩子中只有5%到10%会对应50%到70%的犯罪，[39]这一小群体通常被称为"惯犯"，因为他们的行为和执法、法庭和矫正制度经常发生冲突。[40]成为惯犯的孩子在其成长过程中容易有上面提到的好多风险因素。但是，研究没有发现逮捕和监禁能减少犯罪的数量，事实是一个人被逮捕的次数越多，他将来被再次逮捕的概率越高，显然过度监禁无效并且昂贵。我们再一次看到低成本的预防和高成本的应对措施之间的强烈对比。

---

[39] David P. Farrington, "Criminal Careers", in *The Cambridge Handbook of Forensic Psychology*, ed. J. M. Brown, J and E. A. Campbell (Cambridge: Cambridge University Press, 2010), 480–81.

[40] Waller, Sansfacon, and Welsh, *Crime Prevention Digest* II; 同注释 38.

所以，为了取得成效，我们需要寻求更为聪明的解决办法，也就是说我们要考虑所有这些风险因素和问题地方，这样我们才能开始做公众健康专业人员几十年来一直成功在做的事情：创新意味着推翻、减少和减轻这些风险因素，这样我们才能在犯罪造成受害之前阻止它们的发生，而且要尽可能用节省成本的方法。

八、预防的证明

我们从没有像现在这样了解如何在犯罪发生前就将它们阻止，利用"消极的生活经历容易让一些人犯罪"这一知识，我们积累了大量处理这些风险因素的科学知识，这些知识引人注目，非常强大，而且令人惊讶的是，在这些领域受人尊重的机构，像美国司法部和世界卫生组织的网站上都可以查到。[41]

这样的知识告诉我们改革和革新现在执法、法庭和矫正这一应对制度，制止再次犯罪的方法。好多知识支持将犯罪预防项目——不是警官——在学校和社区马上实施的案例，因为它有说服力，可以从一开始就制止犯罪风险高的人们开始犯罪生活。这里的"项目"是指有明确实施步骤和目标的有体系的服务。这些项目中最有效的项目对上面列出的风险因素加以补救和革新。例如，在一个犯罪预防的项目中，公众健康护士每周被派到吸毒的

---

[41] 世界卫生组织，*Violence Prevention: The Evidence*（Geneva: World Health Organization, 2009），available at http://www.who.int/violence_injury_prevention/violence/4th_milestones_meeting/publications/en/index.html, accessed February 13, 2013; US Department of Justice, National Institute of Justice website, Solutions to Crime: What Works in Criminal Justice, Juvenile Justice, and Crime Victim Services, http://crimesolutions.gov, accessed March 11, 2013.

年轻妈妈家里一次，帮助减少她们没有恒心和不关心孩子的养育问题。还有一个项目是走进高中校园，给十几岁的男孩子讲授避免性暴力的原因和方法，其目的是在社区通过打击有可能被电视强化的性暴力文化来预防强奸。

预防的大量证据已经达到了严格的科学标准，许多研究基于随机控制实验，将通过实验项目取得的犯罪减少的结果和类似的没有参加新项目的群体的结果进行比较，这一实验方法和食品药品管理局允许药品商在药品上市前对其有效性进行验证的方法一样。关于犯罪减少的项目结果在科学杂志上发表前由独立的专家进行总结和审核。现在我们有很多关于类似项目的文章，所以专家可以进行综述，从最科学合理的文章中吸取教训。这些综述就是我们熟知的元分析，它们为预防策略是减少犯罪被害人数量有效和省钱的方法这一结论提供了令人信服的证据。

2009年，世界卫生组织发表了一份简洁易读的报告，这份报告提出干预对预防暴力犯罪有效。报告明确表明暴力犯罪可以预防，不是不可避免。我非常赞同报告的结论，执政者也应该认真对待。报告将暴力犯罪的预防方法分成六个主要类型，这一划分对本书影响很大：(a)孩子和父母之间的养育关系（见本书第五章）；(b)培养孩子和青少年的生活技能（第五章）；(c)减少获得枪支的机会（第六章）；(d)促进性别平等，预防针对女性的暴力（第七章）；(e)减轻酗酒的危害（第八章）；(f)改变鼓励暴力的文化和社会规范（第五、七、八章）。

所以犯罪和暴力犯罪预防科学可靠，可以肯定的是很多犯罪预防项目有效，许多经检验证明了的项目为制止犯罪指明了方向，就等着得以实施了。暴力研究预防中心积极地审核了 1000 多个项目，然后确定了前 11 个具有蓝图合格证的项目，确定其他很多项目是有希望的项目。[42] 项目级别的认定标准基于项目有效的科学证据，对于聪明的执政者来说，这些项目是他们非常好的起点。同样，1996 年马里兰大学的一些犯罪学专家完成了对美国联邦政府资助的 500 多个项目的评估，他们对这些项目的成功之处和不成功之处得出重要的结论。令人难过的是，这也表明了对于行之有效的方法没做什么投资。[43] 进入 21 世纪，一些受人尊敬的组织，如世界卫生组织、[44] 疾病控制预防中心[45] 和美国国家研究委员会[46] 也进行了这样的项目评估。

2011 年，美国司法部开放其网站，推行制止犯罪的经证明了的解决办法（网址：crimesolutions.gov），令人遗憾的是他们这样做并非自愿。[47] 这个网站列出了司法部数据库里的确认为有效的项目中，

---

[42] *Blueprints for Healthy Youth Development*, http://www.colorado.edu/cspv/blueprints/, accessed March 11, 2013.

[43] Lawrence Sherman, David Farrington, Brandon Welsh, and Doris Mac Kenzie, *Evidence Based Crime Prevention* (New York: Routledge, 2002).

[44] 世界卫生组织, *Violence Organization, World Report on Violence and Health* (Geneva: World Prevention: The Evidence; World Health Health Organization, 2002)；世界卫生组织, *World Report on Road Traffic Injury Prevention: Summary* (Geneva: World Health Organization, 2004)；世界卫生组织 *Preventing Intimate Partner and Sexual Violence against Women: Taking Action and Generating Evidence* (Geneva: World Health Organization, 2010).

[45] 疾病控制预防中心, "Safe Youth. Safe Schools", http://www.cdc.gov/Features/Safe Schools/.

[46] 警察政策和实践评估研究委员会, Wesley Skogan and Kathleen Frydl, eds., 国家研究委员会, *Fairness and Effectiveness in Policing: The Evidence* (Washington, DC: National Academies Press, 2004).

[47] 美国其他网站见 Crime Solutions, "Other Evidence-Based Program Libraries", http://www.crimesolutions.gov/about_otherlibraries.aspx, accessed August 11, 2013.

有 44 个是针对社会预防的项目。

对于智慧的执政者来说，上面的所有资源都是好的出发点，因为他们在寻找一个评论员所说的"立法者投资 1 美元可以节省 10 美元的现成项目"[48]。好消息是，好多这样的项目的证据有利，结果证明具体的解决风险因素的项目减少了暴力犯罪和财产犯罪被害人的数量。大多项目要求我们在处理犯罪问题时，要采取一种截然不同的投资方法，即预防犯罪，这和旧的应对方式相反，因为在旧的应对方式下，执政者挥霍着纳税人的钱来"收拾残局"。最好的消息是现在公众可以通过通俗易懂、针对普通大众的书籍了解到这一点。

九、不只是口头说说：实施的挑战

我们从来没有对暴力犯罪预防了解这么多，但是却没有将其实施。似乎大多数执政者和他们的关系圈没花时间来了解现存的可以减少被害人数量和为纳税人省钱的证据。他们在政治科学课上和其政治生涯中都没了解过这一点。他们没和其党派裙带讨论过这点，因为"严厉打击犯罪"在一定程度上意味着他们不了解这些犯罪预防的知识。大众也不了解，因为学校的公民学和法律课上不教犯罪预防科学，媒体也没有强调过，我们大多数人不读报纸，不看关于犯罪预防的视频。所以，我们继续允许执政者乱花我们的纳税钱，允许更多的犯罪发生，而这些本可以不必这样。

---

[48] Peter W. Greenwood, Brandon C. Welsh, and Michael Rocque, *Implementing Proven Programs For Juvenile Offenders: Assessing State Progress*, Association for the Advancement of Evidence Based Practice, December 2012, http://www.advancingebp.org/? page_id=18, accessed April 16, 2013.

本书和读者分享了已被证实的可以制止犯罪的方法，阐述了与传统的执法、法庭和矫正方法打击犯罪相比，犯罪预防更加有效和省钱；本书探讨了积极实施针对问题地方的年轻人项目的方法，对需要帮助的父母提供帮助，对于有问题的态度要教育等。本书将这些方法都融入全面的阻止犯罪的策略中，减少暴力被害人数量，并且阐释了为什么这些方法不应再局限于现在的执法、法庭和矫正的应对制度中使用。

本书还探讨了不在应对性警务上乱花钱，更多投资于更智慧的犯罪执法方法，利用法庭让犯罪人得到有效的治疗，使他们不再犯罪。本书特别探讨了减少大规模监禁的成本，使其和现在犯罪数量成正比的方法，这样才称得上智慧的犯罪控制。所有这些都要求我们改变方法，以更节省成本的方法支配税收，使被害人免受伤害，节省辛苦挣来的纳税钱。

但是智慧的犯罪控制要求我们了解不止本书中包含的知识。它要求政策制定者运用这些知识，分配可持续发展的资金，将立法现代化，质疑为什么他们满足于现在这种昂贵的方法，可实际上他们有能力实施大量减少被害人数量的举措，有能力给很多潜在的被害人的生活质量带来真正的不同。

十、结论：过度应对的危机，优先考虑被害人和纳税人的犯罪控制

在大多数富裕的民主国家（包括美国），尽管许多普通犯罪的数量一直在下降，和其他富裕民主国家的公民比较起来，年轻的美

国人因为枪杀、酒驾和使用毒品过量而死亡的风险仍然很大。

美国经历了20世纪70年代相对严厉的监禁制度,到现在世界上没有任何国家可与之相比的过度监禁制度。比起其他富裕的民主国家,这一制度在减少普通犯罪方面没有更好也没有更糟,但是显然它没有拯救那些因为暴力犯罪和持有毒品而被监禁的人们,年轻的贫困男性,尤其是黑人男性。

尽管今天被害人的数量减少了,可是人们还是经历了无法接受的痛苦和伤害,他们的生活质量严重下降,永远无法弥补。被害人的经济成本表明我们需要寻找更好的办法来减少道路和杀人伤亡数量,以及针对女性的暴力犯罪和虐童。从犯罪被害人和纳税人的角度,把大量的钱花在监禁制度上来打击与毒品相关的死亡犯罪令人质疑。

我们现在的执法、法庭和矫正制度通常只针对同样的问题地方解决问题,导致太多的年轻黑人男性死亡和严重受伤,更多的男性被监禁。幸运的是,有先于这些传统应对制度的研究,我们知道负面的生活经历(风险因素)让一些人容易犯罪,而且我们也知道大多犯罪集中的区域,我们还知道如何通过在问题地方对年轻人投资来打破这一恶性循环,制止犯罪。

本书分享了这一知识,为立法者提供了实际方法。第一部分阐述了实用的改革如何能让问题地方更加安全,问题人群成为问题犯罪人的可能性减少,避免使用法庭,利用有效的治疗项目,尤其在社区使用,将减少犯罪人数量,为纳税人节省大量成本。第二部分论述了运用令人信服的已有知识进行犯罪前预防,也就是说,如何阻止犯罪发生而不只是对其进行应对。本书重点论述了预防年轻人成为惯犯，预防枪支暴力犯罪，预防针对女性的暴力犯罪，预防交通事故，甚至预防财产犯罪。第三部分探讨了如何在未来的 5 年到 10 年转变做法，从过度应对，到有效智慧的犯罪控制——真正的公共安全——拯救生命，免除被害人的痛苦，同时削减浪费在现存制度上的纳税。本书认为更智慧的犯罪控制并不意味着对犯罪"温柔"，而是要严厉地阻止浪费税收，严厉地制止犯罪伤害生命。

第一部分
犯罪控制的革新方案

第二章 警务：从事后的过度应对到犯罪危害产生前制止犯罪

一、介绍

执法是一个每年耗掉几十亿美元的产业，2010 年美国纳税人用在执法上的费用达 1240 亿美元，这些钱可以为联邦、州和地方政府创造 110 万个工作，换个角度讲，这相当于苹果公司创造的工作数量的两倍。[1] 在创造的 110 万个工作中，有 765,000 个是宣誓警察（有权逮捕的警官）。[2] 每 400 个人就有一个宣誓警察，类似于一些富裕国家的数量。富裕国家每 10 万人口拥有一个警察的比率可以参考图 2-1，这个图显示美国和加拿大、英格兰和威尔士的比率相似，比南部欧洲国家低，在南欧各国，警察的数量很多，他们的收入要比美国警察少。

总的来讲，警察和执法官员是工资高的职业，纳税人用于一个

---

[1] Apple Job Creation, http://www.apple.com/about/job-creation/, accessed April 22, 2013.
[2] Brian A. Reaves, "Census of State and Local Law Enforcement Agencies, 2008", July 2011 bulletin,Bureau of Justice Statistics, Office of Justice Programs, US Department of Justice, http://bjs.ojp.usdoj.gov/content/pub/pdf/csllea08.pdf.

宣誓警察的钱，包括文职人员和装备的花费，每年平均 16 万美元，而且还在增加。尽管成本很大，警察的数量在过去的 20 年增加了 30% 多。警察数量增加的同时，逮捕的毒品犯罪人的数量也上升了，因为打击毒品犯罪使警察局的财政收入增加，所以警察局加强了对毒品犯罪人的执法力度。

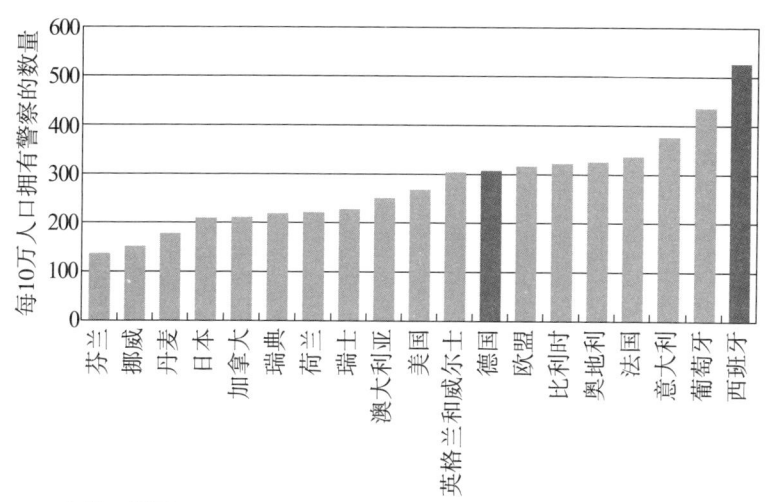

来源：概况 2012-ISSN-OECD 2012。http://epp.eurostat.ec.europa.eu/statistics-explained/index.php/Crime-statistics

图 2-1　美国人均拥有的警察率和其他富裕的民主国家相似

警察的数量和工资对预算都产生了影响，但我们不是很清楚警察的工作方式和制止人们成为犯罪被害人之间的因果关系。[3] 关于

---

[3] "Justice Expenditure and Employment Extracts, 2009—Preliminary", table 1, "Percent distribution of expenditure for the justice system by type of government, fiscal year 2009 (preliminary)", Bureau of Justice Statistics , Excel file name cjee0901.csv, http://bjs.ojp.usdoj.gov/index.cfm?ty=pbdetail&iid=4335, accessed February 19, 2013.

警务的国家统计表明，警察熟知的犯罪率下降了，这些犯罪导致的逮捕也在持续下降。而且，我们对警务逐渐积累的知识使我们质疑预算花在对大量"911"报警的处理上是否有效，质疑基本巡逻的作用有限。在质疑的同时，我们肯定警务对打击问题犯罪人和问题地方的犯罪起到的积极作用。

尽管我们掌握了这么多新知识，有效的警务方法与警务预算的决策之间的鸿沟似乎巨大，平衡成本有效的警务之间的资金分配的决策与许多减少犯罪数量的大大节省成本的方法之间的鸿沟更大，本书的第二部分会探讨这一点。

本章的第一部分使用统计和科学证据说明为什么有几个长期坚持的执法"真理"不为人知，为什么现在的策略没有发挥执法官员的积极才能而使税收使用不当。第二部分探讨减少被害人数量的执法行动，主要针对问题地方。在表2-1中，我勾勒了本章要讨论的实际行动图，分为不能减少犯罪被害人的数量的做法，经检验证明了的可以减少犯罪数量的做法和那些还需更多知识加以验证的做法。

此表只指警务本身——独立警务，因为很遗憾的是今天的大多警务实践和警务预算没有认真考虑其他成本更有效的减少犯罪数量的方法，因为有些方法不涉及警务或者把警务作为一个数据来源或作为合作伙伴。

后面的章节中我将阐述联合使用聪明的警务和有针对性的犯罪前预防能够取得比这张表格和本章介绍的行动还要多得多的成果。重要的是我们要注意，即使能够制止暴力犯罪的警务也不一定是最好的，因为警务经常压制少数族裔，而不是激励个人发展。这样的警务成本昂贵，所以通常不是成本最有效的警务，或者不是减少犯罪的可持续性方法。这一点只有当我们在本书的第二部分了解犯罪前预防的相对成本有效后才会变得清晰。

二、经检验证明了的制止犯罪的警务方法

首先，我们来看一下哪种警务可以制止犯罪，哪种不能。在这一研究领域的全球领导者中，关于哪种警务战略确实可以制止犯罪和暴力而又不增加执法人员，美国是这方面优秀科学知识的最大生产者。好消息是，关于减少犯罪被害人数量，什么执法有效，什么无效，我们也积累了大量的知识。这些知识来源于警务实践中（很有限）一点点积累而成的统计数字。因为有那么多被害人不向警察报案，那么多的案子找不到犯罪人，那么多的逮捕得不到宣判；这些知识还来自于开拓性的创新及和不断进步的执法领导合作进行的研究，这些知识由像美国国家研究委员会和英国警察这样的主要机构汇集起来。[4]

---

[4] 警察政策和实践评估研究委员会，Wesley Skogan and Kathleen Frydl, eds., National Research Council, *Fairness and Effectiveness in Policing: The Evidence*（Washington, DC: National Academies Press, 2004）. Her Majesty's Inspectorate of Constabulary, Police and Crime Commissioners, What is the best thing the police can do to reduce crime？http://www.hmic.gov.uk/pcc/what-works-in-policing-to-reduce-crime/what-is-the-best-thing-the-police-can-do-to-reduce-crime/, accessed February 25, 2013.

表 2-1　制止犯罪的执法策略

知识、制图和数据分析方法增加了对问题地方和有效战术的针对性		
不能阻止犯罪的执法策略	阻止犯罪的执法策略	需要更多知识确定什么策略有效的领域
过多聚焦于应对（对"911"报警的应对） 将犯罪减少和执法等同 随机巡逻 DARE 和公众关系项目（误称为预防）	问题导向警务 有针对性的震慑（团伙犯罪） 拦截搜身（枪支犯罪） 针对惯犯 针对阻止不断受害 非孤立式警务（见第二部分）	家庭暴力 "热点"警务（针对没有暴力的毒品零售市场） 学校中警察的角色 回应被害人的执法

有一些知识不仅可以全世界共享，而且很容易在一些网站上获得，并且容易让人理解，如 popcenter.org（司法部部分资助）和 crimesolution.gov（由司法部组织）这些网站。所以除非旧习（昂贵）不容易改变，在预算决策时没有借口不运用这些知识。有趣的是，2012 年英国形成了教育候选人成为新型政治角色的报告，他们来自于英格兰和威尔士的 42 个地区，要求他们对犯罪和警务政策决策进行监督。

好多关于执法的研究和知识来自于随机控制实验，这些实验检测标准的实践（例如，随机预防性的巡逻）或者特别的革新做法（例如，针对"热点"，或者我和其他人称为"问题地方"）是否真正制止犯罪。其他知识来自于专家对某些革新做法的分析和对新型执法方式的及时探讨（例如，纽约的拦截搜身策略）。

2004年，国家研究委员会完成了对最新的执法研究的评估。[5] 评估结论是，孤立的标准警务模式减少犯罪的证据不足或者混乱；所以增加更多警察以同样模式工作不可能成本有效。相反，国家研究委员会通过大量认真的研究，提出大量证据来论证有针对性的执法模式（本书称为"更智慧的警务"）有效。

总之，国家研究委员会总结：增加执法并没有更有效，但是运用更智慧的执法方法有效。[6] 令人遗憾的是，执政者、立法者，最重要的是，联邦、州和地方的警察领导者还没有将这些智慧的基于证据的解决办法付诸实践，还没有行动起来去制止犯罪（对犯罪被害人至关重要），或者减少要求优先出警的电话数量（对于纳税人重要）。

其他关于最新执法研究的有说服力的评估来自英国著名的执法监督委员会（HMIC），这个委员会由新近退休的警察局长和研究犯罪的专家组成，他们制定了一份可靠、全面，能够减少犯罪的执法方法指南，是引领当选的官员更好地执法实践的方法。[7]

和国家研究委员会一样，HMIC得出了发人深省的结论，结论是：没有证据支持大量增加或者减少标准孤立的执法实践确实能制止犯罪，这个结论来自于警察局长对自己警力进行的评估，所以他们对于传统执法的局限性的报告特别有说服力，在税收使用上让人担忧。HMIC论证了当执法针对问题区域，在犯罪发生之前就处理特殊的风险因素（例如，禁止非法枪支，减少谋杀的数量），钱花

---

[5] 评估研究委员会，*Fairness and Effectiveness*.
[6] 评估研究委员会，*Fairness and Effectiveness* 4–5.
[7] "What is the best thing the police can do to reduce crime?" Her Majesty's Inspectorate.

的更有价值。[8] 他们对执政者的主要指南很容易获得，而且语言通俗易懂，对于负责决策警务预算的执政者来说，这些应该是必读书目，这样他们就不会将更多纳税钱花在无效的做法上了。

三、标准警务的局限性

事实上，只有有限的一部分被害人对犯罪进行报警。例如，国家犯罪受害调查为司法部司法统计局做的调查表明大约有60%的侵犯人身、威胁伤害犯罪和40%的抢劫犯罪没有报警。不报警的原因没那么简单，包括对执法人员能追回财产和防止进一步暴力失去信心。[9]

更令人心痛的事实是好多执法人员记录在案的大多数犯罪者都没有被逮捕，经常让人非常不乐观的是执法人员甚至不能提供犯罪人的身份。FBI每年都发表关于执法人员能够跟踪警察记录在案的犯罪的统计，如果犯罪人被逮捕了，案子就算"结了"。所以"结案率"代表的是被实施逮捕的案件的解决，而不是没解决的报案。正如图2-2表明的那样，在美国有三分之一的凶杀/过失杀人案还没结案，几乎三分之二的暴力强奸案没结案，这还没算大部分强奸案，因为82%的暴力强奸案的被害人没有报案。有时，即使犯罪者的身份得以确认，案子依然没有结清，定罪的可能性很低，因为那些犯罪者曾因其他犯罪或者其他原因被逮

---

[8] 他们还强调要变革孤立方式运作的警务，和学校这样的社区机构合作来解决大量的风险因素，这样才能首先预防犯罪的发生，这一点将在第五章和第十章讨论。
[9] Irvin Waller, *Rights for Victims of Crime:Rebalancing Justice*（Lanham, MD: Rowman and Littlefield, 2010），58–59.

捕过。[10]

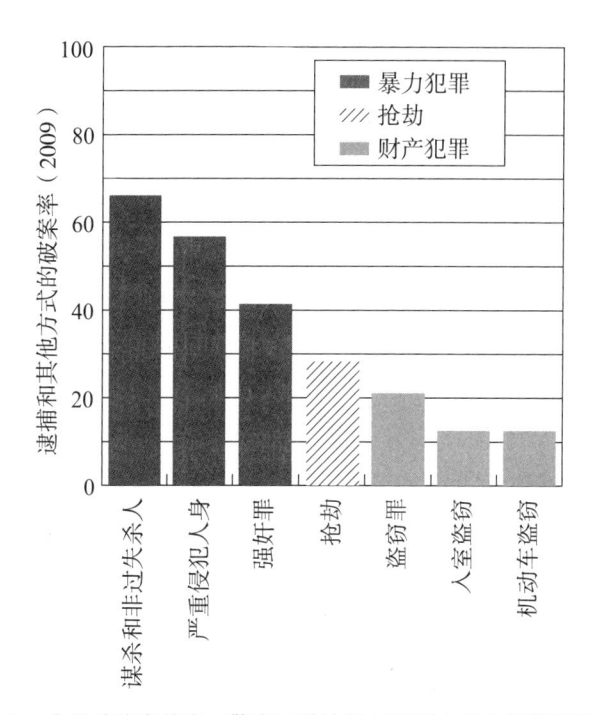

图 2-2 未侦破的案件率：警察知道的很多犯罪人没有最终受到逮捕

图 2-3 表明，美国 1000 万起逮捕案件中超过 50% 的逮捕是因为四种犯罪：毒品、偷盗、侵犯人身和醉酒驾车，每个犯罪类型的逮捕超过 120 万。[11] 警察了解所有涉及偷盗和人身攻击的犯罪，因

---

[10] "Percent of Crimes Cleared by Arrest or Exceptional Means, 2009", Crime in the United States 2009, http://www2.fbi.gov/ucr/cius2009/offenses/clearances/index.html#figure, accessed February 18, 2013.

[11] "Table 29: Estimated Number of Arrests United States, 2011", Crime in the United States 2011, http://www.fbi.gov/about-us/cjis/ucr/crime-in-the-u.s/2011/crime-in-the-u.s.-2011/tables/table-29, accessed April 22, 2013.

为被害人受害后会给警察打电话，所以这些犯罪反映了被害人受到的伤害。典型的是酒驾犯罪人的逮捕是由执法人员发起的，实际上减少了潜在受害的风险。毒品犯罪中超过 150 万起逮捕（占 2011 年总逮捕数量的 12%）是警察自己做出的，因为这是他们打击毒品战争的一部分。这些逮捕（和其他逮捕一样）对执法机关、法庭和矫正机构来说成本巨大，按理来说犯罪被害人没受益，因为这些逮捕占用宝贵资源，而本来这些资源可以用来解决那些没结的暴力犯罪案件，或者用来加强道路安全，或者真正用来强化警察在减少亲密伴侣间暴力犯罪中的角色。

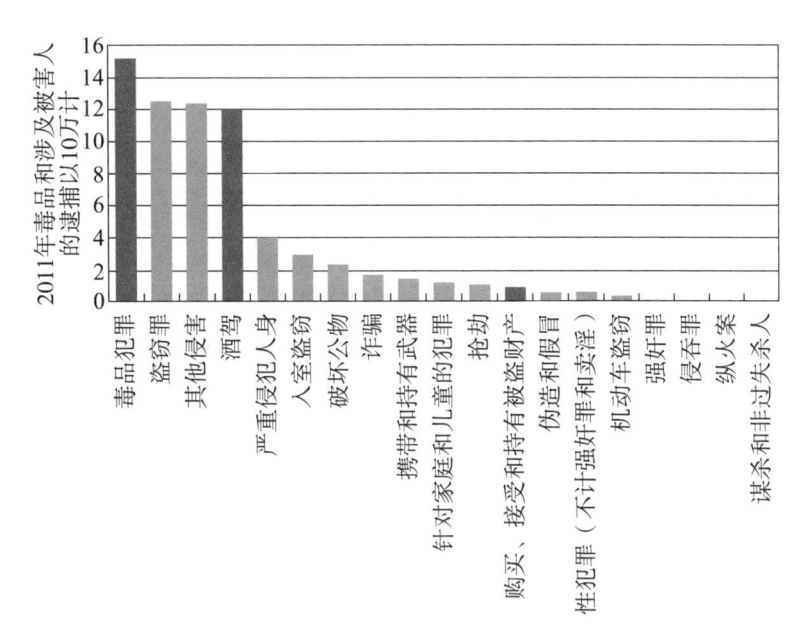

图 2-3　因毒品而被捕的罪犯数量超过有被害人的被捕数量

应对性警务不能预防犯罪

今天的警务主要是对普遍的应急电话"911"做出的应对,从1980年开始,警察管理者开始把资源从巡逻转向处理公民的报警电话,结果是,为了处理报警电话,越来越多的警务预算用来购买越来越多的车辆,因此强化了孤立的应对性警务。根据国家研究委员会对警务有效性的报告,今天60%的执法预算都用在一对一的"911"电话应对上,另外20%进一步通过侦探部门用在对犯罪的应对上。[12] 因为警务工作的重点转到对报警电话的处置上,需要更多的钱来派遣车辆,后来花更多的钱在通信技术上,从汽车收音机到手机,到笔记本电脑,到便携本。

可是如果犯罪已经发生,让被害人避免遭受和犯罪有关的痛苦和损失已经太晚了。我们把执法比作一个大石油公司,如果石油流出来污染环境后,公司再将三分之二的运作资本都花在清理油污上会怎样?难道我们希望的不是一些公司的重要人物说的"首先让我们将更多的钱花在阻止油溢出来,这对环境会更好而且更廉价"?

所以为什么不能把相同的理念用在现代执法上?为什么只有被害人的生活被毁坏之后,才把更多焦点放在(通常放的不好)抓捕犯罪人上,而不是在犯罪发生前就预防犯罪?预防犯罪可以节省纳税人花在所有法庭和监狱上的成本。关键是执政者和执法文化需要开始对我们关于预防犯罪的科学证据做出回应,他们认为"以前一

---

[12] 同注 5。

贯如此",这是对犯罪人和犯罪做出未加思索的本能反应,现在要改变这样的工作方式。

孤立的警务

尽管今天的警长有时也发表关于与社区合作的演讲,似乎很明显的是,20世纪中期那种和蔼可亲的、随时解决问题的街头警察巡逻已经离开执法主流很久了。今天的警官大多数情况下通过最新技术和其他警官交流,他们佩戴手枪和电击枪来对付犯罪人,利用先进的科学技术确认犯罪人的身份,了解射击武器的物理学原理,利用军队的技术来开展打击毒品的战争,成立特警逮捕吸毒者和其他犯罪人,他们所有这些活动都是孤立的,很少与非警察实体进行合作。

通常,执法基于这样一个错误的前提,即最好的、最重要的制止犯罪的方法是通过逮捕暴力以及财产犯罪人来威慑违规者和一般民众。比起其他没实行规模监禁的富裕国家,美国30年的大规模监禁没有取得更好的结果,这证明了上面的前提肯定有问题。[13] 这一前提还基于坏人罪有应得的想法。总之,更多孤立的警务实际上没有制止犯罪,没有避免被害人受到伤害。

想象一下中世纪的城堡,今天大多孤立的执法制度是在城堡围墙后面以自上而下的方式运作,大多数警察从他们的堡垒被派去处理一起起的犯罪,他们的任务就是抓住犯罪人。一些警务是问题

---

[13] Jan Van Dijk, Andromachi Tseloni, and Graham Farrell, eds., *The International Crime Drop: New Directions in Research* (Houndmills: Palgrave Macmillan, 2012), 300-318.

导向警务，其他一些是主动式（甚至是非常积极的兰博风格[14]）叫停—搜身式警务。

执政者将减少犯罪和警务相混淆

执政者一直混淆并且将执法等同于减少犯罪，这可能是对我们税款的最大浪费，并且错过保护潜在的被害人使其免受伤害的机会，执法和减少犯罪不一样。很遗憾，当执政者决定如何使用纳税人的钱时，他们关注的是增加警察的预算，与其他国家或地区的警察机构和警察工资进行比较，而不考虑能否节省纳税人的成本。毕竟那些孤立警务世界中的人们（或者那些政治上凌驾于警务之上的人）通常相信——即使没有证据——更多的此类执法能够带来更大的安全并且让成本更有效。执政者和官僚不把执法视为减少犯罪策略的一个组成部分，而是当作减少犯罪策略本身。阻止公民受害的理念莫名地被替换为"911"电话，街头巡逻和逮捕数量，他们不管这些是否真的有用，是否更有可能建设更安全的社区。

因为警察在犯罪控制中的角色所具有的政治（和意识形态）性，对执法政策进行真正有用的讨论有时是个挑战。政治信息将这种有效讨论歪曲了的典型范例就是关于纽约犯罪率的报道。美国其他地方和世界没有任何回响就接受了媒体和执政者如纽约前市长鲁迪·朱利安尼的观点。

20世纪60年代，美国的城市如纽约的犯罪和暴力太糟糕了，

---

[14] 兰博，电影《第一滴血》中的人物，是一个退伍军人，在小镇上屡受警长的欺凌，被逼逃入山林，不断用自己在越战中掌握的游击战术对警察展开反击。

于是成立了总统委员会来解决问题。然而，接下来的20年暴力犯罪问题变得更为糟糕。所以20世纪90年代中期历史发生了变化，1990年纽约的暴力犯罪和财产犯罪率大幅下降。没错，1990年，朱利安尼当选市长的四年前，[15] 在接下来的20年，犯罪率从80年代的大幅上升转为大幅下降了81%。[16] 事实上，许多城市都经历了犯罪率的大幅下降，只是发生年份不同，纽约也没什么不一样。[17] 尽管纽约的谋杀率仍然让生活在其他富裕民主国家的人觉得恐怖，但暴力犯罪大幅下降这点确实值得喝彩。

然而，不幸的是执政者很容易自动地将犯罪率下降仅和执法努力等同。朱利安尼声称他的成功主要归结于计算机犯罪统计系统，纽约警察局使用犯罪记录来管理执法行动，使这个城市的犯罪减少。但是，在纽约很显然还有几个因素对降低犯罪率起到了超过警务执法的作用，可能还起到了王牌作用，值得认可。

从20世纪90年代中期开始，媒体夸张地将犯罪率下降宣传为纽约的奇迹，专栏作家和评论员抨击那些用基本事实质疑犯罪率下降的专家，因为他们认为犯罪率下降是因为朱利安尼下令施行"强硬和责任制警务"。[18] 尽管他们的抨击受到了冷遇，专家安

---

[15] Janet L. Lauritsen and Robin J. Schaum, "Crime and Victimization in the Three Largest Metropolitan Areas, 1980–98", 司法统计局技术报告，March 2005.
[16] 例如，1990年是纽约市的一个犯罪高峰年，纽约市警察局记录在案的有2200起谋杀，10万起抢劫，12万起入室盗窃。到2012年，谋杀只有417起，2万起抢劫，1万9千起入室盗窃。
[17] Eric P. Baumer and Kevin T. Wolff, "Evaluating Contemporary Crime Drop（s）in America, New York City, and Many Other Places", *Justice Quarterly*（2012）: 1–34.
[18] Andrew Karmen, *New York Murder Mystery: The True Story behind the Crime Crash of the 1990s*（New York: New York University Press, 2000）, xi–xiii.

德鲁·卡门对20世纪90年代纽约犯罪率下降的原因进行了认真的科学分析。[19] 在一项研究中，他引用了纽约破窗策略创始人之一乔治·凯琳的著作，提到从1989年到1998年的破窗期间，纽约因轻罪而遭到逮捕的犯罪数量增加只能解释5%的暴力犯罪的减少。[20] 事实上，有利的证据表明当执法官员逮捕轻罪犯罪人时，他们处理的是已经存在的风险因素，犯罪率无论如何都会降下来。但是对于纽约来说，有几个非执法的因素也在起作用。卡门论证了经济复苏的重要性，因为这对于贫困的年轻人来说是个希望，他们可以读大学，继而找到工作。他还指出提高酒的价格可以减少酗酒，他肯定了人口中年轻人减少的作用等。

可是人们还是把朱利安尼的零容忍策略当作范例，来论证为什么要增加执法力量，要施行零容忍警务。即使下一任市长迈克尔·布隆伯格，庆贺2013年纽约警察局记录的全年犯罪指数都很低，认为只有执法策略可以使犯罪率减少。[21] 实际上，许多执政者认为执法是犯罪减少的一部分，或者执法本身使犯罪减少，不是更宏观（更智慧）的犯罪控制政策的一个重要部分。

固然优化执法角色很重要，警务本身进而孤立警务（充其量）只是制止犯罪的一个因素。伦敦市长在谈到伦敦是世界上最安全的

---

[19] Karmen, *New York Murder Mystery*. 其他确认了的因素将在第五章探讨。
[20] George Kelling and William Sousa, *Do Police Matter?An Analysis of the Impact of New York City's Police Reforms*, Civic Report no. 22, Center for Civic Innovation at the Manhattan Institute, New York, 2001.
[21] 更详细的见 "Bloomberg Touts Record Low Murder Rate as New Cops Sworn In", CBS New York, December 28, 2012, http://newyork.cbslo-cal.com/2012/12/28/bloomberg-boasts-record-low-murder-rate-as-new-cops-sworn-in/#sthash.oy SDw LVi.dpuf.

大城市时说，单独执法本身不能制止犯罪。[22] 然而，这一事实通常被执政者和媒体掩饰掉了，很遗憾他们还没有重视用节省成本的方法制止犯罪，所以只把警务当作工具箱中的一个工具。

四、利用证据，避免没用的方法

使用证据的概念——智慧的警务，并不新鲜。政府已经给智慧的警务下了一个有用的定义："构建基于证据，运用数据，实际、有效、经济的执法策略和战略。"[23] 有两点需要强调，第一点，要想"智慧"，执法必须节省成本；第二点，战略和方法必须经过证明检验，确实可以制止犯罪，促进社区更安全地发展。如果可以这样，为什么纳税人和他们的执政者还继续用其他方法呢？

将昂贵的费用支付在已证明无效的医疗上是很难想象的，同样难以想象的是 21 世纪的医疗策略建立在等待的基础之上——急救车是为了等待重大危机发生。所以为什么纳税人还要继续将巨资花在应对性警务策略上？因为应对性警务没有建立在证据基础之上，没能真正起到作用，没能有效地使被害人免于受害。

一个错误观念——随机预防式巡逻有效

长期以来，一个关于执法的错误观念是随机预防式巡逻能够震慑犯罪，如果警官开着有巡逻标志的警车定期在小区里巡逻，即使

---

[22] *Police and Crime Plan 2013–2016*（London: Mayor's Office for Policing and Crime, 2013）.
[23] 这一定义取自美国司法部司法协助局，它主要为警务革新提供自由资金，为聪明的警务提供网络支持。

他们头脑中没有特定目标，他们也会震慑住犯罪人。在20世纪70年代，华盛顿的警察基金会决定用密苏里州的堪萨斯市来验证一下随机预防式巡逻的实际效果。[24]

经过一年实验，执法管理者撤掉了一个社区的预防式巡逻，将第二个社区的巡逻人数增加了一倍，将第三个社区的巡逻人数保持在标准水平，他们没有告诉公众这些巡逻人数的变化。

然后研究者评估了犯罪率是否有所改变，他们使用年初和年底进行的犯罪被害调查的数据。和所有犯罪被害调查一样，这些调查独立于执法而进行，估算了曾经是犯罪被害人的居民比例，不管他们是否报案。

这一重要实验的结果证明，随机预防式巡逻对犯罪率没有产生影响，也就是说，它科学地证明了随机预防式巡逻无效。它对当时美国和许多其他富裕的民主国家的大多数执法资源的使用方式提出了严厉指责。执政者和执法代表极力反对这些发现，很大程度上是因为他们将大量的钱花在预防式警察巡逻上，花在他们一直在做的事情上。

今天我们不知道多大比例的执法资源仍被用在随机预防式巡逻上，但是我们知道大多数巡逻警察都在处理"911"报警电话，没有在随意巡逻。

公共关系策略（误导和混淆了犯罪预防）不是犯罪预防

随机预防式巡逻不是唯一一个经科学检验证明了无效的流行执

---

[24] 乔治·凯琳，现为新泽西州拉特格斯大学犯罪学教授，他在研究警务的有效性方面起到重要作用，其研究和纽约市朱利安尼和布拉顿的政策相关。凯琳大学时研究理论学，读研究生时研究社会工作。

法模式，一些警察局仍设有小的犯罪预防部门，它是公共关系办公室的两倍大。这些部门负责这样一些项目，如邻里守望、孩童印迹，在这些项目中，这些部门的警察和公众合作。遗憾的是，许多这样的项目被误称为犯罪预防，问题是他们没有必需的资源，所以经常复制那些经检验证明不能制止犯罪的做法。例如，这些部门对邻里守望项目进行的评估表明它们并没有制止犯罪，尽管最初经市政厅批准的邻里守望项目制止了犯罪。[25]

洛杉矶警察局开发了DARE毒品预防项目，在这个项目中警官深入学校教室讲授非法使用毒品的危险——又来了，一个引人注目的支持警务独立运作的项目。然而，在减少毒品使用方面，评估没有表明项目有任何有力影响。[26] 相反，生活技能培训，第五章将会讨论到，表明我们每花1美元，会产生18美元的回报，因为在这个项目中有已经经过培训的老师，结果证明这个项目有效果。

重要的是，司法部网站（crimesolutions.gov）上没将任何这些犯罪预防部门实施的典型项目列为有效果的项目，但是，网站上列出了一些问题导向项目，这些项目有时也由犯罪预防部门执行，后面我们会把它们作为有效果的项目加以讨论。

---

[25] 见 Lawrence Sherman, David Farrington, Brandon Welsh, and Doris Mac Kenzie, eds., *Evidence-Based Crime Prevention*（New York: Routledge, 2002），还可以参见本书第九章对此和其他减少财产犯罪的有效方法。

[26] Cody W. Telep and David Weisburd, "What Is Known about the Effectiveness of Police Practices in Reducing Crime and Disorder?" *Police Quarterly* 15, no. 4（2012）: 331.

五、使用证据将警务聚焦在制止犯罪的方法上

将执法聚焦于问题地方

已被证明的随机式预防巡逻的失败,让人们慢慢开始研究什么执法方法有效。这种关注点的改变确实带来了让公众税款发挥作用的积极革新。有几个独立于公众和其他机构的执法方法属于这种革新。例如,根据一项最新的评估,有利证据表明问题导向警务、热点警务、缴枪行动、集中威慑方法和财产案件中 DNA 技术的运用都可以制止犯罪。[27]

这些革新并用犯罪制图技术和执法管理。大部分城市居民会说"市中心平民区"最危险,是容易发生犯罪的地方,传说街头团伙中的年轻人是惯犯。事实上,15—25 岁男性街头暴力犯罪容易集中在贫困、社会孤立和相对贫穷的地方,即我们熟知的"热点"地方(有些人和我称之为"问题地方",因为这些地方的"问题"确实能得到解决)。[28] 正如第一章讨论过的那样,许多国家进行的广泛研究证明特殊的生活经历使一些年轻人(尤其是那些集中在这些问题区域的)成为暴力惯犯。

对于执法而言,要减少犯罪,聚焦于问题地方的警务已经成为一个经科学验证的最好方法——安东尼·布拉加和大卫·维斯博德

---

[27] Telep and Weisburd, "What Is Known", 331; "Five Things Law Enforcement Executives Can Do to Make a Difference", National Institute of Justice, http://nij.gov/five-things/, accessed March 26, 2013.

[28] Anthony Braga and David Weisburd, Policing Problem Places: Crime Hot Spots and Effective Prevention (Oxford: Oxford University Press, 2012).

将这个策略称为"问题地方警务",他们专门写了一本书讲述这一策略。[29] 在大城市,主要通过对"911"电话的电脑分析将问题地方识别并绘制出来,然后按地理信息进行特别编码,专家长期以来一直假设可以将这些经编码的信息随时提供给更智慧的执法实践。

20世纪90年代早期对明尼阿波利斯市一年的接警和遣警电话做了一项开创性分析。劳伦斯·谢尔曼和大卫·维斯博德证明,在绝大多数地方,人们从来不拨打紧急电话,但是3.5%地方的紧急电话的电话量就使全部电话量攀升了50%,这些电话往往集中在某些问题地方。西雅图市的一项分析表明,一个城市的热点往往持续很长时间,几十年都是热点。这样的统计现在已经成为普通知识,可以从不同角度加以解释。例如,英国犯罪调查表明,4%的被调查者占了被害人的44%,这表明有些地方高比例地出现一个人一年受害超过一次的情况,英国人称之为"重复受害"。

用收集来的研究结果,谢尔曼和维斯博德说服明尼阿波利斯市的警察参与随机控制实验来检验是否在这些问题地方增加警察巡逻会对这些地方的大量报警电话产生影响。研究证实,在问题地方集中警察巡逻(和随机预防式巡逻相反)使犯罪率有轻微但是明显得减少,这点可以从公众要求警察服务的电话数量的减少看出来。[30]

测绘技术的出现,对犯罪通常集中在一些问题地方及犯罪人的了解,将执法行动积极有效地聚焦在这些问题地方,犯罪减少了。

---

[29] Braga and Weisburd, *Policing Problem Places*.
[30] 同注释29,9—14页。

问题导向警务

在过去几十年，最重要的执法革新被称为"问题导向警务"，因为这一警务首先考虑造成犯罪问题的风险因素。一旦风险因素得以确认，执法服务能够更智慧地利用他们的资源，这通常意味着和住房及停车设计这些机构进行合作，来处理那些风险因素，以减少犯罪。这一最有效的警务前身的最原始概念是威斯康星州大学赫尔曼·戈德斯坦教授提出来的。[31]

今天许多问题导向警务的成功范例都汇集在 popcenter.org 网站上，问题导向警务中心网站是一个对那些想再投资于可以制止犯罪策略的执政者和警察领导者很重要的网站。[32] 然而，这个网站上的大部分问题导向警务的范例是一两个警官针对某一地区问题使用的方法，不是我们真正需要的整个城市制止犯罪的普遍做法。

执法中最有效的问题导向警务的最早的一个范例在20世纪80年代早期被弗吉尼亚的新港新闻报道过。[33] 基本情节是，一个开明的警察局长撤掉了20个处理报警电话的警官，这样他们能够对一个犯罪高发地区——问题地方——进行分析。这个问题地方车辆盗窃和入室盗窃盛行，然后局长让他们找到解决办法。最后，这些警

---

[31] Herman Goldstein, *Problem-Oriented Policing*（New York: Mc GrawHill, 1990）.

[32] Center for Problem Oriented Policing, www.popcenter.org.

[33] John Eck and William Spelman, *Problem Solving: Problem-Oriented Policing in Newport News*（Washington, DC: Police Executive Research Forum, 1987）, available at https://www.ncjrs.gov/pdffiles1/Digitization/111964NCJRS.pdf, accessed April 22, 2013; "History of Problem-Oriented Policing", Center for Problem-Oriented Policing, http://www.popcenter.org/about/?p=history, accessed April 22, 2013.

官建议加强城市法规，改善物理环境问题，如照明和房门质量。结果入室盗窃减少了 30%，被害人减少了 30%，聪明！

20 世纪 90 年代芝加哥也用聪明的方法减少了整个城市的犯罪率，主要原因是在 1993 年开展了芝加哥警务替代项目。[34] 在这一项目中，执法机构、公民，和社区机构同心协力预防犯罪，不是只对犯罪做出事后应对；项目内容是，执法警官被派到城市的某些区域，他们开始了解当地社区居民，居民也开始了解他们；他们召开社区会议，执法警官和居民讨论执法优先问题（例如，抢劫、街头毒品交易和卖淫），从本质上征求居民的意见，寻求解决办法。这一策略让社区成为执法机构的合作伙伴，结果原来城区的团伙犯罪和毒品犯罪减少了 50% 或者更多。[35]

尽管问题导向警务是个很重要的方法，但是我们不清楚是否经过培训的执法警官在施行这一警务时一定最节省成本，因为有研究表明他们不总是对这一警务进行充分实施。

集中威慑：瞄准团伙犯罪

另一个已被证实的"智慧的警务"源于 20 世纪 90 年代波士顿一个有名的减少团伙暴力犯罪项目。这个项目被称为"集中威慑"项目。简言之，波士顿警察局将威慑技术聚焦于那些警局已经掌握的涉及街头团伙和暴力犯罪人身上，让一些问题地方的某些人意识到执法部门在关注他们，如果他们因为犯罪被捕，执法部门可能会

---

[34] Wesley Skogan and Susan Hartnett, *Community Policing: Chicago Style* (New York: Oxford University Press, 1997), 219–30, 242–44.

[35] Skogan and Hartnett. *Community Policing*, 219–30, 242–44.

竭力让他们入狱，进而受到严厉惩罚。这一做法是波士顿凶杀数量突然减少的主要原因。一项科学研究估计这一降幅高达66%。[36] 尽管实践证明这一警务有效，但是我们不清楚犯罪减少是因为警务因素，还是因为给年轻人提供社会服务，这一点会在第六章进一步加以讨论。

重要的是，集中威慑概念目标明确，所以和一般威慑不同，因为一般威慑只希望逮捕和惩罚威慑全体居民，让他们不犯罪。事实上，证据表明一般威慑不像集中威慑那样能有效减少街头犯罪和团伙暴力犯罪。

集中威慑一直是大量科学评估的主题，评估是否有可信证据支持集中威慑确实能制止犯罪的观点。[37] 评估认为波士顿还有其他四个城市因为使用集中威慑策略，都成功地将杀人犯罪率减少了34%—44%，这些乐观的结果是在现在的执法预算下取得的，他们不仅减少了生命的损失（可能还有很多严重伤害），而且减少了法庭和矫正机构案件的数量，因此为纳税人节省了开支。

在总结结果时，评估者很谨慎，因为这些结果基于非随机的准实验设计（也就是说，方法没有评估者要求的那样科学可靠）。评估者仍然坚持认为集中威慑确实使犯罪率大大下降，但是他们不确定下降的数量，因为犯罪率下降还有可能是给这些年轻人提供社会服务，使他们重返学校或者重新就业。尽管如此，集中威慑范例确实取得了重要的结果，所以集中威慑策略必须被列在智慧的犯罪控制方法之中——即使只是作为下面这个结合方法的一部分，即执法不再孤

---

[36] A. Braga, and D. Weisburd, "The Effects of 'Pulling Levers' Focused Deterrence Strategies on Crime", *Campbell Systematic Reviews* 8, no. 6 (2012): 19.

[37] Braga and Weisburd, "The Effects of 'Pulling Levers'", 6.

立，而是和其他社区机构合作，这点我们会在第六章进一步讨论。

拦截搜身：瞄准枪支犯罪

拦截搜身是热点警务的一个分支，是制止犯罪的一种策略，很多大的执法机构在问题地方使用这一策略。它主要指的是警察瞄准他们认为可疑的个人或一群人，然后进行搜身。要想合法地拦截一个人，执法官员必须有充分理由怀疑这个人实施了、正在实施或者将要实施一个非法行为。要想合法地对某个人进行搜身，执法官员必须"合理地怀疑"这个人持有武器，会危及执法人员的安全。拦截搜身的主要问题是执法官员的"合理怀疑"往往基于成见，[38]这一点会在这一章进一步讨论。

热点分析有助于指导在问题地方进行拦截搜身，范例将其用在重点行动中，缴获街头出现的枪支。众所周知并显而易见的是没收非法枪支可以减少枪支犯罪率，例如，在堪萨斯城，一个重点执法行动使没收的枪支数量增加了65%，结果枪支犯罪率减少了49%。这一执法行动的技术还包括对那些因非枪支犯罪而被捕被起诉的人的财产进行搜查，一览无余地搜查汽车，对因为违反交通规则而被拦住的个人进行安全搜身。[39]

---

[38] "Stop-and-Frisk Campaign: About the Issue", New York Civil Liberties Union, http://www.nyclu.org/issues/racial-justice/stop-and-frisk-practices, accessed April 22, 2013.

[39] "Program Profile: Kansas City（MO）Gun Experiment", Crime Solutions, http://crimesolutions.gov/Program Details.aspx?ID=238, accessed July 8, 2013; 执法部门对交通法律执行的了解已经有一段时间了，尤其对问题地方引发其他犯罪的了解。遗憾的是，研究者很大程度上忽视了一个事实，即一些有风险的交通违法者也实施其他暴力犯罪，我们将在第八章进一步探讨这点。

一个名为"在暴力的地方施行问题导向警务"的泽西市执法项目是问题地方的一个成功的聪明警务范例。这个项目是 20 世纪 90 年代早期泽西市警局暴力犯罪处的革新,是一项科学研究的主题。基于"911"电话,暴力犯罪处识别出该市的问题地方,然后研究了那些区域存在的暴力情况,以及对于执法来讲,哪些情况可以受到情境方法的影响,也就是说,他们研究执法如何能影响情境,减少暴力出现的概率。然后这个处采取了多种措施,包括集中执法(例如,步行和无线电巡逻,分散流浪人群,给在公众场所饮酒的人开罚单,对可疑人进行拦截搜身),情境方法(例如,保护空地,清理垃圾街道,在问题区域增加照明,清除涂鸦)。[40] 情境方法和问题导向警务类似,但是更多是通过改变建筑或房屋的照明和设计来减少犯罪机会,其结果令人赞叹,和街头斗殴、财产犯罪和毒品有关的"911"电话大量减少。[41] 对于社区来说也产生了扩散效应,因为街头斗殴和毒品有关的报警电话也减少了(尽管财产犯罪没有这一效应)。

毫无疑问,为了保证公平执法,我们必须认识到拦截搜身策略的局限性。尽管其他小的争议点的热点策略(如泽西市运用的)被科学地证明可以让社区免受暴力犯罪,但它们确实有局限性,因为它们只在执法孤立的范围内可行。尤其是,热点策略不能解决很多社会决定性因素,为什么一些个人、家庭和群体集中在问题区域,

---

[40] "Program Profile: Problem-Oriented Policing in Violent Crime Places (Jersey City, NJ)", Crime Solutions, http://www.crimesolutions.gov/Program-Details.aspx?ID=227, accessed August 17, 2013.
[41] Ronald Clarke, ed., *Situational Crime Prevention: Successful Case Studies*, 2nd ed. (Boulder, CO: Lynne Rienner, 1997).

然后开始在这些地方制造高的犯罪率。本书的第五章和第六章会更具体地探讨对这些问题的研究，会举例说明几个非常实际的方法，即执法服务和社区机构合作聚焦于社会服务来共同消除犯罪热点。

现在解决市中心枪支犯罪的最重要的项目是安全社区项目。这一项目源于20世纪90年代中期波士顿街头杀人犯罪的大量减少，通过结合智慧的警务和有效的社会预防，波士顿的枪支犯罪减少了60%。[42] 这一项目激励国家司法研究所开发了名为"社区安全倡议战略方法"(SACSI)的项目，这一项目把执法聚焦在十个城市的问题地方，结果暴力减少了。然后为了解决高的枪支犯罪率问题，这一执法方法被用在安全社区项目中，在全国范围内的94个检察官区实施。

尽管安全社区项目意味着和社区合作，项目的焦点是让不同的执法机构解决他们各自独立区域内的枪支犯罪问题，几年之内大约有30亿资金注入这个项目。在几个参与安全社区项目的城市，凶杀率确实下降了，但是总的下降率并不大。在第六章，你会了解到如果这些城市能摆脱传统的孤立警务概念，将更多的精力和时间投入到解决瞄准的社会问题，就像最初波士顿那样，这些项目可能更智慧。[43]

---

[42] 这点将在第五章讨论，作为问题地方的目标执法和社会发展相结合的策略。
[43] 值得注意的是，纽黑文、波特兰和温斯顿-塞勒姆凶杀率的减少超过其他地区15%，印第安纳波利斯超过其他地区30%。见 JanRoehl, Dennis P. Rosenbaum, Sandra K. Costello, James R. "Chip" Coldren Jr., Amie M. Schuck, Laura Kunard, and David R. Forde, *Strategic Approaches to CommunitySafety Initiative（SACSI）in 10 U.S. Cities: The Building Blocks for Project Safe Neighborhoods*（Washington, DC: National Institute of Justice, 2006）, 72–73.

聚焦再犯

遗憾的是，重返法庭和再而三地重返矫正机构的犯罪人数量非常多，所以有充分的理由把执法聚焦在已经被掌握的再犯身上，因为他们再次犯罪的概率很大。

为了减少犯罪数量，执法机构一直设立被称为"惯犯部门"的执法部门，他们聚焦惯犯，但是威慑效果很小。他们还通过逮捕那些因违反保释、缓刑、假释考验规定的轻罪惯犯让他们不能再在街头犯罪。[44] 令人奇怪的是，关于惯犯部门有效性的研究有限，20世纪80年代的研究结果表明犯罪率减少微小，主要通过延长惯犯的服刑时间，而不是通过让犯罪明显减少或者改进定罪率。

聚焦反复被害人

成功制止犯罪的重要一点是聚焦那些在一年之内受害超过一次的被害人——"反复被害人"。分析"911"电话的地点是确认反复被害人最简单的方式之一，是任何执法部门很容易采取的策略。但是减少反复受害的行为必须是基于机构的行为而不是警务行为，这一点将在第九章进一步探讨。

---

[44] "Program Profile: Phoenix (Ariz.) Repeat Offender Program", Crime Solutions, ttps://www.crimesolutions.gov/Program Details.aspx?ID=66, accessed April 23, 2013; Sherman, Farrington, Welsh, and Mac Kenzie, Evidence-Based Crime Prevention; Allan Abrahamse, Patricia Ebener, Peter Greenwood, Nora Fitzgerald, and Thomas Kosin, "An Experimental Evaluation of the Phoenix Repeat Offender Program", *Justice Quarterly* 8, no. 2 (1991):141–68.

六、智慧的警务需要改进的几个重要问题

减少家庭暴力的智慧方法

处理家庭暴力报警电话是个挑战,因为任务既危险又困难。针对警务工作本身有效性的研究不清晰,警察、解决问题的法庭和社会机构都很重要,这点将在第七章进一步讨论。

执法中被害人利益至上的智慧方法

过多关注用法律惩罚犯罪人造成对被害人支持和保护的忽视。总的来讲,被害人不愿求助于执法机构,警察必须重新考虑被害人利益至上的执法方法而不是责备被害人不去报案。国际警察局长协会和犯罪被害人办公室合作为整个警察部门的变革制定策略,起到了重要的领导作用。因为如此多的被害人都选择不去报案,所以对这些纲领的实施会有助于执法机构获得更多关于被害人的信息,这样才能聚焦执法于制止犯罪。[45]

公平与毒品

如上所述,以"911"为中心的执法演变自然产生大量关于犯罪热点的地理信息,专家的评估也证实集中威慑对两个城市的非法拥有毒品的案例数量减少起到了作用,但是这些研究没有显示对犯罪被害人的伤害有任何减轻。一方面,一些有效的热点警务策略出

---

[45] Waller, *Rights for Victims of Crime*, 55-76.

现了，应该得到喝彩（前面讨论过）；另一方面，热点警务的结果是城市中心区域拦截搜身的策略明显增加——尤其是在纽约对年轻人的拦截搜身。在很大程度上，拦截搜身采纳的是热点警务的智慧理念，结果将其变成了新的科学信息和老派警务之间不智慧的混合。

因为拦截搜身的策略可以被过度使用，对无辜人的干预确实有害，这一伤害远远超过给公共安全带来的益处。这种过度使用和不当的干预值得批判。事实是大量的年轻人和西班牙裔人是拦截搜身的目标，被拦截搜身的人数和其人口不成比例。例如，尽管他们只占纽约市人口的4.7%，14岁到24岁的黑人和西班牙裔男性占2011年被拦截搜身人口的41.6%，2011年被拦停的年轻黑人人数超过这个城市当年年轻黑人的人口总数（168,126次拦截，158,406个居民）。超过50%的拦截是因为那些人"看上去鬼鬼祟祟"。[46]

重要的是，2011年在纽约接近90%被拦截的年轻黑人和西班牙裔男性是无辜的。而且，对拦截搜身的过度使用在减少枪支犯罪被害人方面没有产生任何益处。例如，2002年纽约城有1892个枪支暴力犯罪受害者，97,296次拦截搜身，而2011年仍然有1821个枪支暴力犯罪受害者，而记录的拦截次数是685,724，几乎是2001年的7倍。[47]

在这点上，聪明的执政者应该问问自己：拦截搜身经证明了的实际好处是什么？阻止城市内部枪支暴力犯罪更经济有效的

---

[46] "Stop-and-Frisk Campaign", New York Civil Liberties Union.
[47] 同注释46。

方法是什么（第六章会讨论）？我们的社区更好，更有凝聚力了，还是比以前更糟糕了？实际上，这是一个互为受益的交易，在第五章中你会看到，社会凝聚力对制止犯罪，增加公共安全起到很大作用。

学校里的警务

另一个需要注意的问题是执法，尤其是"资源警官"在学校中的作用。没有证据能够证明学校里配备警官能解决暴力和欺凌问题，然而有证据表明这些问题可以通过其他方式解决。然而，令人担心的是警察在学校的出现直接导致把很多人从学校送到了监狱（school-to-prison pipeline），也就是说，更多年轻人被关押起来了。[48]

七、在制止犯罪的过程中将执法聚焦转向轻罪，减少监禁

20世纪90年代纽约对一些轻罪进行逮捕，这一转变很重要但是没有达到预期效果，因为那些本来会因重罪而服刑很长时间的犯罪人却因为他们的轻罪服刑时间更短。事实是纽约警察局聚焦逮捕不严重的犯罪，对重罪逮捕的资源投入较少。同时，犯罪率减少的另外一个因素是犯重罪的人较少。

一些主要专家做出了重要合理的分析，他们证明了较短时间的

---

[48] "What Is the School-to-Prison Pipeline?" American Civil Liberties Union, http://www.aclu.org/racial-justice/what-school-prison-pipeline, accessed May 5, 2013.

服刑和监禁率的减少是纽约市在 20 世纪 90 年代犯罪率下降的重要因素。[49] 简言之，犯罪率下降了，监禁率也下降了。所以，纳税人能在监狱上节省成本，又不会增加对潜在被害人伤害的风险。智慧的警务是这一益处的守门人，遗憾的是，我们不清楚这一好处今天是否仍然存在，因为拦截搜身经常被用来起诉重罪，可实际上真正的罪名无非是诸如持有毒品之类的轻罪，不管这些对潜在被害人的危险有多大。

八、结论

重点：智慧的策略是运用有效的执法减少犯罪

在美国，执法是一个重要的产业，一年的营业额是 1240 亿美元，很大部分营业额由地方税收支付。美国人均拥有警察的数量和其他富裕民主国家没有不同，尽管通常美国警察的工资更高。

好消息是科学研究加上开创性的执法给我们提供了重要的核心知识，即在制止犯罪、减少犯罪被害人数量和节省税款上什么执法无用什么执法有用，这一知识很容易获得但是仍然没有付诸实践。

标准警务减少犯罪的能力有限，主要有几个基本原因，例如被害人不去报警，很难识别犯罪人。执法资源经常被用来应对犯罪，尤其是"911"电话。被误认为是犯罪预防的随机巡逻和公共关系

---

[49] James F. Austin and Michael Jacobson, "How New York City Reduced Mass Incarceration: A Model for Change?" (report for Brennan Center for Justice at New York University School of Law, 2013).

项目已经证明不能减少犯罪。

如果警务要想在制止受害上发挥更大作用，行动必须聚焦在问题地方和问题人群，因为实践证明这样能制止犯罪。这些做法包括问题导向警务、集中威慑、拦截搜身（条件是谨慎使用）以及聚焦惯犯和反复被害人。随后犯罪率明显下降，达到30%或更多。如果执法把被害人置于第一位时，执法会获得更多关于犯罪的信息。最后，执法通过仍然有效的最轻的惩罚来减少纳税人的成本。在很多案件中，这将意味着对犯罪人进行轻罪指控，因为比起过度使用的重罪判决，这能更有效地制止犯罪，成本更有效。

一些执法策略瞄准持有和少量贩卖大麻的人，这增加了纳税人的成本，造成法庭和矫正制度的种族歧视，但是对减少被害人伤害上没有效果。

执政者在做预算时经常将警务等同于制止犯罪，实际上并不是这样。合理的政治和执法的试金石必须包括聪明地将资源转向真正能成本有效地制止犯罪和预防受害的方法上，要想实现这一点，我们必须不能错误地认为执法是减少犯罪被害人数量的唯一因素。

执政者减少犯罪的做法：通过警务在犯罪造成伤害前将其制止

1. 执政者和警察领导者必须：

    a. 了解什么警务策略和非警务策略被检验证明过，然后坚持使用这些策略，如果犯罪没有减少，纳税人没有节省成本，取得的益处没有远大于增加的执法成本的话，就不该增加执法预算；

    b. 避免执法是减少犯罪的唯一因素的思维和行为；

c. 雇佣那些了解警务中什么有用和预防中什么成本有效的顾问，让公众了解他们的争论和政策决定。

2. 为了在不同城市的社区层面降低暴力和财产犯罪率，执法者必须运用有前途的问题导向警务策略和经检验证明了的警务策略（参见网站 popcenter.org 和 crimesolutions.gov）。执法者还必须认识到有时轻罪指控同样有效，且成本更低。

3. 执法一定不要浪费资源在已知的不能制止犯罪的策略上，例如随机预防巡逻、DARE 项目和公共关系实践（误称为犯罪预防）。

4. 执法者必须运用"911"电话进行地理信息分析来：

a. 识别热点和问题地方，在这些地方运用问题导向警务（犯罪前预防）的进一步分析和方法来制止犯罪；

b. 为了实行集中和问题导向警务，分析暴力和财产犯罪的反复被害人。

5. 执法者必须在问题地方制止城市枪支暴力和其他犯罪，通过：

a. 集中威慑，例如打进电话（call-ins），结合使用其他社会预防方法；

b. 拦截搜身，适度得到受影响的社区的支持；

c. 对交通违章者执法，因为特别多的暴力犯罪人犯交通罪（第八章会讨论）。

6. 警察领导者和研究者必须注重找到有效的方法来运用执法、社会和法庭策略制止惯犯，包括家庭暴力犯罪人，潜在的保释、缓刑、假释考验规定违反者和没有任何支持或监督的被释放人。

将独立运作的执法从应对式犯罪控制转向智慧的预防是一项大

工程。要想成本有效地减少犯罪数量，降低犯罪率，执法不能再独立运作。

在第五章和第六章，我们可以看到在制定预防暴力的策略中，执法是其他社会服务和机构的伙伴。第七章和第八章讨论了在预防针对女性的暴力和减少交通伤亡中执法的作用。最后，第十章再次论述了在迈向更智慧的犯罪控制过程中执法的主要作用。

第三章 司法：通过避免不必要的法庭介入来制止犯罪

一、引言

我们对司法的印象是，一个案子在刑事法庭审判，出庭的有穿着长袍（也许带着假发）的法官、被告律师、检察官，有可能有陪审团。审判日是聪明的律师和被告进行决斗的日子，但是这样的画面只出现在好莱坞的大片中。

令人惊奇的是，根据 2006 年司法统计局的报告，法庭上有超过四分之三的重罪被告都有被逮捕的前科，69% 有多次被捕前科。[1] 严重犯罪，例如凶杀、过失杀人、强奸、抢劫和入室偷盗，每年大约有 110 万人被判为重罪，在这些人中，令人惊奇的是有很高比例（94%）的人认罪，10 个人中有 7 个被判入狱，平均刑期 5 年。[2] 在图 3-1 中，我们可以看到有 34% 的人被判毒品犯罪，没有

---

[1] "Felony Defendants", Bureau of Justice Statistics, http://bjs.ojp.usdoj.gov/index. cfm?ty=tp&tid=231, accessed March 13, 2013.
[2] State Court Caseload Statistics", Bureau of Justice Statistics, http://bjs.ojp.usdoj.gov/index. cfm?ty=tp&tid=30, accessed February 18, 2013.

对被害人造成伤害的危险的个人暴力或者盗窃犯罪。[3]

一个有 75% 失败率的制度肯定有严重问题。显然，法庭上一次的所作所为并没有制止未来犯罪的发生，不断惩罚同一个犯罪人的地方就如同一扇旋转门，法庭必须聚焦于采用可以负担得起的方式来制止犯罪人再次犯罪，或者可能的话就让开路让其他人做得更好。

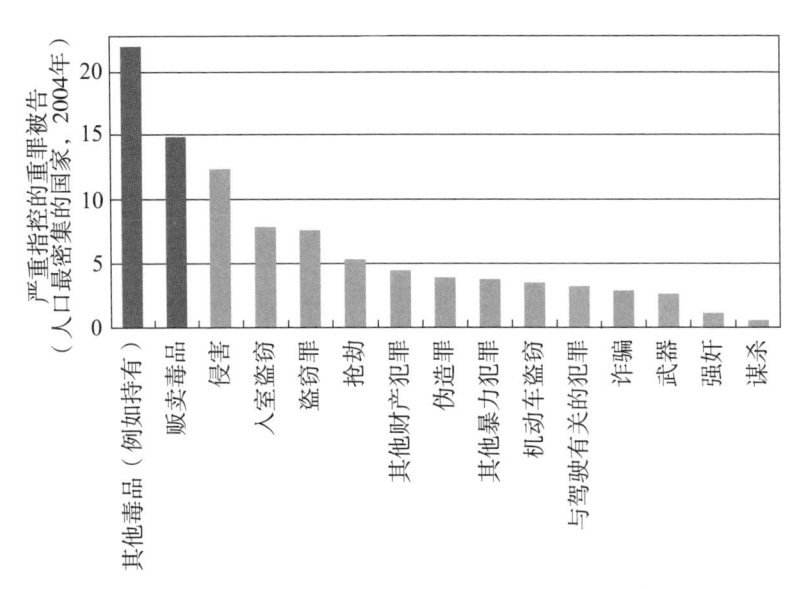

图 3-1　毒品的重罪被告数量超过有被害人的重罪被告数量

今天，很多检察官（一些执政者）认为他们的角色是为被

---

[3] "Felony Defendants", Bureau of Justice Statistics, http://bjs.ojp.usdoj.gov/index.cfm?ty=tp&tid=231, accessed March 13, 2013; R. La Fountain, R. Schauffler, S. Strickland, and K. Holt, Examining the Work of State Courts: An Analysis of 2010 State Court Caseloads (Washington, DC: National Center for State Courts, 2012), available at http://www.courtstatistics.org/Other-Pages/~/media/Microsites/Files/CSP/DATA%20PDF/CSP_DEC.ashx, accessed April 22, 2013.

害人伸张正义，宣判犯罪人长期入狱。然而，这有点"一刀切"，毕竟不是所有被害人都要求惩罚和报复犯罪人。国家犯罪被害人调查数据表明，很多财产犯罪的被害人需要的是赔偿和补偿，很多暴力犯罪被害人需要的是制止类似的暴力犯罪再次发生在自己和他人身上的真正行动，也就是说，他们需要的是预防暴力犯罪。只有少数人想要这样的惩罚。[4] 所以我们如何能为那些想要制止恶性犯罪循环的被害人伸张正义呢？这一章我们将探讨这一问题。

为什么不通过结果为导向的判决来减少犯罪数量？

为什么我们不重新审视一下我们的法庭制度？重组一下惩罚犯罪人的过时机构，建立能坚持使用经证明了的智慧的策略来有效制止未来犯罪的现代组织呢？在某些情况下，监禁是智慧策略的一部分，法庭控制的改造项目、社区参与、恢复性司法以及对被害人没造成伤害的行为的非罪化也将是智慧策略的一部分。

在现实世界中，法官不能明确掌握"公平的"惩罚，立法者在决定什么样的惩罚（通常的）对应什么样的犯罪（通常的）时也起到作用。立法机构通过了设置最低刑和最高刑的法律，尽管通过这些法律，我们很难看出他们真正了解减少再犯的方法或者监禁的累积成本。法官对某些犯罪人的判决仅仅基于这些法律，他们同样没

---

[4] Irvin Waller, *Rights for Victims of Crime: Rebalancing Justice*（New York: Rowman and Littlefield, 2010），61–62.

有真正关心公共安全和纳税人的钱，其实不需要这样。为了制止再犯，法庭体系可以变得智慧得多，它可以更关注避免浪费纳税人的税款，实际上也避免了浪费犯罪人的生命，所有这些的前提条件是有意愿这样做。

有一点可以确认：我们的法庭需要批判，不仅因为在制止未来犯罪方面它们没有发挥全部职能，还因为已经深入美国各级司法体制的种族歧视——不只在联邦体制内，在这种体制下，黑人被判服刑的时间平均比白人长20%，并且被监禁的人中有37%都是黑人。[5]

本章重点探讨对法庭有用的一些改革，这样法庭才能运用科学来减少再犯的数量和控制成本。具体来讲，本章主要讲述：（1）为了成本有效地减少再犯，"解决问题"的法庭和社区合作的社区治疗中心相结合，有效地解决犯罪根源——毫无疑问这一方法经证明有效；（2）对审判制度的一些聪明革新，为纳税人控制和减少浪费的成本；（3）如果有更好服务社区的方法，就不要寻求法庭，这样可以节省很多税款；（4）一些有前景的革新仍需改进，尽管他们可能比现存的体制更好。

本章还探讨了非罪化、持有毒品和街头零售有关的毒品犯罪（不是柬埔寨和墨西哥的黑帮），因为这些犯罪没有对被害人造成伤害，我在表3-1中列出了本章要讲的主要内容。

---

[5] "Federal Prison Terms for Black Men 20% Longer Than Those for Whites", *The Crime Report*, February 16, 2013, http://ht.ly/h OXfn.

表 3-1 制止犯罪和过度花销的法庭举措

确实阻止惯犯的法庭改革	刑事司法中为纳税人节省成本，不增加对被害人伤害的改革	需要改进的方面
社区法庭和服务 酗酒和毒品法庭（和暴力有关） 社区戒毒所（加利福尼亚第36号提案） 精神健康法庭和治疗法庭或者地检署的判决计划	阻止再犯和财政赤字的判决委员会 转向社区项目 有效减少再犯数量的恢复性司法 大麻的非罪化	家庭暴力 问题分析法庭 关注被害人 非法毒品的合法化
所有这些都得益于被告、治疗、成本、赔偿和惯犯的更为准确的数据		

二、不只是惩罚：智慧的法庭如何制止再次受害

奇怪的是，目前还没有关于法庭如何有效制止犯罪的大量研究，至少没有像对预防、执法和矫正那么多的研究。然而还是有革新者。在纽约，法庭改革中心是一个独立的研究和发展机构，它寻求方法来改进经常孤立运行的传统法庭。具体来讲，该机构用司法力量和法庭来解决问题，以此来制止未来犯罪。该中心认为，方法得当的话，司法体制能帮助被害人，改变犯罪人的行为，提高公共安全。[6] 尽管没提到节省纳税，但没有比现在的大规模监禁体制更昂

---

[6] Greg Berman, "Message from the Director", Center for Court Innovation, http://www.courtinnovation.org/message-director, accessed February 19, 2013.

贵的了。这个中心的项目包括毒品法庭和精神健康法庭，这两个法庭有强大的证据支持。中心还有家庭暴力法庭和社区法庭，这两个法庭很有前景，但是需要更多证据证明他们有效。[7]重要的是，这些解决问题的法庭寻求改进制止再犯的方法，满足被害人和社会需求，这些方法对于构建更安全的社区很重要，因为它们针对再犯，让再犯不再发生。

法庭经常孤立运行，有一种孤立的、自上而下的思维方式。所以，为了成功减少再犯的数量，解决问题的法庭摆脱这种孤立主义者的思想，结合法庭和地方社会机构的力量。为了做到这一点，有以下几个关键因素：（1）法官亲自实践来解决问题，改变被告的未来行为；（2）和地方社会服务机构合作；（3）传统法庭不常见的流程（没有传统法庭诉讼那样对抗）。

总体结果是，这些法庭用更智慧、更注重结果的方法处理犯罪人，但是这些方法还没有得到充分利用。通常这些法庭产生在问题地方，因为这些地方的犯罪率很高，社会问题无所不在。

社区法庭

社区法庭在处理轻罪犯罪人时用的是基于社区的方法，他们聚焦于制止犯罪，减少对未来被害人的伤害，同时节省成本，加强犯罪人和社区之间的联系。今天美国有30多个社区法庭，其他国家

---

[7] "What Are Problem-Solving Courts?" Bureau of Justice Assistance, https://www.bja.gov/evaluation/program-adjudication/problem-solving-courts.htm.

有少量社区法庭。[8]

纽约市中心的法庭改革先驱就是第一个社区法庭。1993年市中心区法庭成立，目的是解决时代广场周围的较轻犯罪。和今天所有社区法庭一样，市中心区法庭基于两个主要理念：制裁和帮助。法庭安置犯罪人从事社区服务并接受社会服务，如果犯罪人不遵从就对他们进行制裁。[9]

对市中心区法庭的初步评估表明，经过一段时间再犯率明显减少（对比项目实施前和项目实施后的再定罪率）。然而，一些再犯的减少可能与当时纽约市和整个美国的整体犯罪率下降有关，[10]也有可能和当时纽约时代广场区域的经济复兴有关。暂且不论这些，市中心区社区法庭致力于社会服务而不是监禁这点比较合理，并且在社区得到迅速发展。另外，这表明它们比传统的法庭体制节省成本。

市中心区社区法庭取得的结果如此好，以至于雷德胡克（Red Hook）的社区领导加以效仿，雷德胡克是纽约市一个非常贫困和充满暴力的区域——典型的问题区域。他们成立了雷德胡克社区法庭，现在还很著名。那里的法官要处理大量的制裁和服务，制裁包括社区赔偿项目、短期心理教育和长期治疗（如戒毒治疗、精神健康治疗、针对精神创伤的心理治疗）。雷德胡克还有一个特色，即现场

---

[8] "Who We Are", Center for Court Innovation, http://www.courtinnovation.org/who-we-are, accessed February 2, 2013.

[9] "Who We Are", Center for Court Innovations.

[10] Kelli Henry and Dana Kralstein, *Community Courts: The Research Literature* (New York: Center for Court Innovation, 2011), available at http://www.courtinnovation.org/sites/default/files/documents/Community%20Courts%20Research%20Lit.pdf, accessed February 2, 2013.

诊所（雷德胡克社区司法中心），其工作人员是社会服务专业人员，他们用精神创伤和证据信息对个体进行评估，然后给他们联系合适的服务部门。诊所还把经法庭审判的青年（court-involved youth）介绍到可以发挥他们长处的项目中，这样他们将来可以有更多的选择（例如，鼓励他们做出除了犯罪之外的选择），这些项目包括艺术项目和同伴教育项目。

在这一点上，没有对雷德胡克的评估，不是因为结果不乐观，而是因为对于评估者来说，其整体的方法使得对其进行单项客观评估有些技术困难。但是，法庭合理的做法证明了为什么这一模式更让人感兴趣。如果他们能直接使用我在下一章中提到的经证明了的方法，可能会提高这一模式的有效性。但是我们也知道，在降低再次犯罪的可能性和对另一个被害人造成伤害方面，社区关系——如让一个人有家庭和工作——比任何特别的治疗都更重要。

尽管所有这些对减少再犯率很重要，被害人的利益保证仍然取决于他们是否得到赔偿。重要的是，对被害人的这些服务是否有充分的投资。毫无疑问，智慧的犯罪控制要求我们对社区有效的做法进行投资，避免对潜在被害人造成伤害，避免高成本的监禁。

毒品法庭

谈及解决问题的法庭，可能没有比所谓的毒品法庭更有效的法庭了。[11] 第一个现代的毒品法庭设立于 1989 年佛罗里达州的迈阿密戴德县。一群刑事司法专业人士厌倦了在法庭上不停地看到同一张面孔，这是传统法庭常见的糟糕问题，于是他们做出了改革，他们不需要统计数字来证明他们发现原有的制度崩溃了，需要进行修复，而是开始寻求智慧的解决方法。

毒品法庭主要利用法庭的权力来对毒品进行节制，开展犯罪人必须参加的治疗项目。如果一个犯罪人再次涉毒，法庭会制裁犯罪人，例如利用周末监禁这样的"闪电"制裁（"flash" sanctions）。重要的是，不对其进行长期监禁，而传统法庭往往会追踪其原来的罪行。于是一些犯罪人开始不再沾染毒品或者继续坚持远离毒品，毒品法庭通常只解决因吸毒而被逮捕起诉的犯罪人。在一些情况下，治疗项目在最初正式起诉前被使用，还有些情况下，在定罪后判刑前使用。对于毒品法庭来讲，成功地完成治疗项目意味着法庭不记录定罪，这样犯罪人在找工作和出狱后就不会有诸多不利。

到 1993 年，在毒品法庭工作的法官和律师成立了他们自己的非政府协会。今天毒品法庭专业人士国家协会自夸有超过 2600 个毒品法庭，到 2012 年，对成年人毒品法庭的评估不少于 92 个。一项大规模的科学评估——元分析——总结道，成年人毒品法庭有效

---

[11] Douglas B. Marlowe, interview by Center for Court Innovations, http://www.courtinnovation.org/research/douglas-b-marlowe-treatment-research-institute-university-pennsylvania?url=research%2F11%2Finterview&mode=11&type=interview&page=2, accessed February 2, 2013; Douglas B. Marlowe, "Research Update on Adult Drug Courts", National Association of Drug Court Professionals, http://www.nadcp.org/sites/default/files/nadcp/Research%20Update%20on%20Adult%20Drug%20Courts%20-%20NADCP_1.pdf, accessed April 23, 2013.

地制止了再次犯罪,因为我们看到毒品法庭项目结束后三年时间里,再犯率从 50% 降到了 38%。[12] 最著名的矫正研究者之一桃瑞丝·麦肯锡做的另外一个元分析得出类似的结论,[13] 表明改造和毒品法庭相结合很有效。

其他的评估表明与缓刑和刑事司法制裁相比,毒品法庭的成本收益是:1 美元投资产生的收益至少节省传统法庭 2 美元的成本。如果再计算其他收益的话,1 美元的投资会产生 4 美元的收益,如果经过毒品法庭审理的犯罪人对他人造成的伤害更小的话,收益甚至更高,尽管他们对被害人的伤害小得多。[14]

毒品法庭的成功激励了其他旨在制止再犯的改革,从而减少对潜在被害人的伤害。在媒体上,HOPE 项目成了标语项目,其全名是夏威夷机会缓刑和执行项目(Hawaii Opportunity Probation and Enforcement),这是一个缓刑制度,它运用一些和毒品法庭戒毒制度一样灵活的制裁方法,用行为修正方法惩罚那些违反缓刑协议的犯罪人(主要是与缓刑官会面并戒除毒品)。如果犯罪人没与缓释官见面,并且毒品检测结果是阳性的话,他会被立即关进监狱一到

---

[12] Ojmarrh Mitchell, David B. Wilson, Amy Eggers, and Doris L. Mac Kenzie, "Assessing the Effectiveness of Drug Courts on Recidivism: A Meta-analytic Review of Traditional and Non-traditional Drug Courts", *Journal of Criminal Justice* 40(2012): 60–71.

[13] Doris L. Mac Kenzie, What Works in Corrections: Reducing the Criminal Activities of Offenders and Delinquents(Cambridge: Cambridge University Press, 2006).

[14] Marlowe, "Research Update on Adult Drug Courts"; "Drug Courts"(working paper, Washington State Institute for Public Policy), http://www.wsipp.wa.gov/rptfiles/1000.Drug Court.pdf, accessed April 23, 2013; Ryan King and Jill Pasquarella, *Drug Courts: A Review of the Evidence* (Washington, DC: The Sentencing Project, 2009).

两个晚上。[15]一项对 HOPE 项目的随机控制实验结果表明，没参与项目的犯罪人再次被捕率是 47%，而参与项目的是 21%。[16]

许多毒品法庭成功的做法是对那些没有完成治疗的犯罪人先威胁再处以重刑。有时结果证明这些判决比传统的法庭审理和之后的监禁花费更多。所以，我支持毒品法庭的刑事权力只局限于那些涉及暴力或者严重财产犯罪的犯罪人。所以如果不再次犯罪的话，就避免了对被害人的伤害。我不建议用毒品法庭处理基本的吸毒案件，因为吸毒本身不伤害被害人，所以我认为在任何刑事法庭体系中，毒品法庭没有一席之地。[17]

尽管毒品法庭在减少再犯方面的整体结果令人满意，显然一些毒品法庭确实比其他法庭做得更好，因为它们按照已经验证了的治疗的主要要素进行，[18]包括一周至少两次尿检、分级制裁、跨学科团队。同样从 28 个对类似解决醉驾问题的法庭的评估中，我们看到结果很好，但是还需要更多工作。[19]

一个更智慧、更流行的审判方法：加利福尼亚第 36 号提案

2000 年，加利福尼亚州 61% 的选民投票通过 36 号提案（即毒

---

[15] "'Swift and Certain' Sanctions in Probation Are Highly Effective: Evaluation of the HOPE Program", National Institute of Justice, http://www.nij.gov/topics/corrections/community/drug-offenders/hawaii-hope.htm, accessed March 2013.
[16] "'Swift and Certain' Sanctions", National Institute of Justice.
[17] *Drug Courts Are Not the Answer: Toward a Health-Centered Approach to Drug Use*, Drug Policy Alliance, http://www.drugpolicy.org/sites/default/files/Drug%20Courts%20Are%20Not%20the%20Answer_Final2.pdf.
[18] 例如"认知—行为"和多系统治疗，第四章将讨论。
[19] Mitchell et al., "Assessing the Effectiveness".

品滥用和犯罪预防法案,简写为 SACPA,不要和 2012 年和三次罢工有关的第 36 号提案相混淆)。原来的 36 号提案迫使立法者每年将 1.2 亿美元投在被证实的对非暴力吸毒者的治疗项目上。[20] 作为 2000 年投票的前奏,支持者提出几个事实引起投票者的注意:(1) 1994 年加利福尼亚毒品和酗酒治疗评估(CALDATA)表明,社区治疗将犯罪活动减少了 72%,这意味着项目中投资的每 1 美元可以节省 7 美元。[21] (2) 这个项目每年将节省 1 亿美元,并将推迟修建一座将花费纳税人 500 万美元的新的监狱。(3) 59% 的警察局长支持这个项目。重要的是要注意加利福尼亚的投票者受到"证据"的影响,遗憾的是很多立法者没有。

所以立法机关投了 1.2 亿在社区治疗中心,犯罪人开始参与。2006 年项目实施 6 年后评估得以完成。评估表明,监狱和拘留所的减少导致成本大量减少。项目中投入的每 1 美元节省了 2.5 美元,对于完成项目的犯罪人,每 1 美元节省的成本可以增加到 4 美元。[22] 评估给出一些建议,包括让法庭监督和强迫犯罪人参加治疗项目。[23] 为了强化项目的结果和可靠性,2006 年增加了一个犯罪人治疗项目(OTP)。[24] 但是令人难过的是,一个目光短浅的预算削减

---

[20] *Drug Courts Are Not the Answer*, Drug Policy Alliance, 17.

[21] Andrew M. Mecca, "Blending Policy and Research: The California Outcomes Study", CNS Productions, http://www.cnsproductions.com/pdf/Mecca.pdf, accessed March 24, 2013.

[22] Home page of California Alcohol and Other Drug Policy Institute, http://www.aodpolicy.org/, accessed March 24, 2013.

[23] *Evaluation of the Substance Abuse and Crime Prevention Act: Final Report*, California Alcohol and Drug Programs, http://www.adp.ca.gov/SACPA/PDF/SACPAEvaluation Report_Final2007Apr13.pdf, accessed March 21, 2013.

[24] "Archive: Substance Abuse and Crime Prevention Act", California Alcohol and Drug Programs, http://www.adp.ca.gov/SACPA/index.shtml, accessed March 21, 2013.

了对这一智慧方法的资助,尽管成本收益明显,改进战略的目标明确,对36号提案的资助在2009年7月1日被立法者取消。令人难过的是立法者不顾事实,喜欢将纳税人的钱花在大规模监禁上。

精神健康法庭和社区治疗中心

在20世纪60年代和70年代,精神病人成群地从机构中被释放出来送往社区。实际在那20年间,大约有50万个精神病人被释放出来,节省了纳税人大笔开销。遗憾的是,社区治疗中心和一些项目拿不到必需的钱来完成有前景的研究,在社区内管理精神病人。所以结果是很多精神病人陷入困境,而且其中一些人,确实需要执法介入。对于被害人和纳税人来说不幸的是,法庭不知道除了监禁这些犯罪人还有什么地方可以安置他们。[25]一个令人难过的事实是今天三个最大的安置精神病人的地方实际上是监狱。[26]

2012年,一项研究主要调查了纽约和马里兰的五个监狱的2万个成年人的精神健康状态,研究发现监狱中超过14%的男性、31%的女性有严重精神疾病,这一比例是总人口中患精神疾病人口的三倍,[27]实际比例或许更糟糕。例如,司法统计局估计那些被监禁的

---

[25] 这个问题将在第四章进一步探讨。
[26] "Nation's Jails Struggle with Mentally Ill Prisoners", NPR, September 4, 2011, http://www.npr.org/2011/09/04/140167676/nations-jails-struggle-with-mentallyill-prisoners, accessed February 6, 2013.
[27] Fred Osher, David A. D'Amora, Martha Plotkin, Nicole Jarrett, Alexa Eggleston, "Adults with Behavioral Health Needs under Correctional Supervision: A Shared Framework for Reducing eoffending and Promoting Recovery" (工作论文, Council of State Governments Justice Center, National Institute of Corrections, and Bureau of Justice Assistance consensus project, 2012), 4.

人中有超过 50% 有精神健康问题，[28] 不幸的是，这些估测不包括酗酒和与毒品有关的精神问题，在监禁人口中超过 60% 的人有这两个问题。[29]

处理精神病罪犯的创新是精神健康法庭的出现。今天一共有超过 250 个这样的法庭，而且数量还在增加。它们和毒品法庭有许多类似之处：它们都避免了监禁的成本，为治疗提供了机会，并将治疗和可能采取的制裁相结合来保证罪犯得到治疗。

总的来讲，精神健康法庭对再犯率的影响的总体评估结果值得肯定，但是不成熟，因为这些法庭是最新发明，对它们的好的评估相对较少。总体来讲，这些元分析表明精神健康法庭对那些完成项目的犯罪人来说，能减少 30% 的再犯率，平均再犯率从 40% 降到 28%。[30] 证据表明被害人和纳税人每投资 1 美元可获得 7 美元的回报，这一回报令人赞叹，为给这些法庭进行更多投资提供了理由。[31]

即使这样，它只能被当作制止精神病犯罪人伤害被害人的一个

---

[28] Doris J. James and Lauren E. Glaze, "Mental Health Problems of Prison and Jail Inmates, Highlights," Bureau of Justice Statistics, September 2006, http://www.bjs.gov/content/pub/pdf/mhppji.pdf.

[29] Osher et al., "Adults with Behavioral Health Needs".

[30] Brittany Cross, "Mental Health Courts Effectiveness in Reducing Recidivism and Improving Clinical Outcomes: A Meta-Analysis"（硕士论文, University of South Florida, 2011）, http://scholarcommons.usf.edu/etd/3052/, accessed February 11, 2013; C. Sarteschi, M. Vaughn, and K. Kim, "Assessing the Effectiveness of Mental Health Courts: A Quantitative Review", *Journal of CriminalJustice* 39, no. 1（2011）: 12.

[31] Stephanie Lee, Steve Aos, Elizabeth Drake, Annie Pennucci, Marna Miller, and Laurie Anderson, "Return on Investment: Evidence-Based Options to Improve Statewide Outcomes—April 2012 Update" (working paper, Washington State Institute for Public Policy, April 2012), http://www.wsipp.wa.gov/pub.asp?docid=12-04-1201, accessed February 13, 2013.

工具。最终同时还得投资于社区健康治疗中心，转移监禁。一项英国的评估对精神病犯罪人和刑事司法的处理提出了方法的组合使用，包括社区治疗中心（这个和刑事司法无关），从法庭转向这样的治疗中心，丰富了犯罪人回到刑事司法体制案例的项目。英国的这一方案主要有两点：（1）足够资金；（2）健康和刑事司法董事会带头实施项目的务实改革。[32] 或许我们需要效法英国，把花在监禁上的钱投到精神健康中心，成立一个董事会领导全国。

另类判决规划者

2013年旧金山的一个地方检察官提出了另外一个制止再犯，进而减少对未来被害人造成伤害的了不起的创新。他想把加利福尼亚改革法案的拨款用在能减少再犯的有效的项目上，他在法庭设置了判决规划者职位，其工作职责是对具体的案子提供审判建议，让其审判能够最大可能地减少再犯的发生。此外，他还负责评估在哪个地方项目最可能制止再犯的发生。[33] 这是一个税款可以得到聪明使用的范例，是建设社区、减少犯罪的真正先进做法，每个法庭都应该有一个这样的判决规划者。

---

[32] 最近英格兰和威尔士政府致力于评估这些计划举措的实施情况。见健康部 "Improving Health, Supporting Justice: The National Delivery Plan of the Health and Criminal Justice Programme Board", November 2009, National Mental Health Development Unit, http://www.nmhdu.org.uk/silo/files/improving-health-supporting-justice.pdf, accessed July 11, 2013.

[33] George Gascón, "The Courage to Change: How Prosecutors Can Lead on Public Safety", Huffington Post, March 19, 2013, http://www.huffington-post.com/george-gasc/the-courage-to-change-how_b_2903597.html, accessed March 21, 2013.

三、智慧地审视一下现在的法庭制度

全社会有没有充分的意愿要求法庭审判明智并且开始将昂贵的监禁花销重新分配，用在犯罪预防和再犯预防上呢？

一些理论家认为，没有科学基础的情况下，即使将轻罪犯罪人扔到监狱里都是明智之举，他们不考虑纳税人的成本。但是现实生活中，刑事司法经常为被告获得正义，不是为被害人。不幸的是，纳税人为被害人买单，也为被告人获得（努力获得）正义买单，然后通过纳税为监禁买单，结果犯罪人再次出现在街头，原因是没有任何经检验证明的项目预防再犯制止再次受害。

改进了的判决委员会

专家逐渐达成一个共识，即法院应该为他们的结果负责。一些专家提出应该像其他专业人士那样，给法官预算，要求他们为自己的判决结果负责。能让法官权衡社区治疗项目和对犯罪人监禁的时间，这样纳税人的钱才能得到优化分配，通过实施制止再犯的项目让被害人得到的保护。例如，暴力、危险和重罪罪犯的刑期加长，轻罪罪犯的刑期缩短，到社区进行矫正。法院院长应该有紧急资金用于例外情况，但是这部分资金的使用必须合理，然后法官均衡预算使用的优先顺序。

在这种制度下，考核责任的根据是和前一年的再捕率相比，判决之后某个时期内再次被捕的人数。用这种方法的话，法官真正感兴趣的是确保再犯率尽可能低，这样他们的注意力才会从事后应对程序转向聚焦制止未来犯罪、拯救被害人的策略。

在改革判决方面，美国目前的主要做法就是成立判决委员会，实质上，判决委员会的意图是提出判决的更大一致性和均衡性（公平性）。毕竟判决实际上是一个主观的人为过程，在特定情况下，不同的法官对于"公平"惩罚得出的结论不一样。所以，在一定程度上，判决委员会为法官的判决过程提供了客观的指导原则。

美国最初成立的判决委员会是 1978 年成立的明尼苏达判决指导委员会。[34] 这个委员会今天还存在，由最高级法院、矫正委员会、两个审判法庭法官、一个检察官、一个被告、一个执法代表、一个假释代理和两个市民组成，其作用是形成指导原则确保判决更公平。

和大部分判决委员会一样，明尼苏达委员会遵循两个原则。第一个是不同法官判决的一致性，第二个是犯罪的严重程度和犯罪人的犯罪历史。为了预测判决是否公平一致，委员会用第二个原则形成了一个矩阵，一个轴上显示的是犯罪人的犯罪历史，另一个轴上是犯罪的严重程度。这一矩阵 1980 年得到立法机关的认可。这一矩阵被使用的第一年，有轻度犯罪历史的财产犯罪人的入狱率减少了 72%，几乎没有犯罪历史的暴力犯罪人的入狱率增加了 72%。这在一定程度上说得通，因为它保护潜在被害人，使他们不受暴力犯罪人的严重伤害。

在监狱服刑方面，明尼苏达判决委员会的额外工作是协调判决和监狱空间不足的问题。实际上，为了避免监狱过度拥挤，他们修改了判决矩阵/指导原则。这一预测策略也给立法机关提供了信息，

---

[34] Kay Knapp, "What Sentencing Reform in Minnesota Has and Has Not Accomplished", *Judicature* 68, no. 3（October–November 1984）: 181–89.

这样立法机关可以对造成监狱过度拥挤和需要建立新监狱的新法案不予通过。[35] 这也说得通，因为立法者可以决定他们愿意为监狱支付多少钱，而不是必须去找钱，因为他们没有想过给法官自由判决权的财政后果，即使他们认为法官的判决合适。对于纳税人这也合情合理，因为在这些指导原则下，对监狱总的需求一直稳定。

1980 年以来，美国有半数州有判决委员会，很多和明尼苏达州的类似。尽管他们在保证判决的公平性上取得了一些成果，但是我们还需衡量对判决委员会的运用，使他们的决策更智慧，知道哪种判决会真正让某些犯罪人不再继续犯罪，从而不再伤害更多的被害人。幸运的是，我们已经拥有需要改进判决指导准则减少再犯（见第四章）的科学知识，给委员会提供有风险的科学知识和减少风险的方法将是一个小小的变革。[36]

四、庭外解决犯罪问题

关于改进司法制度，解决犯罪问题，而不是惩罚犯罪的一个智慧的讨论是，如何在标准的司法法庭之外处理司法问题。例如，将犯罪人从法庭转移到社区，对其进行针对性的警告，以及大麻的非罪化都是解决犯罪问题的有用方法，不需要昂贵的法院体制。

---

[35] Robert Weisberg, "How Sentencing Commissions Turned Out to Be a Good Idea", *Berkeley Journal of Criminal Law* 12（2007）: 179.
[36] Susan Turner, James Hess, and Jesse Jannetta, "Development of the California Static Risk Assessment Instrument（CSRA）"（工作论文, Center for Evidence-Based Corrections, University of California, Irvine, November 2009）; "Risk/Needs Assessment 101: Science Reveals New Tools to Manage Offenders"（工作论文, Pew Center on the States, Washington, DC, 2011）.

转移

自从 20 世纪 60 年代以来，富裕民主国家的司法体制改革一直认为最好不要让非暴力罪犯进入司法程序，改革的结果是将犯罪人从法庭转移出来，这些经常是非正式的转移，但是都遵照了官方的指导方针。在美国，转移形式多样，通常执法者或者检察官将精神病人和吸毒酗酒的犯罪人从法庭转移出来，让他们参与社区治疗项目。

转移的一个主要好处是节省公众的成本。对加利福尼亚的一个基于转移的治疗项目进行的随机控制实验结果表明，监禁减少了，门诊病人增多了，住院时间减少了。每个犯罪人节省的成本超过 18,000 美元，但是每个研究结果不同，因为成本差别相当大。例如，基于社区的治疗服务每天用于每个成人的成本是 12 美元，与此相比，在监狱待一晚的成本为 137 美元，急救室为 986 美元。[37]

重要的是，针对严重精神疾病、酗酒和毒品问题的转移项目的评估结果表明，转移项目节省了成本，没有增加再犯的可能性。[38] 威斯康星州一项对毒品和酗酒有关犯罪人进行的最新跟踪研究表明，只有 24% 被转到转移项目中的人在三年之内再次被捕，

---

[37] David Cloud and Chelsea Davis, "Treatment Alternatives to Incarceration for People with Mental Health Needs in the Criminal Justice System: The Cost-Savings Implications: Research Summary" (working paper, Vera Institute of Justice, New York, February 2013), http://www.vera.org/sites/default/files/resources/downloads/treatment-alternatives-to-incarceration.pdf, accessed February 22, 2013.

[38] Henry J. Steadman and Michelle Naples, "Assessing the Effectiveness of Jail Diversion Programs for Persons with Serious Mental Illness and Cooccurring Substance Use Disorders", *Behavioral Sciences and the Law* 23 (2005): 163–70.

监狱释放的人中再补率是 38%，[39] 这项研究还表明转移项目每花 1 美元可以节省法院 2 美元成本。

纽约州一直走在转移项目的最前列。1984 年通过的监禁分类/替代法案为一系列监禁替代项目提供资金，在美国，纽约州拥有最大的监禁项目替代体系，例如，由布鲁克林区律师办公室开发的毒品治疗替代监狱的项目把几千个要送往监狱的被告转移到治疗项目中，这个项目最终扩大到全州的检察官办公室。和其他州，如加利福尼亚、佛罗里达和得克萨斯州不一样，纽约州转移项目的亮点是犯罪和监禁率同时直线下降，从而表明提高公共安全，减少被害人数量也能节省紧缺的税收收入。

美国其他地区已经注意到纽约州的项目如何把犯罪人从拘留所和监狱转移出来能有效制止犯罪。例如，一个圣地亚哥的转移项目的目标是通过实施更节省成本的项目来预防团伙犯罪这样进一步的风险行为。[40] 类似于这样的转移项目的转介也可以来自学校、法庭、缓刑部门、儿童保护服务部门甚至父母。[41]

一个针对将吸毒的非暴力犯罪人从监狱转移到社区治疗的高级

---

[39] Kit R. Van Stelle, Janae Goodrich, and Jason Paltzer, "Treatment Alternatives and Diversion（TAD）Program: Advancing Effective Diversion in Wisconsin, Advancing Fiscally Sound, Data-Driven Policies and Practices to Enhance Efficiencies in the Criminal Justice System and to Promote Public Safety, 2007—2010 Evaluation Report"（工作论文, University of Wisconsin Population Health Institute, December 2011）.

[40] "More Local Teens Referred to Diversion Programs Compared to State Average", San Diego County News Center, January 4, 2013, http://www.countynewscenter.com/news/more-local-teens-referred-diversion-programs-compared-state-average.

[41] 执法协助分散项目是一个分散实验项目，西雅图社区设立这一项目将低剂量吸毒罪犯和卖淫罪犯安置到社区服务中心，而不是把他们送到监狱或者提起诉讼。这个项目取得了很大成果，但是减少的犯罪行为没有对犯罪被害人造成直接影响。

研究表明，如果这些犯罪人中的 40% 被转移，那么全国范围的刑事司法成本（主要是监禁成本）的净利益是 120 亿美元，随之下降了的犯罪率也意味着社会节省成本 220 亿——主要是潜在被害人的成本。[42]

这样的研究为将过度使用大规模监禁节省的钱用在转移非暴力犯罪人上提供了充足的证据。转移一些暴力犯罪人也可能取得类似的结果，但是广泛应用之前需要进一步改进治疗项目，需要广泛的评估结果。

警察的正式和非正式警告

另外一种将不那么严重的犯罪人排除在昂贵的刑事司法体制之外的办法是让执法人员警告他们不要再次犯罪。20 世纪 60 年代，英国立法通过了全国警告体系，通过这个体系将那些不太严重的犯罪，如在商店行窃、故意破坏公共财物或者偷盗犯罪中的犯罪人带到警察局给予正式警告。这一方法使得执法人员能正式记录下犯罪人被抓住过，但是不打算对其进行矫正。随后，开始强化警告过程，犯罪人被转到一些社区机构，这些社区机构通过提供治疗、社区服务或者二者并用的方法减少再犯的可能性。

将这些轻罪犯罪人排除在刑事司法体制之外相当节省成本。遗憾的是，没有证据表明这些项目将来是否能有效地减少犯罪被害人

---

[42] "Diverting Individuals with Substance Use Disorders from Incarceration to Community Treatment Saves Billions, Prevents Crime"（fact sheet, Center for Health and Justice at TASC, November 2012），http://www.center-forhealthandjustice.org/FOJ%2003-13.pdf, accessed May 5, 2013.

的数量，节省纳税人的成本，尽管从逻辑上讲可以。[43] 没有证据不意味着他们没有作用，这只意味着令人遗憾的是执政者还没有关注可能节省成本又避免再犯的创新。

荷兰的 HALT 项目是针对轻罪犯罪人的转移项目，是 1981 年始于鹿特丹的一个一次性小项目，之后推广到全国，成为国家制度，对于像破坏公共财物的轻罪少年犯，执法人员或者检察部门要求他们弥补损失，参与治疗项目。这一方法现在已经被荷兰全国 65 个地方效仿，一个国家机构为地方的 HALT 项目提供辅导和帮助。再犯减少了 70%，结果可观。对于智慧的执政者和立法者来说，这肯定是值得进一步探索的模式。

恢复性司法

少数想要严惩罪犯的被害人往往注重观念（即犯罪人应该受到惩罚）而不是赔偿（即犯罪人应该尽力弥补被害人）。法国的法庭制度中被害人由律师代表来索要赔偿。据法国刑事法庭约有 50% 的案子得到庭外和解，因为犯罪人表示给被害人以赔偿。[44]

国际上，"恢复性司法"运动日益高涨，这一理念具有感染力，其倡导者认为需要帮助被害人理顺情感，和犯罪人达成协议，他们希望通过"恢复性司法"帮助支持被害人度过受害后的创伤阶段。这一理念的信条之一是犯罪不止是针对被害人的犯罪，还是针对整

---

[43] Peter Neyroud, "Caution Reviews 'Uninterested in Effectiveness'", Police Oracle, April 15, 2013, http://www.policeoracle.com/news/Comment-Caution-Reviews-Uninterested-In-ffectiveness_63412.html, accessed April 23, 2013.

[44] Waller, *Rights for Victims of Crime*, 第五、六章。

个社区的犯罪，所以恢复性司法也会促进社区的恢复。

恢复性司法有几个模式，基本因素包括被害人和犯罪人由一个专业的协调者或调停者组织会面（如果二者都同意的话）。一些恢复性司法被称为"被害人—犯罪人和解"，因为其主要目的是在被害人和犯罪人之间达成和解，也被称为"圆桌判决"，因为社区成员坐成圆形倾听被害人和犯罪人陈述，其他社区成员对事件加以评论，然后决议对犯罪人进行判决。

对被害人的恢复性司法令人满意的证据充分，研究表明经历恢复性司法程序的被害人比经历标准法庭程序的被害人的愤怒感要小。[45] 和传统法庭相比，恢复性司法除了满足被害人的需要，还节省成本。一项英国的研究发现，恢复性司法每花 1 英镑，刑事司法直接节省的成本超过 1 英镑，打击犯罪的成本上可以节省 9 英镑（包括被害人和社会的成本）。[46]

至于恢复性司法成功减少再犯和再次受害的证据，我们可以参考希瑟·斯特朗和拉里·谢尔曼对 2007 年以来的国际恢复性司法项目研究的综述。他们强调不仅被害人对恢复性司法比对传统的法庭制度更加满意，而且证据表明它通过避免使用法庭和监狱为纳税人省钱，[47] 他们总结到的一些证据表明通过恢复性司法审理的犯罪人再犯率比服过刑的犯罪人的再犯率低。更具体点讲，给英国

---

[45] Heather Strang and Lawrence W. Sherman, "Restorative Justice to Reduce Victimization", in *Preventing Crime*, ed. Brandon C. Welsh and David P. Farrington（New York: Springer, 2006）, 147–60.

[46] "Why Restorative Justice?" Restorative Solutions, http://www.restoratives-olutions.org.uk/page/92/Why-Restorative-Justice-.htm, accessed April 23, 2013.

[47] Lawrence W. Sherman and Heather Strang, "Restorative Justice: The Evidence"（工作论文，The Smith Institute, London, 2007）, http://www.iirp.edu/pdf/RJ_full_report.pdf, accessed July 12, 2013.

政府的一份 2008 年报告证实，通过恢复性司法程序的一些严重犯罪人，例如攻击、抢劫、入室盗窃等，再次被判罪率平均减少了 27%。[48] 遗憾的是，没有证实这一结论的元分析。

然而，最新的国际综述（由澳大利亚政府委托）对恢复性司法减少再犯这一说法更加谨慎，这份综述强调恢复性司法作为一个概念"不是基于任何普遍被接受的关于犯罪决定因素的理论，其目的不是减少和犯罪相关（吸毒、酗酒，低下的冲动控制，和违法/犯罪的同伴联系）的风险因素"[49]。所以要想让恢复性司法成为更智慧的犯罪控制的一部分，必须满足被害人需要，为纳税人省钱，同时需要实施经检验证明了的减少再犯的革新方案。[50]

大麻使用的非罪化

避免刑事法庭的一个最重要的积极范例是在非法滥用毒品领域，在美国任何一天都有超过 50 万人因毒品有关的犯罪受到监禁，这部分人构成了 22% 的监狱人口 (167,000 个犯人)，构成 18% 的州监狱人口（242,000 个犯人），45% 的联邦监狱人口（98,000 个犯人），[51] 然而，并不是所有的这些犯人都因非暴力犯罪而被判刑，也

---

[48] Joanna Shapland, Anne Atkinson, Helen Atkinson, et al., "Does Restorative Justice Affect Reconviction? The Fourth Report from the Evaluation of Three Schemes" (working paper, Ministry of Justice Research Series, London, 2008).

[49] Don Weatherburn and Megan Macadam, "A Review of Restorative Justice Responses to Offending", Evidence Base, no. 1 (2013), http://journal.anzsog.edu.au/userfiles/files/Evidence Base2013Issue1.pdf, accessed March 24, 2013.

[50] 第四章将讨论。

[51] "Drug Policy", Sentencing Project, http://www.sentencingproject.org/template/page.cfm?id=128, accessed April 23, 2013; see also Jonathan Caulkins and Sara Chandler, "Long-Term Trends in ncarceration of Drug Offenders in the United States", Crime and Delinquency 54, no. 4 (2006): 619–41.

并不是所有犯人都因为毒品犯罪而获刑。许多情况下，这仍然相当于纳税人花了大量金钱却对犯罪被害人保护最小（或者没有）。[52]

欧洲毒品监管中心为欧盟各成员国和其他如挪威、美国这些国家搜集了关于滥用毒品、公众健康政策和犯罪政策的细节数据。在2011年的年度报告中，它通过调查数据比较了几个欧洲国家的大麻使用情况，一些国家的大麻使用数量上升，一些国家的下降，研究发现增加了的入罪化（以及不断加重的惩罚）与对大麻使用数量的下降没有关系。[53]

因为这样有益的研究，2012年美国科罗拉多州和华盛顿州投票通过将大麻的使用非罪化，大麻的医疗使用在大约20个州已经合法化。[54]纽约州的执政者如州长和纽约市市长想要改变关于持有大麻和使用的法律，但是没有科罗拉多州和华盛顿州走得那么远。但是即使超过50%的美国人支持一定程度上的合法化，在本书成书时，联邦立法仍然认为大麻是毒品。[55]

尽管荷兰从来没有修改其法律将大麻非罪化或合法化个人用途的大麻持有，阿姆斯特丹市的执法和检察机构自从1976年就已经

---

[52] 据估计按照法庭体系，吸食非法毒品（不只是大麻）的成本每年是500亿美元，另外500亿美元是生产力丧失所产生的结果。见 The Economic Impact of Illicit Drug Use on American Society（Washington, DC: US Department of Justice, National Drug Intelligence Center, 2011）.

[53] State of Drugs Problem in Europe 2011: Annual Report（Lisbon: European Monitoring Centre for Drugs and Drug Addiction, 2011）, 42.

[54] Keith Coffman and Nicole Neroulias, "Colorado, Washington First States to Legalize Recreational Pot", Reuters, http://www.reuters.com/article/2012/11/07/us-usa-marijuana-legalization-id USBRE8A602D20121107, accessed March 24, 2013.

[55] "Partisans Disagree on Legalization of Marijuana, but Agree on Law Enforcement Policies", Pew Research Center, April 30, 2013, http://www.pewresearch.org/daily-number/partisans-disagree-on-legalization-of-marijuana-but-agree-on-law-enforcement-policies/, accessed May 12, 2013.

制定了声明政策，即对于个人用途的大麻不适用刑事权力或者惩罚——相当于实际存在的合法化，但是这不适用于大毒枭。这一没有执行力的政策催生了 300 个大麻咖啡店，自 20 世纪 80 年代开始。这些咖啡店有些经过城市的许可，为购买和使用大麻提供了场所。尽管购买大麻和公共使用大麻很容易，荷兰却比其他欧洲国家的大麻使用水平低，荷兰在欧洲是使用海洛因最少的国家之一。[56] 这质疑了大麻是"通向毒品的门户"的观点。

一个特别有趣的研究比较了旧金山（实施）和阿姆斯特丹（不实施）对大麻的实施策略。[57] 研究比较了两个城市有经验的大麻使用者，发现使用上没有不同。研究的结论是，大麻的罪刑化没有影响有经验的大麻使用者对大麻的使用。然而，大麻的罪刑化确实对监禁造成了影响，因为美国监狱里的好多年轻黑人的罪名是重罪持有大麻，有时在公众眼里是这样，因为他们在大庭广众之下被捕。

据估计合法化大麻每年可以为纳税人节省 90 亿美元，主要节省了监禁的成本，同时也没有增加对潜在被害人的伤害。[58] 而且，其税收方式和烟酒业类似，美国的年度税收可能会增加 90 亿美元。这样的任何进步做法需要和经证明了的学校项目再投资一起进行，这些项目能使年轻人不再吸毒，例如生活技能培训项目，下一章将讨论。2013 年国家毒品控制战略承认学校的这些项目每投资 1

---

[56] C. Reinarman, P. Cohen, and H. Kaal, "The Limited Relevance of Drug Policy: Cannabis in Amsterdam and in San Francisco", *American Journal of Public Health* 94（2004）: 836–42.

[57] Reinarman, Cohen, and Kaal, "Limited Relevance of Drug Policy".

[58] Jeffrey Miron and Katherine Waldock, "The Budgetary Impact of Ending Drug Prohibition"（白皮书, Cato Institute, Washington, DC, 2010）.

美元收益是 18 美元。[59]

五、寻求更多支持、更智慧的判决和法庭的知识

提高法庭效率的数据和研究滞后

引人注目和令人失望的是没有什么关于法庭的研究和解决办法，这落后于执法、矫正和预防的进步。现在重要的是我们要对出现在法庭的人进行日常的数据收集。这应该是一个全国性的倡议，我们可以以英国国家犯罪人管理系统（有更多关于成本的数据，是否有所补偿，是否发生再犯）为基础。

而且，法庭会很大程度上受益于便于使用的网站，如 crimesolutions.gov，这个网站特别注重帮助法庭在法庭体系内给犯罪人和被害人以正确的答复。拥有这类数据是使鼓舞人心的革新真正有效的唯一办法，如旧金山的判决计划者。这些信息也可以使各种问题法庭受益，例如家庭暴力法庭，这些法庭注重让被害人获得最好的资源。

家庭暴力法庭

亲密伴侣暴力案件形式多样，问题复杂集中，包括离婚诉讼程序、抚养费、刑事暴力等问题。要想解决大量的错综复杂的问题，家庭暴力法庭产生了，这些法庭越来越多，但是增加的速度较慢。今天，超过 30 多个州有 200—300 个家庭暴力法庭。

---

[59] "2013 National Drug Control Strategy", Office of National Drug Control Policy, http://www.whitehouse.gov/ondcp/2013-national-drug-control-strategy, accessed May 6, 2013.

典型的家庭暴力法庭选派同一个法官进行被害人和其实施犯罪的配偶的所有诉讼程序。共同致力于快速诉讼程序，重点关注被害人的安全。许多其他刑事法庭主要缺失的是资源协调者，其工作是把必要的社会服务和对被害人的支持汇集起来。事实上，对被害人的支持至关重要，最好的家庭暴力法庭会确保被害人没有感觉法庭为了定罪而"利用"他们。[60] 英国也有类似的法庭，来自英国的一份评估表明，家庭暴力法庭有三点主要好处：（1）家庭暴力案件的集中和快速通道提高了法庭的效率和对被害人的支持服务；（2）这些安排使出庭辩护和信息共享更为容易；（3）被害人的参与度和满意度得到提升，继而公众对刑事司法体系的信心也提高了。

尽管家庭暴力法庭经过了一些评估，在美国和英国，家庭暴力法庭对再犯率和重复受害的影响尚不清楚。美国的评估尤其注重犯罪人的责任和威慑，[61] 最近纽约州对24个家庭暴力法庭的评估重点是看它们对再犯率的影响，但是能看出只有一些非常小的改进。[62] 然而，被评估的项目没有使用最智慧的方法来减少重复暴力犯罪，[63] 事实上实践中对如何取得这一目标的意见不一致。例如，

---

[60] Dee Cook, Mandy Burton, Amanda Robinson, and Christine Vallely, *Evaluation of Specialist Domestic Violence Courts/Fast Track Systems* (London: Crown Prosecution Service, 2004).

[61] Melissa Labriola, Sarah Bradley, Chris S. O'Sullivan, Michael Rempel, and Samantha Moore, "A National Portrait of Domestic Violence Courts"（工作论文，Center for Court Innovation, New York, December 2009）, https://www.ncjrs.gov/pdffiles1/nij/grants/229659.pdf, accessed February 2010.

[62] Amanda Cissner, Melissa Labriola, and Michael Rempel, "Testing the Effects of New York's Domestic Violence Courts: A Statewide Impact Evaluation" (working paper, Center for Court Innovation, New York, 2013), http://www.courtinnovation.org/sites/default/files/documents/statewide_evaluation_dv_courts.pdf.

[63] 将在第六章讨论。

一些家庭暴力犯罪法庭对受虐者用治疗项目，以及酗酒吸毒治疗项目和精神健康治疗项目。结果是这些一般性方法可能还需要微调和评估。家庭暴力治疗策略的一个重要评估对最普通的治疗模式——杜鲁斯模式[64]——非常谨慎，但是对能取代它的有效的治疗模式很乐观。[65]

尽管它们对犯罪人的影响不可能减少和停止，家庭暴力法庭显然为被害人提供了更好的程序，所以它们属于"聪明的"创新。然而，至于它们是否很大程度地减少了对被害人的伤害，必须重新重点关注给受虐者进行有效的治疗。

问题分析法庭

虽然问题解决法庭能有效地减少成本并制止再犯，它们还没有关注首先导致犯罪的根源。然而，有现存模式可供刑事法庭使用，集中解决问题根源来制止未来犯罪。例如，验尸官法庭调查死亡原因，为避免将来出现同一类型的死亡提供建议。同样，为了使被害人免受伤害，避免浪费税收，刑事法庭有必要分析犯罪原因。例如，要求法庭在判决决定里包含改善现存犯罪控制策略的建议，包括增加社区治疗中心或者执行枪支法律的资金。这对于法官来说，只增加了少量的额外工作，但是肯定会让他们发挥重要的价值。

---

[64] 美国对于家庭暴力介入方式，是一种合作模式，即在社区内的所有机构必须密切配合，将被害人的声音置于任何干预和预防措施的中心，而不是置于起诉过程的中心。

[65] M. Miller, E. Drake, and M. Nafziger, "What Works to Reduce Recidivism by Domestic Violence Offenders?" (working paper, Washington State Institute for Public Policy, Olympia, January 2013).

对被害人的应对

令人遗憾的是，在刑事法庭，犯罪被害人没有受到优先考虑，我在 2010 年出版的专著《被遗忘的犯罪被害人权利——回归公平与正义》中给法庭提出了一些具体的方法，更多关注被害人需要避免再次受害，获得补偿并感觉司法程序对他们的尊重。这些肯定会对成本产生影响，但是重要的是，鼓励司法公平地对待被害人。[66]

对其他非法毒品的非罪化

关于毒品使用和监禁长期发展趋势的一项重要分析表明：即使 20 世纪 80 年代和 90 年代监禁率直线上升，大麻、可卡因、强效可卡因、海洛因的价格也快速地下降，而和毒品有关的急诊几乎和监禁率一样增长迅速，[67] 显然这是供求的作用：如果供应减少、价格上涨，如果供应增加（显然事实如此），那么价格下降。如果对毒品的需求增加，更多人去看急诊解决和毒品有关的问题。这项分析清楚地表明，以打击毒品为名义的战争非常昂贵，逮捕和入狱服刑对解决毒品问题没有帮助，反倒使事情变糟。

2013 年春天，一些令人钦佩的超级明星包括民权运动的领导者，宗教社区、政界、商界、学术界和娱乐界的人士联名上书奥巴马总统，要求他进一步寻求其他对毒品"仅仅执行"（enforcement-only）的战争替代的方法，"仅仅执行"指的是我在本书中提到的执

---

[66] Waller, *Rights for Victims of Crime*, 97–132.
[67] Caulkins and Chandler, "Long-Term Trends".

法和法庭孤立的运作方法。和我一样，他们还强调，这些做法只是对毒品问题的独自应对。联名上书者批判"铁拳"（iron fist）整治。[68] 同时，关于上书的新闻发布号召"用新方法代替失败了的毒品战争"，要求"从刑事司法转向公众健康方法"，这一方法支持有据可依的预防和康复。[69] 这封信认为毒品治疗比监禁要有效7倍，要重新审视毒品战争，呼吁改革大规模监禁制度。他们和我一样，做了研究，帮助总统制定更智慧的政策。

只是关押那些定罪了的没有暴力的毒品犯罪人不是对纳税人税款的最好利用。实际上，为了节省成本，毒品治疗需要尽快开始——如果可能的话甚至先于法庭阶段。一项华盛顿州公共策略研究所（WSIPP）的研究发现，如果每投1美元在监狱里的毒品治疗项目的话，可以节省6美元。尽管显然这一投资回报丰厚，如果吸毒者能在犯罪之前就接受治疗的话，或者如果吸毒者根本没有被监禁（纳税人很大的成本）会更好。毕竟，正如提到的大麻，对基于社区（和监狱无关）的毒品治疗项目每投1美元，公共安全和财政可以节省18美元。[70]

全球毒品政策委员会汇集了全世界最近政界新当选的首脑，这

---

[68] 超级巨星联盟给奥巴马总统的信：关于大规模监禁和毒品政策改革 Drug Policy Alliance, April 9, 2013, http://www.drugpolicy.org/resource/letter-president-obama-superstar-coalition-re-mass-incarceration-and-drug-policy-reform, accessed April 23, 2013.

[69] Drug Policy Alliance, "Superstar-Studded Coalition to President Obama: Let's Tackle Mass Incarceration and Drug Policy Reform Together", press release, April 9, 2013, http://www.drugpolicy.org/news/2013/04/superstar-stud-ded-coalition-president-obama-lets-tackle-mass-incarceration-and-drug-pol, accessed April 23, 2013.

[70] "WSIPP's Benefit-Cost Tool for States: Examining Policy Options in Sentencing and Corrections"（工作论文，Washington State Institute for Public Policy, August 2010），http://www.wsipp.wa.gov/rptfiles/10-08-1201.pdf）。

个委员会研究解决毒品问题的有效方法和无效方法。值得注意的是，这个委员会汇集了一些关于刑事法庭的重要改革研究，这些研究为他们提出把吸毒者看作病人而不是犯罪人的说法提供了理由。[71]

2001年，葡萄牙正式将所有毒品的使用正式非罪化，包括大麻的使用。[72] 葡萄牙人的不同做法是将所有非法持有毒品供个人使用的犯罪人从刑事法庭转移出来，将他们转到民事特别法庭，这个法庭专门负责通过将吸毒者转到治疗机构来减少毒品使用。尽管研究表明，毒品非罪化后大麻使用有很小的增长，这一增长和邻近的西班牙和意大利（这两个国家大麻法还在施行）同一时期的增长相吻合。[73] 另外一个非常重要的大麻合法化后和犯罪被害人有关的趋势是，在葡萄牙，被释放后因为吸毒或者因缺钱吸毒而实施严重犯罪而入狱的犯罪人比例从44%降到了21%，[74] 尽管这一下降可能因为欧洲各国静脉注射毒品减少，但是对于执政者来说这还是需要认真考虑。

另一种有据可依的毒品非罪化形式是给海洛因吸食者提供医疗处方。加拿大温哥华的一项研究表明，将海洛因合法化能有效地减

---

[71] Bryan Stevenson, "Drug Policy, Criminal Justice and Mass Imprisonment"（工作论文，Global Commission on Drug Policies, Geneva, Switzerland, January 2011), http://www.globalcommissionondrugs.org/wp-content/themes/gcdp_v1/pdf/Global_Com_Bryan_Stevenson.pdf, accessed April 23, 2013.

[72] Samuel Blackstone, "Portugal Decriminalized all Drugs Eleven Years Ago and the Results Are Staggering", Business Insider, http://www.busines-sinsider.com/portugal-drug-policy-decriminalization-works-2012-7, accessed April 23, 2012.

[73] C. A. Hughes and A. Stevens, "What Can We Learn from the Portuguese Decriminalization of Illicit Drugs?" *British Journal of Criminology* 50 (2010): 999–1022.

[74] Hughes and Stevens, "What Can We Learn", 1010.

少对犯罪被害人的伤害，减少纳税人用于健康服务的成本。[75]最好的范例来自瑞士，在瑞士，科学评估表明这很有效后，经过公共全民投票通过将海洛因合法化。[76]到目前为止，关于这些改革如何影响刑事司法成本和再次受害率方面还没有相关研究。

另外一个将和毒品有关的犯罪人从刑事法庭转移出来的范例是将可卡因、海洛因或者其他非法毒品的注射非罪化，提供安全的注射场所，这些场所不是要制止对非法毒品的使用，而是要减少使用毒品所带来的伤害，包括阻止艾滋病和 C 型肝炎的传播，同时预防使用过量。瑞士提出这些减少伤害的证据后经过全民投票，设立了这样的场所。温哥华也是安全注射场所的实验点。在这两个城市，吸毒者仍然需要在黑市上购买毒品。对温哥华安全注射场所的评估表明，和实验有关的财产犯罪被害人的数量没有增加，重要的是，温哥华的吸毒需求没有增加，因为吸毒的首要规律是没有人想成为一个瘾君子。基于这些评估，加拿大法庭裁定这些场所可以接受，因为它们满足了吸毒者的健康需求。结果，加拿大的其他地区也将实施类似的项目。

显然，任何对瑞士、葡萄牙和温哥华模式的效仿必须和谨慎研究密不可分，必须尊重潜在犯罪被害人的需要，同时尊重吸毒群体的需要。

---

[75] 英属哥伦比亚大学新闻发布"Medically Prescribed Heroin More Effective, Less Costly Than Current Methadone Treatment: UBC Research", March 12, 2012, http://www.publicaffairs.ubc.ca/2012/03/12/medically-prescribed-heroin-more-effective-less-costly-than-current-metha-done-treatment-ubc-research/, accessed May 6, 2013.

[76] "Switzerland Embraces Heroin-Assisted Treatment", World Radio Switzerland, March 10, 2009, http://worldradio.ch/wrs/news/video/switzerland-embraces-heroin-assisted-treatment.shtml.

六、结论

重点：更智慧的策略——有效利用刑事法庭

美国的法庭每年要处理超过 100 起重罪判决，大部分犯罪人从监狱出来，然后再入狱——被害人不同罢了。显然，现存的刑事司法制度不能有效减少再犯，对于被害人和纳税人来说，成本巨大。

实用的解决办法是改进现在的孤立法庭制度，包括聚焦社区、毒品、酗酒（程度轻些）和精神疾病的解决问题的法庭。

宣判委员会应该改进更有效地减少再犯率，当然还有对监狱进行更多的财政控制。通过转移项目，恢复性司法和大麻的非罪化来避免法庭的介入。这样可以为纳税人节省数十亿美元，而又不增加对潜在被害人的伤害。加拿大和葡萄牙将容易上瘾的烈性毒品非罪化也表明这样可以为纳税人省钱，不增加对被害人的伤害。

在有效治疗方面，家庭暴力法庭还有待改进，分析什么样的法庭可以解决犯罪根源问题和多考虑被害人的创新还需要进一步改进。

执政者通过避免不必要的使用刑事法庭制止犯罪和减少成本的措施

1. 立法者和法庭必须：

   a. 从追求判决的比例和一致性转向减少犯罪（尤其减少再犯）；

   b. 将一部分预算用在"矫正措施"上，让法官负责控制过度使用监禁，从而减少犯罪；

c. 了解减少再犯的有效的方法（例如旧金山地区检察官咨询顾问的做法）。

2. 立法者必须对问题解决型法庭投资，同时充分地对社区治疗项目再投资，包括：

a. 给涉及暴力和财产犯罪的犯罪人设立毒品法庭（对其他犯罪参见第 5 条）；

b. 加利福尼亚第 36 条提案，减少暴力犯罪和成本，避免建监狱；

c. 设立社区和精神健康法庭，重点放在经检验证明了的治疗项目上，包括对它们减少犯罪和节省成本的评估；

d. 设立家庭暴力法庭，因为他们保护被害人，但是我们必须找到更多能够制止家庭暴力犯罪防止再犯的有效方法。

3. 立法者必须要求警察和检察官将犯罪人从法庭转移出来：

a. 将轻罪犯罪人（如商店行窃或者故意毁坏文物）从法庭转移出来，采用英国的警告制度，投资到更有效的社区治疗中心；

b. 用恢复性司法处理案件，因为这样被害人会更为满意，同时促进减少再犯有效方法的广泛使用。

4. 立法者应该行动起来将大麻合法化，因为这样做不增加大麻和其他毒品的总使用量，但是会在孤立的执法、法庭和矫正上节省纳税人数十亿美元，减少毒品战争中的犯罪人和伤害太多犯罪被害人的重罪定罪。

5. 立法者应该认真研究全球委员会的建议，将某些非法毒品非罪化，对其他非法毒品运用公众健康策略，因为这样做没有导致非法毒品使用或者其他普通犯罪率增加。

6. 立法者必须投资于国家数据系统，这样他们和法庭能监控并改进法庭的做法，避免对被害人造成伤害，节省纳税人的成本。

本章阐述了法庭要更多投资于解决问题，法庭在减少犯罪方面作用有限，节省纳税人成本的主要方法是将那些没有对被害人造成伤害的行为转交到社区或者进行非罪化处理。

第四章　矫正：通过减少大规模监禁来制止犯罪

一、介绍

有趣的是，监狱和缓刑能够矫正犯罪的想法是一个相对较新的概念。几个世纪以前，监狱只是监禁犯人直到其被采取最终措施的拘留中心。例如，债务人被拘留直到他们还清债务，重罪犯罪人被拘留直到法官宣判他们死刑或流放。

自18世纪70年代，这发生了很大变化，那时著名的英国监狱改革者约翰·霍华德提倡对犯人进行改革治疗，废除死刑。今天，我们认为野蛮的监狱太新奇了，以至于阿尔卡特拉斯岛上声名狼藉的联邦监狱变成了一个公园和电影布景，波士顿的查尔斯街监狱变成了一个奢侈的酒店，加拿大渥太华的旧监狱变成受欢迎的青年旅社。然而，在富裕的民主国家很多监狱也慢慢地被用来拘留人们，而不是矫正他们的机构。这点在美国最切合实际。

很不幸，这是个倒退，因为我们的矫正机构过去要先进得多。"二战"之后，加利福尼亚和英国自夸拥有世界上最先进的矫正项目，这些项目的依据是对项目有效性有说服力的研究。不仅可以通过犯人档案的基本数据预测再犯的可能性，而且创新也表明再犯率实际上能够减少，至少部分减少。特别是加利福尼亚青年机构设计了一个成熟量表（maturity scale），目的是测定针对特别类型的年轻人需要使用哪类治疗方法最能有效地矫正他们。在英国，所谓的少年犯感化院作为监狱的替代品繁荣起来，在那里，年轻的犯罪人住在农村，他们由模范导师也是他们的守卫进行改进矫正。

所以，为什么今天的"矫正"机构退步成为无效的拘留场所，每年给纳税人带来高达 800 亿美元的巨额费用，而且雇佣人员接近 80 万，大部分是守卫人员吗？美国司法部长埃里克·霍尔德（Eric Holder）如是评价这个体制："太多美国人被关进太多监狱，服刑时间太长，没有充分的执法理由。"[1]

本章探讨了当下对矫正的主要错误观念——越多矫正机构越好，特别的惩罚模式更好——然后解构立法者让我们失望的做法，提出相对容易实用的改革，以供我们现在的矫正机构采纳，从而减少再犯和被害人——也就是说，有效率地进行矫正。本章无意于给暴力犯罪和政府过度超支提供"奇迹般的治疗措施"。然而，本章对于美国似乎令人不满的监禁确实提出了更智慧的控制犯罪的方法。

---

[1] 2013 年 8 月 12 日，美国司法部长对美国律师协会做的演讲，在演讲中霍尔德承认在联邦体制和全国范围监禁有很多问题。演讲中他还承认需要关注被害人问题，如针对女性的暴力，对暴力受害人的种族偏见，从问题社区导致监禁，预防更多问题。参见 www.economist.com/comment/2121948#comment-2121948, accessed August 18, 2013.

二、更多并不意味着更好：美国监狱对边缘化群体不起作用

高度监禁

今天在美国，监禁业监禁了2200万名罪犯，大部分是男性，而且不成比例的是他们都是年轻的黑人，大多因重罪（杀人、暴力犯罪、抢劫、入室盗窃）被监禁，这些犯罪对被害人造成伤害，但是正如我们看到的那样，还有很多其他罪犯是因毒品犯罪受到监禁。

今天我们知道惊人的监狱统计数据，但是直到20世纪60年代，美国才有关于监狱中犯人的具体统计数据（不像大部分其他富裕民主国家）。20世纪60年代，总统执法和刑事司法委员会注入前所未有的资金获取关于犯罪、执法、法庭和矫正机构的数据。[2]美国第一次统计了国家监狱的数量，还有州和联邦监狱的数据。结果证实，美国这个全球人权和自由的捍卫者，热衷于民权运动的激进改革，却是自由世界的监狱引领者。20世纪70年代，美国监狱里的罪犯人数是加拿大或者英国的二倍。只有像俄罗斯和南非这样的非民主国家才有更多的犯人。很多人都为此感到震惊。

没人会预测到美国平均每天对监狱的使用很快从1980年的50万个犯人迅速增加到2010年的230万，这些人当中，大约130万在州监狱，另外20.7万在联邦监狱，74.9万在地方的县监狱，这一增长见图4-1。在地方的县监狱中，大约46万人还没有定罪，

---

[2] President's Commission on Law Enforcement and Administration of Justice, *The Challenge of Crime in a Free Society: A Report*（New York: Avon, 1968）.

正在等待审判。[3]

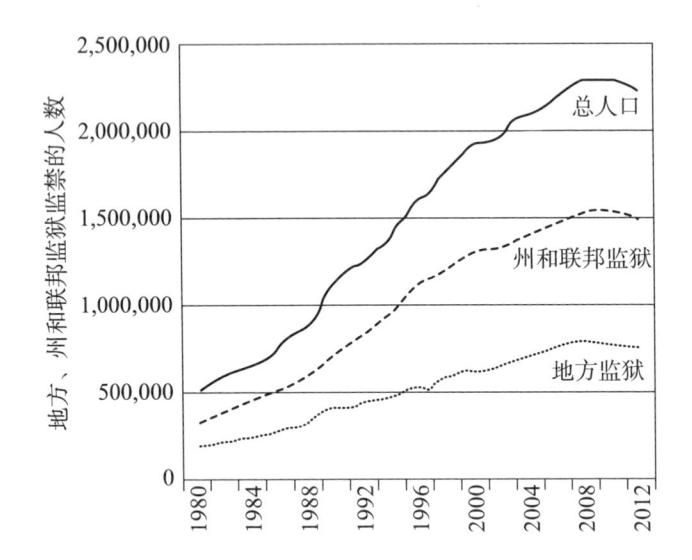

图 4-1　大规模监禁：从 1980 年到 2010 年监禁率增加了 3 倍

我们看到的是，这一监禁率意味着每 10 万人当中就有 700 人被监禁，而加拿大和欧洲每 10 万人中有 100 人被监禁（见第一章图 1-3）。[4] 令人震惊的是，美国的监禁率总数占全世界监禁率的 20%，[5] 现在美国的监禁率超过俄罗斯（每 10 万人中有 490 人），俄

---

[3] Todd D. Minton, "Jail Inmates at Midyear 2010—Statistical Tables", Bureau of Justice Statistics, April 2011, http://www.bjs.gov/content/pub/pdf/jim10st.pdf.
[4] Roy Walmsley, "World Prison Population List", International Centre for Prison Studies, http://www.idcr.org.uk/wp-content/uploads/2010/09/WPPL-9-22.pdf, accessed February 3, 2013; Irvin Waller and Janet Chan, "Prison Use: A Canadian and International Comparison", in Correctional Institutions, 2nd ed., ed. L. T. Wilkins and D. Glazer（Philadelphia: Lippincott, 1977）, 41–60.
[5] "Entire World—Prison Population Rates per 100,000 of the National Population"，监狱研究国际中心世界监狱摘要 http://www.prisonstudies.org/info/worldbrief/wpb_stats.php?area=all&category=wb_poprate, accessed February 10, 2013.

罗斯成功地大幅度减少了其监禁率。[6] 所以现在我们需要问问自己："出了什么问题？"这种独一无二而又昂贵的方法帮助犯罪被害人了吗？合理地使用纳税人的钱了吗？

只在州的层面重新计算一下成人的监禁率，每107人中有一人被监禁，自1970年这个数字猛增超过700%多。[7] 奇怪的是，加利福尼亚正在庆祝将30万犯人从州监狱转到当地的县监狱，对于纳税人这似乎是镜花水月，纳税人都得买单。在那个时期联邦体系内的监禁率也有790%的增长。这一体系成为众所周知的"大规模监禁"，但是我喜欢用"高度监禁"这个词。所有这些发生在自由的土地上，发生在小政府之家。不管你怎么看待这一数字，事实是地球上没有其他国家花那么多钱在监狱上，或者允许犯人数量如此快速地增长，实际在文明史上没有其他民主国家能和美国"相媲美"。

不足为奇的是，所有这些并不廉价，大规模监禁每年花费超过800亿美元，[8] 其中当地政府，即县政府，每年花在监狱上的钱为260亿美元，州每年大约500亿美元，每14美元的总资金中就有1美元花在监狱上。而且，每八个州雇员中有一人为矫正机构工作，[9] 他们的工资由纳税人支付，联邦、州和地方层面的雇员从

---

[6] 全世界监狱人口率。
[7] "Time Served: The High Cost, Low Return of Longer Prison Sentences"（工作论文，Pew Center on the States, Washington, DC, 2012）.
[8] Tracey Kyckelhahn, "Justice Expenditure and Employment Extracts, 2009—Preliminary"，司法统计局，May 30, 2012, http://www.bjs.gov/index.cfm?ty=pbdetail&iid=4335.
[9] "State of Recidivism: The Revolving Door of America's Prisons"（工作论文，Pew Center on the States, Washington, DC, 2011）, 4.

1980年的40万人增加到2010年的78.5万人，还有2.5万人在私人机构工作。[10] 如果美国整体（在地方、州和联邦政府层面）想将监禁率减少到1970年的水平，那时的犯罪水平和今天相似，那么每年会节省550亿美元。如果将监狱里的犯人数量减少到像其他富裕民主国家如欧洲国家和加拿大的水平的话，每年将节省700亿美元。

这一惊人的数字必然还有另一面——越来越多的旧犯人从监狱中被释放出来，每年有超过65万的犯人离开州监狱。这些人当中有40%—60%的人会因再次犯罪而被捕（被标记的累犯），三年之内会再次回到监狱，让其他被害人（或者更多的被害人）警觉起来。每年从县监狱有900万个犯人被释放出来，其结果同样不明朗。这和法庭的统计数据即75%的犯人会再次回到监狱相比，还没那么糟糕，但是这应该让任何人都会严肃地问道：这些机构是否在矫正犯人。可以论证的是，在这个体制下，与其说监禁起到了矫正犯人的作用，不如说它让犯罪变得更糟。

所以，如果它没起到矫正的作用，那么公共资金都花哪去了？平均每个美国纳税人为犯人买单，他们的钱是否获得了价值？如果没有的话，其公民和聪明的执政者什么时候会站起来呼吁改革？

---

[10] "Justice Expenditure and Employment Extracts, 1980 and 1981 Data from the Annual General Finance and Employment Surveys", Bureau of Justice Statistics, March 1, 1985, http://www.bjs.gov/index.cfm?ty=pbdetail&iid=3527; Kyckelhahn, "Justice Expenditure and Employment Extracts 2009—Prelimi-nary"; James J. Stephan, "Census of State and Federal Correctional Facilities, 2005", Bureau of Justice Statistics, October 1, 2008, http://www.bjs.gov/index.cfm?ty=pbdetail&iid=530, accessed May 12, 2013.

没有发展的可能：矫正体制中的少数种族群体

监禁有一些明显的趋势，例如，监禁的最大年龄是 20 岁到 29 岁，男性的监禁率远远超过女性。然而，尤其令人不安的是，监禁明显存在种族歧视，事实上，具有讽刺意味的是，如果我们按种族看一下的话，[11] 美国的大规模监禁政策甚至更令人沮丧，因为黑人的监禁率是白人的 6 倍，这一趋势见图 4-2。

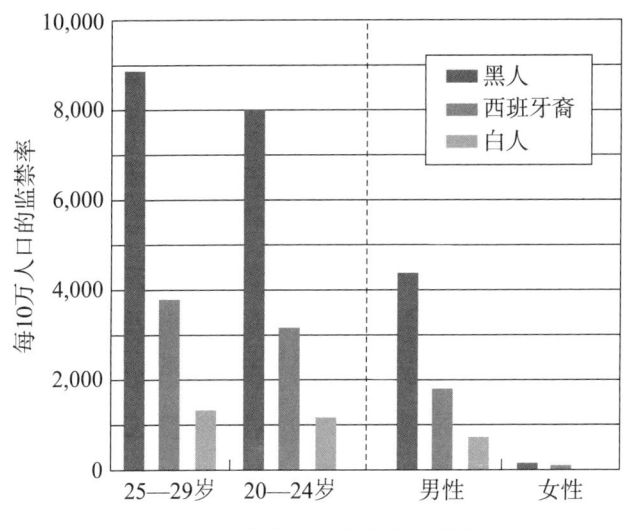

图 4-2 年轻黑人的监禁率最高

下面还有更令人震惊的数字：根据 1991 年的监禁率，平均美国男性一生的监禁率是 9%，很明显，这太高了。现在想一下西班

---

[11] Michelle Alexander, *The New Jim Crow: Mass Incarceration in the Age of Colorblindness* (New York: New Press, 2010).

牙裔男性的平均监禁率是 16%，但是黑人男性的平均监禁率令人震惊——28.5%，对，四个黑人男性中就有超过一个人会在监狱里度过一生的部分时光，[12] 这经常会造成具有灾难性的间接后果。

监禁的间接后果

监禁的另一个后果是影响整个家庭和社区。俗话说得好，如果犯罪，你就得坐监狱。但实际生活中，如果一个人坐监狱，这个人被释放后监狱会对其造成大量的负面影响（委婉地被称为"间接后果"），包括平均寿命缩短，很难重新融入家庭，很难就业和保留职业，根深蒂固的惯性风险因素等。[13] 这些负面影响对所有犯人都一样，不管他们是什么种族。但是单单黑人和西班牙裔的犯人对他们经常出入的"问题地方"带来了特别的后果。

令人难过的是，过去 30 年出生的黑人孩子中，每四人中就有一个在他们的童年至少父母有一个人狱，[14] 这是贫困社区中父亲角色缺失的一个因素，这很令人不安。而且，即使刑满释放，重罪使得被剥夺了选举权，所以他们没有权利投票。在美国总人口中，大约有 600 万（或者 2.5%) 人被剥夺了选举权。对于黑人人口，有超

---

[12] Evelyn J. Patterson, "The Dose-Response of Time Served in Prison on Mortality: New York State, 1989–2003", *American Journal of Public Health* 103, no. 3（March 2013）：523–28; "Total Corrections Population", map, Sentencing Project, http://www.sentencingproject.org/map/map.cfm, accessed February 15, 2013.

[13] David P. Farrington, "Criminal Careers", in *The Cambridge Handbook of Forensic Psychology*, ed. J. M. Brown and E. A. Campbell (Cambridge: Cambridge University Press, 2010)，475–83.

[14] Alex Burger, "For Kids with Parents behind Bars, the Work of Black History Month Is Incomplete", *Blog of Rights* (blog)，American Civil Liberties Union, February 28, 2013, http://t.co/BCu BGobnpq, accessed March 19, 2013.

过 200 万（或者 7.7%）人被剥夺了投票权。[15] 这表明黑人社区的民主声音逐渐消失，人们不能投票的话，就不能影响能帮助他们就业和重新融入家庭的服务，也不能避免将来对被害人实施暴力犯罪。

减少这一间接后果影响的一个方法是：批判地看待对被害人没造成严重伤害的非暴力重罪的门槛。例如，将最不严重的偷盗罪门槛从 500 美元改成 5000 美元，这样，很多不严重的犯罪就不会被判为重罪，可以避免他们长期在监狱服刑。1960 年的皮尤民意（Pew public opinion）调查显示，公众支持将门槛从 500 美元变成 1500 美元，但是考虑到 1960 年到 2013 年的通货膨胀的话，应该从 500 美元变成 4000 美元。

美国监狱协会成立了一个网站，网站上列出监狱对每个州造成的负面后果。[16] 这些在米歇尔·亚历山大的系列书《新的吉姆·克罗：色盲时代的大量监禁》（*The New Jim Crow: Mass Incarceration in the Age of Colorblindness*）中也有描述，布鲁斯·韦斯顿的《美国的惩罚和不平等》（*Punishment and Inequality in America*）一书也分析了监狱释放的附带后果。这些后果并不新鲜，我已经在我 20 世纪 70 年代的开创性的研究"从监狱释放出来的男性"（*Men Released from Prison*）中论述了这些问题。但是，投票权的缺失是唯一一个不可逆的灾难性后果，监禁的成本对于整个社区是一个沉

---

[15] 判决项目"总的矫正人口"这页提供全国和各州的细节数据、监禁的统计、种族差距、州的花费、选举权被剥夺的人数。路易斯安那州监禁率最高，威斯康星州的黑人监禁率最高。

[16] "National Inventory of the Collateral Consequences of Conviction", American Bar Association, http://www.abacollateralconsequences.org/Collateral Consequences/map.jsp, accessed March 19, 2013.

重负担。[17]

所有这些听起来像是无谓的同情，但是对于公共安全和民权来说投票权是基本的权利，基本的权利还包括所有年轻的公民在家庭和社区成长的权利，至少他们有机会有一个充满前途的没有犯罪的生活前景。巨大的监禁体系，巨额的监禁成本，不必要的效率低下，对潜在的被害人有权不成为犯罪和暴力被害人至关重要。

三、大规模监禁的有效性——事实概述

一些人会认为监禁对罪犯的生活造成不好的影响是他们罪有应得，理论家会认为犯罪人对被害人的生活造成影响，所以罪犯不该有好下场，还有一些人会选择忽视罪犯受到的负面影响，前提是他们相信政策会使总的被害人人数减少。但是是否史无前例的大规模监禁水平确实对犯罪水平有重要作用？

证据表明没有。1996年，国家刑事司法委员会（National Commission on Criminal Justice）发现监禁水平和暴力程度呈正相关，而不是相反。例如，路易斯安那州，监禁水平较高，其暴力犯罪如杀人犯罪水平也较高，所以总的来说，监禁的人数越多，暴力犯罪的人数越多，但是暴力犯罪的数量并没有随之减少。正如很多理论家企图争论的那样，[18] 几十年来这是个事实。[19]

---

[17] Alexander, *The New Jim Crow*; Bruce Western, *Punishment and Inequality in America* (New York: Russell Sage Foundation, 2006).

[18] Steven Donziger, ed., *The Real War on Crime: The Report of the National Criminal Justice Commission* (New York: Harper Perennial, 1996).

[19] Waller and Chan, "Prison Use".

一些理论家会以佛罗里达州为例，因为其监禁率急剧上升（从21世纪早期的7万人增加到今天的10万人），同时其犯罪率下降了。[20] 然而，一些州如马赛诸塞州和纽约州罪犯数量有轻微增加（或者根本没有增加），其暴力犯罪和财产犯罪减少了。有趣的是，和佛罗里达州相比，纽约州的犯罪率下降稍微大些（29.2%），佛罗里达州是28.2%，尽管纽约州的监狱人口数量减少了（从21世纪早期的7万人减少到今天的6万人）。[21] 实际在过去20年间，纽约市轻罪的数量一直上升，重罪数量一直减少，这表明在押的罪犯服刑期变短，在监狱文化中度过的时光更少。对，事实就是这样，犯罪数量正在减少。

上述范例证实可以减少对监禁的使用，因为犯罪率正在下降。和往常一样，一些权威会将不同的趋势做统计学上的分析，一个有力的解释是监禁减少，犯罪数量也随之减少。对于监禁我们仍能有所作为，我们不应该过于匆忙地对监禁和犯罪的因果关系做出假定，让我们看一下有关研究，看看论据怎么说。

犯罪和监禁关系的证据

美国进行了一些关于增加监禁对犯罪影响的高级研究。重要的是，他们用统计模型而不只是用监禁来解释一些犯罪率的变化。

看过美国的研究后，今天很多有影响力的权威专家认为，直到

---

[20] "State of Recidivism", Pew Center on the States.
[21] "State of Recidivism", Pew Center on the States.

2005年前后增加了的监禁确实对犯罪率的下降至少起些作用,[22]研究表明监禁可能使犯罪率下降了25%。

但是监禁的作用,即使回到20世纪70年代,也不清楚。乐观的估计是被监禁的犯人的数量增加了25%,犯罪率减少了2%,[23]所以,到2005年监禁的犯人数量增加300%的话,犯罪率可能已经减少了24%。一些人会说犯罪率下降了24%很好,不管以何种方式减少的——即使每年监禁的成本还多500亿美元。

但是问题在于:犯罪率下降的结果可以通过节省成本和减少令人愤慨的附带后果取得吗?——经证明一些附带后果实际上会增加犯罪率。答案是:可以。

我们知道,因为,如果我们看一下其他富裕民主国家,如英国和加拿大的犯罪率指数的话,我们会看到犯罪率(至少财产犯罪)实际上已经下降了,而监禁却没发生主要变化(或支出)。[24]

另外一个有争议的问题围绕着犯人服刑时间的长短和有关费用而进行。从1990年到2009年,美国州监狱的平均服刑时间增加了36%,平均是36个月。对于各州的纳税人来说,这一增长意味着每年纳税人额外增加了100亿美元的花销。[25]

但是这额外的100亿美元给纳税人带来任何好处了吗?或者让

---

[22] Doris L. Mac Kenzie, *What Works in Corrections: Reducing the Criminal Activities of Offenders and Delinquents* (Cambridge: Cambridge University Press, 2006), 33–52, esp. 37.

[23] William Spelman, "The Limited Importance of Prison Expansion", in *The Crime Drop in America*, ed. Alfred Blumstein and Joel Wallman (Cambridge: Cambridge University Press, 2000), 97–129.

[24] Jan Van Dijk, Andromachi Tseloni, and Graham Farrell, eds., *The International Crime Drop: New Directions in Research* (Houndmills: Palgrave Macmillan, 2012).

[25] "Time Served", Pew Center on the States.

社区更安全了吗？毕竟很多人服刑时间很长但是这些犯罪中没有被害人如毒品犯罪，包括拥有毒品而被判有罪的。美国的皮尤中心（Pew Center）调查了公众对于缩短大量非暴力犯罪人刑期原因的意见，他们的研究表明，78%的公众接受缩短刑期以减少预算赤字，45%强烈支持。[26]所以为什么执政者和立法者不能倾听一下民意，尤其是收紧公共预算呢？

四、智慧地看待再犯

如果我们的矫正制度真的想"矫正"，那么零再犯率应该是最终目标。然而，1994年在美国15个州被释放出来的30万名犯人中，三年之内有67.5%人再次被捕。对11年前被释放出来的犯人的一项研究表明有62.5%的犯人再次被捕。[27]事实上，全美国几乎有一半被释放的犯人（43%）会再次因为犯罪或者违反释放条件而被关进监狱——这只是被逮捕的那些人。[28]

显然，监狱制度在"矫正"这点上并没有起到作用。美国人对这一不足不再满意，皮尤中心对各州做的一项民意调查表明，87%的被调查者同意，66%的强烈同意"一个非暴力犯罪人在监狱里待

---

[26] "State of Recidivism", Pew Center on the States.
[27] "Recidivism", Bureau of Justice Statistics, http://www.bjs.gov/index.cfm?ty=tp&tid=17, accessed February 9, 2013.
[28] "State of Recidivism", Pew Center on the State。低的再犯率受到不同定义的影响。例如，如果统计基于一年的假释，再犯局限于那些再次被监禁而不是再次被捕的人的话，再犯率只有16%。见"Recidivism", Bureau of JusticeStatistics. 2007年，1,180,469个假释的人有再次被监禁的风险，包括1月1日处于假释监视期的人和整年即将进入假释期的人。在这些被假释的人中，大约16%在2007年再次被监禁。

了 18 个月、24 个月还是 30 个月不重要，真正重要的是这个制度确实较好地确保犯罪人被释放后不太可能再次实施犯罪"[29]。

对付惯犯

监禁的象牙塔理论喜欢将人们投进监狱，使他们没有能力再进一步实施犯罪，也就是说只要他们在监狱里待着，他们就不能再犯罪。这一理论的一部分论据是一小部分犯人实施了大量犯罪，所以（正如这一理论认为的那样）如果监禁这些惯犯，就会减少犯罪。真的是这样吗？不一定。将惯犯监禁的想法不像一些人期望的那样令公众满意，不管怎样，说起来容易做起来难。

可以确认的是一小部分罪犯实施大多数犯罪。准确的估计是 5%—7% 的犯人犯了 55%—70% 的罪。[30] 还可以确认的是这些"习惯性"犯罪人一生中平均会花费被害人和纳税人 200 万美元，如果定义更严格的话，这一数字要高得多。[31] 这些犯罪人往往来自城市中被警察研究者定义为"问题地方"的区域。但是惯犯往往不实施暴力犯罪，更多的是财产犯罪。所以用更严厉的监禁惩罚这些惯犯的话，财产犯罪人会比暴力犯罪人受到更严厉的判决。

另一个问题是惯犯容易"因年龄而出局"（age out）。基于犯罪趋势我们看一个范例，一个 25 岁的犯罪人可能一个月实施 30 宗犯

---

[29] "Time Served". Pew Center on the States, 40.
[30] 这些罪指的是一小部分非常活跃的犯罪人（6% 的共犯）极高比例地在费城同届出生的人中被捕（52%）M. E. Wolfgang, R. M. Figlio, and T. Sellin, *Delinquency in a Birth Cohort*（Chicago: University of Chicago Press）.
[31] Mark A. Cohen and Alex R. Piquero, "New Evidence on the Monetary Value of Saving a High Risk Youth", *Journal of Quantitative Criminology* 25, no. 1（March 2009）: 25-49.

罪，可是，当他35岁时，他可能完全停止犯罪，所以当这样的犯罪人到35岁时继续被监禁可能不会给公众带来任何益处而只会浪费纳税人的钱。

最后一个问题是逮捕真正对公众造成威胁的惯犯。毒品惯犯（频繁的大麻使用者）很容易被捕，财产犯往往更难被捕，因为财产犯罪经常不能破案。[32]

从毒品惯犯角度，我们讨论一下投资的合理回报率问题。将毒品犯罪人关押起来以防他们再次犯罪有意义吗？可能没有。研究者计算，"我们超过了回报递减点，因为每增加一个牢房换来的是越来越少的公众安全利益"[33]。一项研究发现，对于华盛顿州最初关押的毒品犯罪人每投入1美元将得到超过9美元的回报。然而，今天监狱里有如此多的犯人以至于华盛顿州每投入1美元只能收益37美分——被害人没有收益。[34] 对比一下毒品治疗项目的成本和收益，我们发现在改造吸毒者和减少未来犯罪方面，毒品治疗项目确实经得起考验，没有昂贵的监禁其投资回报率将高得多。

预测谁会在不经干预的情况下重新犯罪

尽管我们有很多关于再犯率的统计数字，很难知道哪个犯罪人会再次犯罪。我们最确切的做法是计算一群人再犯的可能性，就是说一个犯罪人可以从统计学上被放到一个群体中，这个群体中可能60%的人会多次犯罪，将这个群体和另外一个只有40%犯罪风险

---

[32] 见第二章图 2-2.
[33] "State of Recidivism", Pew Center on the States, 4.
[34] 同注 33。

的群体对比。这意味着我们不能确切知道一个有详细记录的具体个体或者甚至一个具体的人是否会是惯犯。

尽管这样，我们现在在确认哪些犯罪人再犯风险明显低这点上做得越来越好。例如，皮尤中心利用分析结果确认哪些犯罪人被释放后再犯风险低，结论是14%或更多的州监狱人口再犯风险非常低，所以可以将他们安全释放而无须让他们在监狱里待更长时间或者对他们进行干预。据估计，这些人中极少数会因暴力犯罪而再次被逮捕，可能这占一年的暴力犯罪率不超过0.2%，所以释放这些低风险的犯罪人可以节省花在监禁上的很多钱，对公众造成的风险非常小。皮尤民意调查表明公众同意释放这些人是明智的选择。[35]

这些估测说明还有一些犯罪人再犯风险要高得多，所以这个群体是本章下面一个部分的主要话题，主要探讨哪些干预在减少再犯方面有效以及干预到何种程度。

预测背后的科学

一些政府关于再犯的最广泛的研究中有一些是经过精确推算的，也就是说，他们研究犯人入狱时的性格和将来行为的可能性之间的统计相关性。犯人的性格包括犯人的信息，如性别、年龄、IQ、犯罪历史等，专家将这些称为"静态的风险因素"（static risk factors），因为这些因素不能发生改变。他们还研究通过矫正项目可以改变的因素，如教育水平、工作培训或者认知思想过程，这些被称为"动

---

[35] "Time Served", Pew Center on the States, 40.

态的风险因素"（dynamic risk factors），因为这些因素通过监狱的项目可以得到"矫正"。

这些研究得出的结论是通过分析犯人刚入狱时的性格可以部分预测再犯率。有过更多定罪历史，第一次被逮捕时比较年轻，被定为财产犯罪（都是静态因素）的犯人更可能再次犯罪。[36] 但是，有可能潜在的"矫正"犯人的动态因素，包括就业问题和其他犯罪人的关系、未婚或者酗酒吸毒，这些都是增加再犯的风险因素。有趣的是，我们已经知道这些相关性几乎 100 年了。

加利福尼亚矫正和改造部最近更新了应用上述因素的一组评分，这一精确的预测将犯人的种族和其他静态的风险因素纳入考虑范围。它预测了哪些犯人会因哪种犯罪而再次被定罪，这是一个"适度的预测"（moderate predictor），意味着这比预测可能性好得多，但是并不完美。[37]

其他国家也在进行精确预测，例如，英国政府有一个预测假释结果的复杂静态风险评估量表。评分让假释董事会了解一个释放两年之内的犯罪人再次被定罪的精确风险，这些分数表明假释中再次被定罪可能性小的犯人确实再犯率比较低。如果假释董事会选择这些风险低的犯人，他们得到更小的犯罪率，这是熟知的"选择效应"，意思是选择那些再犯风险较低的人进行假释对减少再犯很关键（不意味着假释项目起到治疗的效果）。

---

[36] James F. Austin, "The Proper and Improper Use of Risk Assessment in Corrections", *Federal Sentencing Reporter* 16（2004）: 4.

[37] Susan Turner, James Hess, and Jesse Jannetta, "Development of the California Static Risk Assessment Instrument（CSRA）"（工作论文，Center for Evidence-Based Corrections, University of California, Irvine, November 2009）.

事实上，通常美国或者英国对假释的标准监督根本没有"矫正"效果——这个不足需要我们考虑。因为英国在这一领域掌握更好的数据，它有可能进行大规模的研究。这项研究的结论是假释本身将再定罪率从预测的 42% 减少到 40%，这一研究的样本是 9000 个普通犯罪人（暴力犯罪人从 16% 减少到 14%）。[38] 即使假释确实朝正确方向稍微向前推动，这些也没产生大的不同，没有使潜在的被害人安心。

尽管研究确认释放后的再犯率可以通过犯罪人入狱前生活中的静态和动态的因素得以预测，他们被释放后的事件能改变这些预测结果——尤其是前科犯人找到工作，和重要的人保持关系，或者和犯罪同伙保持距离，避免醉酒打架。[39] 所以通过将更多矫正关注集中在这些从监狱里被释放后的前科犯人的生活动态因素上，我们也能减少再犯。[40]

五、矫正机构如何能真正起到"矫正"作用

专家强调我们需要转变实践中的矫正观念，感觉良好还不足矣，我们要实施那些经实践检验证明有效的方案。实际上，有效矫正的

---

[38] Tom Ellis and Peter Marshall, "Does Parole Work? A Post-Release Comparison of Reconviction Rates for Paroled and Non-paroled Prisoners", *Australian and New Zealand Journal of Criminology* 33, no. 3 (2000): 300–317.

[39] 这点已经被证明了 50 多年，例如 Dan Glaser, *The Effectiveness of a Prison and Parole System* (Indianapolis: Bobbs-Merrill, 1964); Irvin Waller, *Men Released from Prison* (Toronto, Ontario: University of Toronto Press, 1974—1978).

[40] "Risk/Needs Assessment 101: Science Reveals New Tools to Manage Offenders"（工作论文，Pew Center on the States, Washington, DC, 2011.

逻辑——有效地降低再犯可能性——是了解什么风险因素或者哪些没满足的需要导致再犯，然后用有据可依的方法行动起来改变那些风险因素或者满足那些需要。

矫正犯罪人的方法有很多种，从毒品治疗项目到职业培训，到认知行为治疗。即使对现存的矫正制度来说，这些方法当中最有效的方法也可以马上得到应用，相对来讲，它们廉价实用，可以马上见效。

幸运的是，过去20—30年的几百项研究已经证明这些策略中哪些在降低犯罪人再犯的可能性方面最有效。最全面并受到尊敬的关于再犯研究的科学综述是《有效的矫正》（*What Works in Corrections*）由桃瑞丝·麦肯齐2006年汇集成书。[41] 有据可依有效减少再犯的研究手册，当属此书。[42] 麦肯齐总结道，如果现行的矫正制度能产生50%的再犯率，那么加上经证明了的技能建设，行为和多种技术的改造方法，能将再犯率减少到30%。[43] 她还指出那些研究表明没用的方法，例如威慑手段——害怕进一步受到惩罚——单独在矫正环境下使用。其他一些普遍的创新如强化监督和电子监控同样被证明不起作用，再犯率和现存制度下的再犯率一样。

和麦肯齐的结论产生共鸣的更新的综述2010年由马克·利普西和其同事发表，他们分析了减少再犯的许多流行方法的有效性

---

[41] Mac Kenzie, *What Works in Corrections*.
[42] 麦肯齐是实验犯罪学院的研究院和院长，她是马里兰大学矫正分会的发起者，研究谢尔曼等人研究的犯罪预防。她参与了三个坎贝尔合作系统评估，评估监狱毒品治疗、毒品法庭和矫正训练营的有效性。
[43] Mac Kenzie, *What Works in Corrections*, 62.

（例如，认知—行为治疗、社会技能培训、学术进步、工作培训等），图 4-3 表明这些项目可以将再犯率从平均 50% 减少到 23%。[44]

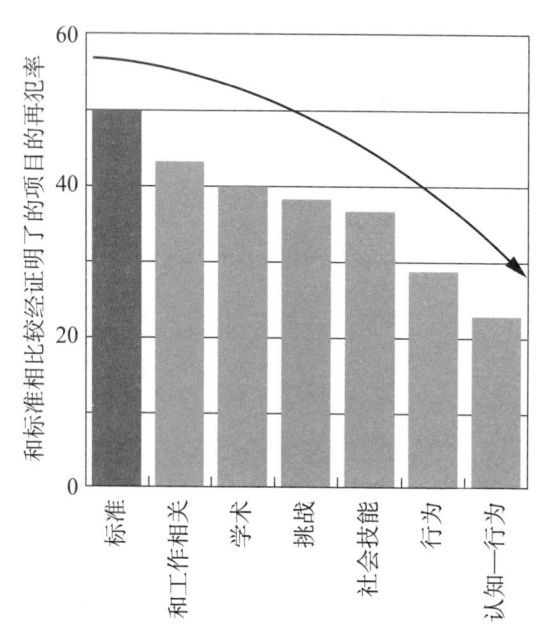

图 4-3　真正矫正再犯的矫正项目

认知—行为治疗

利普西（Lipsey）和他同事发现了认知—行为治疗，这一治疗的目标是改变个人的思维模式和态度，这是他认为的最成功的矫正

---

[44] Mark W. Lipsey, James C. Howell, Marion R. Kelly, Gabrielle Chapman, and Darin Carver, "Improving the Effectiveness of Juvenile Justice Programs: A New Perspective on Evidence-Based Practice"（工作论文 Center for Juvenile Justice Reform, Washington, DC, December 2010）.

方法。[45] 麦肯齐之前对三种矫正的认知—行为治疗项目进行了评估，这些项目的理论基础是，犯罪人犯罪的原因是他们思想过程的逻辑，所以项目的目标是改变他们的犯罪思维和态度。她还发现他们的研究结果很有作用，发现很多认知—行为项目似乎对更高风险的犯罪人最有效果——尤其当主要因素是愤怒控制和解决人际间问题时。然而，一些研究表明，对低风险的犯罪人这一方法也有作用。而且，这一方法执行起来相对廉价，每个犯罪人的花费不超过 1000 美元。据估计每投 1 美元可以得到 23 美元的收益，[46] 所以在整个矫正机构中这是应该得到广泛实施的智慧项目。

认知—行为治疗对于治疗性犯罪人也很成功，麦肯齐对 1970 年以来的 25 项独立研究进行了分析。她的结论是，显然有目标的降低性冲动的认知—行为治疗和医药，有时通俗来讲被称为"化学阉割"的药物可以有效地将性犯罪减少大约 12%—22%。然而，要注意到重要的是即使 1% 的再犯率也意味着有新的性犯罪的被害人，可能是儿童，所以即使再犯率减少了，从潜在的犯罪被害人角度看，仍有需要改进的空间。

---

[45] 利普西等人的元分析发现认知—行为治疗使再犯率平均下降 25%，这一治疗最有效的状态是再犯率下降到 19%—50% 多。N. A. Landenberger and M. A. Lipsey, "The Positive Effects of Cognitive Behavioral Programs for Offenders: A Meta-analysis of Factors Associated with Effective Treatment", *Journal of Experimental Criminology* 1（2005）: 451-76.
[46] Stephanie Lee, Steve Aos, Elizabeth Drake, Annie Pennucci, Marna Miller, and Laurie Anderson, "Return on Investment: Evidence-Based Options to Improve Statewide Outcomes—April 2012 Update"（工作论文, Washington State Institute for Public Policy, Olympia, April 2012）, http://www.wsipp.wa.gov/pub.asp?docid=12-04-1201, accessed February 13, 2013.

减少年轻人再犯的可能性

美国一个特别的重要发展趋势是青年人的被监禁率已经稳步下降了——同时年轻人犯罪率也下降了。[47] 不足为奇的是，很多关于再犯的研究都注重研究如何在监狱系统之外有效地矫正年轻的犯罪人。一项 2012 年的元分析评估了 548 个关于青少年改革方法的独立研究。[48] 正如这些研究表明的那样，再犯项目通常采纳两种截然不同的方法中的一种来针对年轻的犯罪人。

第一种方法的特点是运用外部控制技术来压制犯罪，例如，灌输纪律（准军事训练营），通过令其恐惧不良行为将带来的后果来达到威慑（如"令其恐惧"这样的参观监狱的项目）的目的，监控发现不良行为，如强化保释（intensive probation）。

第二种方法是通过提高技能，改善关系和提高觉悟帮助个人发展。这些项目的重点是恢复性因素（赔偿，被害人和犯罪人调解），技能建设（认知—行为技术、社会技能、学术和职业技能建设），咨询（个人、团体或者家庭治疗、指导）和按照青少年犯罪人的个人需求量身定做的多种干预措施。结论尤其表明个人发展的

---

[47] Annie E. Casey Foundation, "Reliance on Juvenile Incarceration Is Not Paying Off for States, Taxpayers or Kids, Report Finds: Evidence Supports Trend among States to Scale Back Costly, Often Abusive Youth Prison Systems", http://www.aecf.org/Newsroom/News Releases/HTML/2011Releases/No Placefor Kids.aspx, accessed March 21, 2013; Annie E. Casey Foundation, "Youth Incarceration Sees Dramatic Drop in the United States", news release, February 27, 2013, http://www.aecf.org/Newsroom/News Releases/HTML/2013/Youth Incarceration Drops.aspx, accessed March 24, 2013.

[48] J. C. Howell, and M. W. Lipsey, "Research-Based Guidelines for Juvenile Justice Programs", *Justice Research and Policy* 14, no. 1 (2012): 17-34.

方法是制止年轻犯罪人再犯的最有效方法，尽管外部控制的监控因素也有一些有限的积极影响。

另一方面，运用外部纪律方法来矫正大多无效，"令其恐惧"是一个流行的威慑项目，在这个项目中，年轻的犯罪人被送到一个最大的安全监狱进行参观，吓唬他们不要再次犯罪。然而，科学证据表明这个项目对再犯率没有什么影响——而且事实上增加了再犯的风险。[49] 所以将纳税人的钱花在这个项目上的任何做法都没有结果。

在纪律方面，训练营本身在减少再犯上也没有作用。[50] 事实是，训练营让每个参加者损失 19,011 美元。然而，有希望的是治疗因素和治疗后的看护（毒品治疗和就业项目）都包括在内的因素会对它们的效果起到关键作用。这样的结果不足为奇，因为正如第三章中我们看到的那样，毒品法庭和 HOPE 这样的项目将治疗和控制相结合，确实可以产生积极的效果。

加利福尼亚实施真正有效方法的概率

同样不足为奇的是许多矫正机构和司法官员不反对改革矫正制度，毕竟矫正系统是一个庞大而又昂贵的行业，这个行业在全美国雇佣了将近 100 万人，可以说这一彻底改革会很复杂。然而，加利福尼亚州的各个县现在正面临一个史无前例的机会，可以实施真正能减少再犯的策略。2011 年，加利福尼亚州颁布了《大会法案》（Assembly Bill, AB)109，一些人认为这是美国刑事司法历史上最激

---

[49] Mac Kenzie, *What Works in Corrections*, 62.
[50] 同注 49。

进的一项改革。在一个为本州节省成本的（不是当地县）呼吁中，法案将不那么严重的犯罪人（没有暴力犯罪、性犯罪或者严重犯罪历史的犯罪人）从州监狱转移到当地的县监狱。[51]

紧接着，将10亿美元或10多亿美元从州体系分配到加利福尼亚的58个县，这些县对资金的使用有极大的自由权，但是令人欣慰的是他们将按照法案的目标花钱，目标是：实施能真正减少再犯和预防未来受害的有效项目。[52] 正如本章前面讨论的那样，我们已经很了解什么有用（什么没用）。本章有证据证实不严重的犯罪人可以被安全释放，尤其是如果在已经证明有用的治疗项目中对犯罪人监管得力，同时给予支持的话。只有时间能够告诉我们加利福尼亚的县是否有政治意愿改进老旧无用的体制，选择更有创新性、更有效的矫正方案来节省纳税人的钱，同时不增加公共安全的风险。

更智慧的矫正的重要步骤

州政府议会和皮尤慈善基金设立了一个引人注目、令人兴奋的项目，帮助各州更聪明地矫正，他们和那些想要更多地节约纳税人成本的州进行合作，方式是减少（至少最低限度）大规模监禁，将钱投到有据可依、投资合理的社区项目上，因为这些项目

---

[51] Robert Weisberg, "California's De Facto Sentencing Commissions", *Stanford Law ReviewOnline 64*, no. 1 (November 11, 2011), http://www.stanfordlawreview.org/sites/default/files/online/articles/64-SLRO-1.pdf, accessed March 16, 2013; Robert Weisberg, "How Sentencing Commissions Turned Out to Be a Good Idea", *Berkeley Journal of Criminal Law* 12, no. 2 (2007): 179–230.

[52] "Funding of Realignment", California Department of Corrections and Rehabilitation, http://www.cdcr.ca.gov/realignment/Funding-Realign-ment.html.

对那些轻罪罪犯能有效监督，起到真正的"矫正"作用。[53] 到今天，至少有 31 个州在一定程度上开始实施这个项目。有几个州在他们的社区革新了有据可依的项目，还有几个州甚至采纳了相对全面的司法再投资立法，将一些不太严重的犯罪人从监狱中转移出来，在社区对其进行监督和治疗。就那些能够革新和通过深深植根于证据的立法来说，一些州已经从这些项目中受益了。

得克萨斯州最近的矫正改革项目给我们提供了一个有前景的范例。之所以做出这些改革是因为如果按照 2007 年的计划得克萨斯州继续这种以前的模式的话，到 2012 年它需要 17,000 多个新的监狱床位，对于纳税人来说需要 20 亿美元的成本。领导者开始寻求更智慧的解决问题的方法，于是在 2007 年开始将那部分钱拨给基于社区的一些项目，例如保释（转移），解决问题的法庭，有据可依的毒品治疗。它一共投资了 2 亿 4100 万美元在有据可依的策略上来减少再犯，节省了将近 20 亿美元。值得注意的是，改革内容包括分层次的制裁，激励促进服从假释条款、毒品法庭。改革还将一些财产和毒品犯罪人的最大假释期限从十年减到五年。自从实施这些改革之后，再犯率下降了 25%，犯罪率达到自 1973 年以来最

---

[53] Marshall Clement, Matthew Schwarzfeld, and Michael Thompson, "The National Summit on Justice Reinvestment and Public Safety: Addressing Recidivism, Crime, and Corrections Spending"（工作论文，Council of State Governments Justice Center, New York, January 2011）; "Public Safety Performance Project", Pew State and Consumer Initiatives, http://www.pewstates.org/projects/public-safety-performance-project-328068, accessed April 24, 2013.

低水平。[54] 实际上，得州 2011 年就关闭了一所监狱，正在考虑关闭两所。尽管这很令人鼓舞，但是别忘了很多州的犯罪率都一直在下降，所以得州这点也在意料之中。[55] 尽管如此，它在仅仅五年的时间里取得这么大的进步，表明智慧的犯罪控制策略更有效，节省的成本也更多。

这些行动不仅表明要有政治意愿行动，而且表明这些行动至少在孤立的自上而下的矫正和法庭制度中正在取得积极的结果。但是现在的矫正只局限在有限的范围内，和真正的"矫正"比较起来步子还小。做出这一革新不仅要考虑到控制州的花销，还要考虑到犯罪率要下降到自 20 世纪 60 年代和 70 年代早期一直没有出现的水平，那时监禁的水平大概是今天的五分之一，按今天的预算，每年在矫正上要少花 600 亿美元。[56]

然而，在促进对被害人赔偿方面，我们需要做的还很多，这不管在哪都合情合理。我们知道如何实现它，但是还没有行动。最后，更智慧的方案是避免监禁给纳税人带来成本，同时能让犯罪人在社区工作，对被害人进行补偿。[57]

---

[54] "Public Safety in Texas", Pew State and Consumer Initiatives, http://www.pewstates.org/research/state-fact-sheets/public-safety-in-texas-85899432273, accessed April 24, 2013.

[55] Vikrant P. Reddy and Marc A. Levin, "The Conservative Case against More Prisons", *American Conservative*, March 6, 2013, http://www.theamericanconservative.com/articles/the-conservative-case-against-more-prisons/, accessed March 25, 2013.

[56] 1970 年，美国的监禁率是每 10 万人中有 200 人被监禁，今天是每 10 万人中有 700 人被监禁。矫正的总花销是 830 亿美元，所以是（700 −200）÷700 × 83 ＝ 600 亿美元。

[57] Irvin Waller, *Rights for Victims of Crime: Rebalancing Justice*（New York: Rowman and Littlefield, 2010），chap. 5.

六、结论

重点：有效运用矫正的智慧策略

在过去 30 年，美国的监禁水平猛涨，按照其他富裕民主国家的标准，美国的大规模监禁特别严重，现在其高度监禁名副其实，在自由世界里，再没有其他任何地方像美国这样。尽管将犯罪人扔进监狱确实对潜在的被害人起到轻微的保护作用，然而按这个速度，这一益处将远远被使用纳税人大量的钱超过——公众同意这点。因为犯罪率在下降，纽约市和青少年矫正机构已经证明如果监禁减少 50% 或者更多，并不一定会威胁到公共安全。

如此大规模的监禁后果是增加再犯，我们知道那些有工作，维持良好的人际关系，远离酒精和爱惹麻烦的同伴的犯罪人被释放后更可能不再犯罪。所以为了帮助被释放的人们找到工作，重新融入家庭，避免导致进一步犯罪的因素，还有节省纳税人的极高的成本，矫正政策需要减少重罪和监禁带来的很多不利后果。

将近一个世纪的矫正实验得出一些明确结论，主要是哪种类型的犯罪人最容易再次犯罪和什么样的方法能真正起到矫正作用。这些结论证实，用有效的方法来改变态度的项目上每花 1 美元会带来 20 美元的回报，再犯率会从 50% 减少到 25%。在一项司法再投资项目上具有开创性的一些州运用这一知识来减少再犯（借此来减少被害人）和避免建造监狱的成本，这一项目强调评估犯罪人很重要，我们需将资源重点放在那些最有需要的人身上。

执政者改革矫正制止犯罪的方法

1. 立法者应该确保非暴力犯罪，不太严重的犯罪和非性犯罪的犯罪人在社区服刑：

  a. 改变法律将刑期长度缩短到和其他富裕民主国家类似；

  b. 投资社区的监督和被证实的治疗项目；

  c. 只要有可能就要给被害人赔偿。

2. 立法者必须保证将服刑和参与被检验证实了的项目结合起来，资助这些项目，鼓励犯人参与这些项目。

3. 立法者必须减少重罪和监禁带来的后果，这样这些后果在犯罪人服刑后才不至于影响犯罪人的生活，主要有：

  a. 找到工作，融入家庭，避免酒精、毒品和犯罪同伴；

  b. 恢复投票，这样执政者会对问题地方提供平等的服务；

  c. 改变财产犯罪人的入罪门槛，从 500 美元变成 5000 美元。

4. 立法者必须研究监狱里高比例的年轻黑人犯的原因，保证更多的黑人孩子成长中有父亲陪伴，包括成立总统任务力量来建议有效的解决方法。

5. 立法者必须对所有犯罪人和再犯率的特征数据进行对比，目的是对改进"矫正"提供方法。

本章重点论述了现行矫正体制所能取得的成果。下一章的重点是预防多数年轻人成为"问题地方"集中的"问题人群"的方法。

第二部分
智慧的预防犯罪方案

第五章　预防青年成为惯犯

一、介绍

从使公民免受暴力和犯罪之害角度而言，我们现在的刑事司法体系存在问题不是什么秘密。尽管监狱里关押犯人的数量是其他富裕民主国家的 7 倍，在美国，年龄在 20 岁到 24 岁的人的杀人犯罪率是其他富裕民主国家的 7 倍。[1] 这个年龄也和被捕男性的年龄高峰相吻合。[2] 而且，法庭有扇旋转门，在那里，超过四分之三的重罪被告都有逮捕前科，其中 69% 的人有多次被捕前科。[3] 全国的再犯率不得而知，估计在 40%—60% 之间。显然，孤立主义者的应对式犯罪控制业和自上而下的执法、法庭和矫正只是不再起作用，很

---

[1] Steven H. Woolf and Laudan Aron, eds., *U.S. Health in International Perspective: Shorter Lives, Poorer Health* (Washington, DC: National Academies Press, 2013), 77, 80.

[2] Shawn D. Bushway, Hui-Shien Tsao, and Herbert Smith, "Has the U.S. Prison Boom Changed the Age Distribution of the Prison Population?" (IRP 夏季研究研讨会发言论文 "Current Research on the Low-Income Population", Madison, WI, June 2011), http://www.irp.wisc.edu/newsevents/workshops/2011/participants/papers/6-Bushway Tsao Smith.pdf, accessed April 26, 2013.

[3] Thomas H. Cohen and Tracey Kyckelhahn, "Felony Defendants in Large Urban Counties, 2006", Bureau of Justice Statistics, May 26, 2010, http://www.bjs.gov/index.cfm?ty=pbdetail&iid=2193, accessed March 13, 2013.

多美国人，尤其年轻人，付出的代价是受到伤害，从而失去生活质量。

传统的执法群体对于"热点"地区，使用地理信息，当他们孤立地工作时他们使用仅有的工具——事后执法。然而，同样的地理信息能够而且应该被用来分析说明不同的预防方法在被害人伤害方面能节省数十亿美元，刑事司法成本节省更多。

不幸的是，为了"灭火"，传统的执法不是利用地理数据而是利用迟钝的应对性措施，如拦截搜身，来解决问题。更智慧的犯罪控制策略会将这些信息变成更有效和节省成本的方法，更聪明的国家和地方执政者会说："我们知道大多数犯罪发生的地点，现在让我们运用这一信息，我们不只是对其做出反应，实际我们首先制止它们发生——让我们在年轻人有机会开始误入歧途之前就开始和他们更好地合作。"这是智慧的想法，潜在的被害人需要这种想法，因为可以避免他们受伤害，纳税人想要这种想法，因为可以为他们省钱，确实属实。

我们需要改变术语和由其引起的思维方法。"热点"这个词可能有助于聚焦执法，但是"问题地方"注重的是对那些地方的解决办法，[4] 这些是减少暴力被害人和纳税人成本的重点。本章我们探讨预防而不是应对的方法，重要的是，本章提出预防方法并不意味着忽略应对措施，而是将预防作为应对措施的重要部分来论述。

---

[4] Some of the leading researchers working within the police silo also use this term. See, for instance, Anthony Braga and David Weisburd, *Policing Problem Places: Crime Hot Spots and Effective Prevention* (New York: Oxford University Press, 2012).

在问题地方长大的问题人群的危机

令人难过的是,看看那些贫穷社区问题地方的年轻面孔,我们知道他们长大后成为罪犯的概率超过全体人群的犯罪概率,[5] 对这些孩子来说这很悲哀,对未来的受害者来说这不能让人接受,对纳税人来说这些花费没必要。

每个长大后成为经常、持续或者多产的犯罪人会花掉纳税人数百万美元的成本——对被害人的伤害要糟得多。有两个有影响力的研究者实际上已经计算出典型高风险的年轻人造成的伤害,他们和警察打过六次以上交道(这个群体集体犯罪占总犯罪量的50%)。答案是:每个犯罪人造成的伤害达 420 万美元,[6] 这令人难以置信。所以如果我们能让立法者将钱首先花在有效的方法上来预防年轻人成为惯犯的话,潜在的被害人和纳税人都应该感到高兴。

这些有风险成为多产犯罪人的年轻人当中有很多集中在少数问题地方——所有这些问题地方都在贫穷的区域,大部分区域都住着高比例的少数种族。这些问题地方的问题人群占据了大部分监狱人口,所以这些问题地方通过执法、法庭和矫正的应对制度花掉了增加的税款。州政府议会列举了三个重要的范例来说明问题地方是如何花费纳税人大量金钱的,我还列举了密尔沃基市(Milwaukee)的范例。

---

[5] "Juveniles", Crime Solutions, http://www.crimesolutions.gov/topicde-tails.aspx?id=5, accessed May 9, 2013.

[6] Mark A. Cohen and Alex R. Piquero, "New Evidence on the Monetary Value of Saving a High Risk Youth", *Journal of Quantitative Criminology* 25, no. 1 (March 2009): 25–49.

1. 2007年，密歇根的纳税人在监狱上花费超过4亿3000万美元，关押的犯罪人只是来自韦恩县（包括底特律），韦恩县人口占州人口不到20%，却花费了当年整个州用在矫正上三分之一的钱。

2. 2007年，亚利桑那州将7000万美元用于监禁只来自一个地区的犯罪人，这个地区的监禁率是每1000个居民中有31.8人，和整个州的平均监禁率每1000人中有2.2人相比，这令人难以置信。

3. 在休斯敦，得克萨斯，整个市88%的社区有10个社区每年花在监狱上的钱几乎达一亿美元。[7]

4. 密尔沃基市，整个县监狱里的非裔美国人中有三分之二来自六个地区——所有人都来自最贫穷的地区。[8]

看起来似乎很明显减少矫正成本的一个智慧方法是将在问题地方成长为犯罪人的孩子和年轻人的数量减到最小，但是通过对这些孩子的早期生活进行积极投入——也就是犯罪前预防——我们能真正首先阻止暴力犯罪对被害人造成的伤害吗？这样做，我们能减少越来越高的执法、法庭和矫正的成本吗？答案是完全可以。

事实上，答案如此肯定，所以奥巴马总统在2013年的国情咨文中强调了这一可能性："今晚，我提议和各州协力合作，让美国的每个孩子受到高质量的学前教育，我们在早期对高质量教育每投

---

[7] Marshall Clement, Matthew Schwarzfeld, and Michael Thompson, "The National Summit on Justice Reinvestment and Public Safety: Addressing Recidivism, Crime, and Corrections Spending"（工作论文，Council of State Governments Justice Center, New York, January 2011）.

[8] John Pawasarat and Lois M. Quinn, "Wisconsin's Mass Incarceration of African American Males: Workforce Challenges for 2013"（工作论文，Employment and Training Institute, University of Wisconsin, Milwaukee, 2013）, www4.uwm.edu/eti/2013/Black Imprisonment.pdf, accessed April 25, 2013.

入 1 美元，以后能节省超过 7 美元——方式是提高毕业率，减少青少年怀孕，甚至减少暴力犯罪。"[9] 确切地讲，这 7 美元的大部分是减少暴力犯罪被害人的成本，因为研究表明对贫困地区孩子的学前教育进行投资可以减少再犯从而减少被害人。[10]

正如总统奥巴马提到的那样，我们可以通过提升孩子的教育来制止暴力犯罪。是的，学前教育是一个解决办法。但是养育孩子和对年轻人投资必须贯穿于一个孩子发展的所有阶段和他们生活的所有重要方面。例如，2009 年，世界卫生组织总结道，孩子和他们父母之间的养育关系良好是制止暴力的一个主要办法。事实上，养育孩子的场所包括家里、教室之外、社区内，显然，这不是小事。幸运的是，已经有大量证据告诉我们，什么方法对改变年轻人有用——经受人尊敬的权威机构如美国司法部证明了的方法，但是要想真正制止犯罪，我们必须将这些策略目标定在问题地方，然后在各处推广。

二、犯罪前预防：经检验证明了的制止犯罪的方法

这本书的第一部分论述了为什么应对式犯罪控制（执法、法庭和矫正都孤立地运作）不起作用，还指出这些在体制内部成功的可

---

[9] 奥巴马总统国情咨文发言，白宫，2013 年 2 月 12 日 http://www.whitehouse.gov/the-press-office/2013/02/12/remarks-president-state-union-address, accessed April 7, 2013.

[10] Lawrence Schweinhart, Jeanne Montie, Zongping Xiang, W. Steven Barnett, Clive R. Belfield, and Milagros Nores, "The High/Scope Perry Pre-school Study through Age 40: Summary, Conclusions and Frequently Asked Questions"（工作论文，High/Scope Educational Research Foundation, Ypsilanti, MI, 2005）.

能性，但是所有这些方法只有当暴力犯罪发生产生被害人之后才能得以实施。现在，在第二部分，我们探讨暴力预防——我和其他人称之为"犯罪前预防"（pre-crime prevention），犯罪前预防旨在防止年轻人积累负面的生活经历，因为这些经历是多次犯罪的预先条件。在本章你会看到很多有说服力的研究证实注重一个孩子早期生活和其家庭、学校和社区的项目能制止暴力犯罪。当目标是问题地方时，这些项目最有效，因为对于执法来说，这些地方犯罪率高，这是一个一劳永逸的解决办法，等着智慧的执政者来实施。

这些经检验证明了的项目基于纵向研究结果，即什么样的负面生活经历——"风险因素"（risk factors）——容易让一些年轻人犯罪。研究证实了很多我们已经知道的风险因素：不良的养育，酒精和其他毒品，缺失机会以及在学校里表现不好。这些项目中最有效的项目通过关注这些风险因素来制止暴力犯罪，大多证明这些项目有效性的研究——而且事实上毋庸置疑地证明了——正是在美国完成的，所以没有借口不去实行它们。

对于受过法学院教育或者不研究行为科学的执政者来说，这些项目的名字可能很晦涩，但是如果暴力犯罪率继续下降的话，所有决策者必须至少了解主要项目。幸运的是，我们可以求助于一些令人尊敬的权威机构，它们的名字家喻户晓，因为它们致力于有益的科学研究，关心健康良好和司法公平，包括美国司法部、疾病控制和预防中心，世界卫生组织。它们尽力摒弃没用的方法，支持已经证明可以减少暴力犯罪被害人数量的方法，例如，美国司法部在其网站 crimesolutions.gov 上只承认有效的经检验证明了的有据可依的项目。[11]

有几个组织做了很多细节工作把专家评分最高的项目列到推荐名单上，例如，科罗拉多暴力研究和预防中心在"蓝图"（Blueprints）这个项目上有 20 年的经验，"蓝图"是一个被推荐项目，经过对关于社会风险因素的 1000 个犯罪前预防项目的评估得到认可。通过这些项目，他们将 12 个最好的项目作为"模范"项目，[12]这些模范项目通常被认可为"黄金标准"（gold standard），因为它们可以有效地阻止犯罪，也可以在其他地方被复制。

华盛顿州公共政策研究所 (WSIPP)——州的立法机构——已经成为对这些项目成本和收益估算的地方。华盛顿州公共政策所把这些项目按照"消费者报告"（consumer reports）进行评分，这些报告最初公布关于华盛顿州的投资决策，但是逐渐全世界都在参考。[13] 华盛顿州公共政策所提供了很多成本收益，减少对被害人的伤害，避免税收花销的估测。这些估测避免了监狱建设，提倡很多和本书主题一致的智慧的做法，这些得到认可的决定也让执政者容易选择有效的项目，这样公共的金钱不会浪费在没用的项目上（年轻犯罪人训练营或者"直接令其恐惧"项目），尽管这些项目初衷

---

[11] Crime Solutions, www.crimesolutions.gov, accessed April 24, 2013. 网站包括 246 个项目，其中 72 个被认定为有效项目，包括 44 个对儿童家庭和学校投资的项目，11 个问题导向警务项目，17 个和第二章到第四章讨论过的应对性犯罪措施相重合。
[12] "Blueprints for Healthy Youth Development", http://www.colorado.edu/cspv/blueprints/, accessed April 24, 2013.
[13] Stephanie Lee, Steve Aos, Elizabeth Drake, Annie Pennucci, Marna Miller, and Laurie Anderson, "Return on Investment: Evidence-Based Options to Improve Statewide Outcomes—April 2012 Update"（工作论文，Washington State Institute for Public Policy, April 2012）, http://www.wsipp.wa.gov/pub.asp?docid=12-04-1201, accessed February 13, 2013.

很好。

在表 5-1 中，我选择了这些项目中一些最好的，并列出了它们关注的年龄范围，已取得的结果，华盛顿州公共政策所估测的成本，通常是基于每个孩子算出来的。我还列举了一些其他的受人尊敬的权威机构，他们证实这些项目能有效地阻止暴力或者犯罪。例如，所有项目（除了年轻人融入项目）都被美国司法部网站 crimesolution.gov 承认为有效的项目，我还收录了英国的年轻人融入项目，因为这些项目在超过 70 个问题地方取得了显赫的成功，现在又扩大到了 60 多个地方，推广到更小年龄的群体。表 5-1 最后一列列出了给项目评分的受尊敬的权威机构的数量，包括青少年司法和犯罪预防办公室、毒品滥用和精神健康服务局。

在解释这些项目之前，我想分享英国另一个最好的实践，这个实践将资金投到年轻人融入项目，即使年轻人监禁率正在下降，对于那些选择将孤立的应对性犯罪控制变革成智慧的犯罪预防的州和城市来说，这是一个吸引人的模式。

表 5-1 预防年轻人成为惯犯的犯罪前预防

年龄范围	项目名称	成本（美元）	净收益（美元）	蓝图	犯罪解决	主要评分机构
早期童年						
0—2 岁	保育员家庭合作	9600	13,181	模范	有效	6
0—4 岁	积极的养育项目	143	722	有前途	有效	5

续表

年龄范围	项目名称	成本（美元）	净收益（美元）	蓝图	犯罪解决	主要评分机构
3—4岁	学前高瞻课程	7523	14,934	有前途	有效	5+
	10岁之前的学校教育					
5—11岁	结束现在计划未来	4200			有效	4
12—14岁	生活技能培训	34	1256	模范	有效	5
5—18岁	大哥大姐	1479	5728	模范		5
	家庭项目					
12—18岁	功能家庭治疗	3262	30,706	模范	有效	3
12—18岁	多维治疗养育看护	7922	31,276	模范	有效	6
13—18岁	年轻人融入项目	5000				
	学校和平冲突解决					
5—11岁	尊重的步骤	34		有前途	有效	3

范例：英国国家青年司法董事会

1996 年，英国审计委员会发表了一份报告，其题目尖锐——"错花在青年人身上的钱"。这份报告分析了英国的纳税人将钱花在应对式和标准的执法、法庭和矫正机构来解决青年人犯罪问题后得到的回报。报告总结到：抓捕、判决和"矫正"青年人的资源可以得到更好的利用，也就是说，犯罪前预防比事后应对要有效得多，并且更本轻利厚。总之，这份报告发现税收被错花在青年人身上，事实上是在允许青年人陷入犯罪，所以钱被错花了。这种情况肯定应该受到严厉谴责。

报告给出一些关于如何重新分配这些钱的建议，包括给父母提供养育技能，给予老师支持，给青年人提供积极的休闲机会。结果，仅仅两年之后，新任政府首相托尼·布莱尔（Tony Blair）成立了一个永久性的青年司法董事会（YJB），其任务是制止犯罪，重组青年司法体制，其方式是使用有效的实践证据。这个机构汇集了执法、社会服务、教育和更多机构的领导。结果英格兰和威尔士领先于其他国家，在问题地方提供良好的青年司法服务，并增加成功的犯罪预防项目。

英国青年司法董事会致力于解决问题地方很多年轻人面临的犯罪风险因素问题（如不良的养育、暴力和虐待），也就是说，它致力于犯罪前预防。它还用有效的方法处理青年犯罪人，最大可能地减少未来的惯犯。为了达到这个目的，它汇集了一系列机构共同合作解决教育、住房、社会服务和其他更多问题。至今为止青年司法董事会已经将青少年法庭拖延的案件减少了一半，年轻犯罪人再犯开始减少。它还形成了青年融入项目的重要范本，制止青年沦为犯罪人。

英国青年司法董事会的独特经验是，它制定出关于减少年轻人犯罪的具体目标，把资金分给能实现这些目标、需要帮助的项目，它还把一部分资金投到对阻止犯罪的项目的质量评估上。美国当然也能向英国具有革新精神的青年司法董事会借鉴经验，借鉴其范例，即如何能开始在全国范围内有效地处理具有风险的年轻人和年轻的犯罪人，尤其涉及犯罪前的预防，以及在暴力发生前制止对被害人的暴力犯罪。

三、为什么在儿童早期发展阶段投资是智慧的做法

早在 1961 年，城市内部暴力一直被认为只是一些年轻人与生俱来的一种生活方式。就以百老汇关于布朗克斯（Bronx）的敌对团伙的音乐剧"西部故事"为例，尽管它创作于半个世纪前，音乐剧的主题仍然与此相关，这很令人奇怪。

事实上，西部故事的歌曲"啊！官员克拉基"仍然高度体现了关于年轻人犯罪的争论。这首歌曲唱出了人们内心的疑惑，即青少年犯罪是因为邪恶的本性，还是因为一出生就没人关爱，或者由醉汉或者放荡的父母抚养，或者只是处于一个困难阶段。解决办法也有争议，包括社会工作、精神病学、就业，甚至入狱一年。

这首歌曲的结尾令人沮丧，因为它否定了所有那些解决犯罪的方法，1961 年后的研究帮助我们发现了几个现实的解决办法，它也让我们更好地理解为什么入狱一年（或者甚至整个青年时期）通

常不是一个好的解决办法，因为某些孩子实施暴力的概率更大。

事实上，关于哪种负面的生活经历使男孩们容易参与并且一直参与犯罪的研究强调，"不能始终如一，缺乏关爱的养育"是主要原因。[14] 原因有可能是：在很多问题地方，父母可能入狱、吸毒、24 小时工作却收入微薄抑或可能只是父母自己在成长过程中从来没有接受过好的养育，不管是哪种原因，在这些条件下孩子很难健康成长。

反对针对儿童的暴力

在家庭内部暴力中，孩子和配偶经常是被害人。儿童除了很容易成为实施暴力的目标，也经常是被忽视的被害人。美国每年将近 330 万份报告被转交到儿童保护机构，原因是对儿童忽视和虐待。[15] 令人难过的是，有 60 万儿童会被确认为遭受虐待的被害人，这意味着他们明显是身体、性或者情感虐待的被害人，或者缺少最基本的照顾如食物、住房和医疗。[16] 这些经确认了的案例本身带来的后果是每年大概要花掉 1240 亿美元。

这些令人震惊的数字需要引起更大的重视，不仅为了儿童也为了社会的长治久安，因为虐童和犯罪之间的联系多重而且令人不安。

---

[14] David Farrington, "Family Influences on Delinquency", in *Juvenile Justice and Delinquency*, ed. D. W. Springer and A. R. Roberts (Sudbury, MA: Jones and Bartlett, 2010), 203–22.

[15] "National Child Abuse Statistics", Childhelp, http://www.childhelp.org/pages/statistics, accessed April 24, 2013.

[16] CDC Online Newsroom, "Child Abuse and Neglect Cost the United States $124 Billion", press release, February 1, 2012, http://www.cdc.gov/media/releases/2012/p0201_child_abuse.html, accessed April 24, 2013.

例如，我们知道在家里遭受暴力（或者目睹暴力）的儿童长大后比其他成人更容易有暴力行为。[17] 实际上，虐童行为大概会使被害人未来实施犯罪的可能性加倍，在性虐待方面结果更糟糕。[18] 根据一群专家的观点，有受虐和被忽视经历的儿童成长为青少年时更可能被逮捕的概率是59%，成长为成年人时，更可能被逮捕的概率是28%，更可能实施暴力犯罪的概率是30%。[19] 我们也知道来自社会经济底层的儿童更可能在家里受到虐待，一些穷困的被害人受到的伤害甚至更大。

尽管处理虐童事件通常主要依赖儿童保护机构而不是执法机构，但是大部分虐童行为已经达到犯罪的标准。我不是在建议将所有那些父母关起来，我的建议是我们要用有效的方法和资源来帮助那些父母成为好父母，因为科学已经证明这会减少未来暴力的发生。毕竟，我们知道如果我们在家庭内部预防暴力的发生，下一代会不大可能成为犯罪人，从而使其他人受害。尽管在家庭内部做到这一点比在学校或者社区中心更为复杂，但我们知道我们可以做到。

范例：保育员—家庭合作（nurse-family partnerships）。一个经证明了的可以阻止针对孩子的暴力的方法，是确认危险的母亲后派更多的公众健康保育员来预防这些母亲对孩子施加暴力。实际上，1977年，大卫·奥尔兹（David Olds）主持了一项了不起的科学研究——保育员家访项目，这个项目说明了公众健康保育员比标准

---

[17] National Research Council, Institute of Medicine, *Juvenile Crime, Juvenile Justice*（Washington, DC: National Academies Press），2001.

[18] Janet Currie and Erdal Tekin, "Does Child Abuse Cause Crime?"（NBER 工作论文 12171，National Bureau of Economic Research, Cambridge, MA, April 2006），ttp://www.nber.org/papers/w12171.

[19] "National Child Abuse Statistics", Childhelp.

的（应对性的）执法和矫正措施在制止犯罪上如何更有效。他的研究对象是 400 个母亲，她们初为人母，主要是白人，被认为有风险（如青少年母亲、低收入或有吸毒问题）。他每两周派保育员去走访一半的妈妈，帮助她们更多了解胎儿和儿童成长及养育的知识，家访从怀孕开始直到孩子两岁。其他 200 名妈妈没有受到这样的家访，在标准的社区服务的帮助下自己选择如何养育孩子。

至少长期结果显示，在没有受到家访的孩子中 50% 受到虐待和被忽视，而受到家访的孩子遭虐待和忽视的占 25%，减少了一半。在制止青少年暴力方面，结果同样显著，没受过家访的孩子中，到 19 岁有 37% 被捕，受过家访的是 21%，同样，几乎减少了一半。[20] 受过家访和没受过家访的结果大相径庭，这和最成功的，孤立的自上而下的执法、法庭和矫正有关的应对性犯罪控制措施产生的结果一样巨大，这一点在第一部分讨论过。这些结果甚至更了不起，因为这些数字还没有包括所有被害人，毕竟，很多有可能走上犯罪道路的年轻人在伤害他人之前迷途知返了。

这些可观的结果在很多优秀的研究调查中被复制，包括对田纳西州孟菲斯市（Memphis）的非裔美国人社区的一项研究，以及科罗拉多州的丹佛市墨西哥裔美国人社区的另一项研究。夏威夷州认真考虑了这一有希望的数据，创立了"健康之星"项目，这一项目的群体要大得多（1353 个家庭），最终结果表明这个项目可以在全州范围内实施，因为证据表明这个项目会带来巨大的成本收益。

最初的保育员家访项目估计花费每个家庭 7733 美元，净收益

---

[20] "Nurse-Family Partnership—Top Tier", Coalition for Evidence-Based Policy, February 2012, http://evidencebasedprograms.org/1366-2/nurse-family-partnership, accessed April 7, 2013.

是 15,916 美元（不包括对被害人的节约成本）。华盛顿州公共政策研究所（WSIPP）计算出每 1 美元的投资产生 2 美元的收益，但是它的方法降低了长期收益的价值，因为我们必须等待才能看到这一长期收益。[21] 在夏威夷，每个家庭的花销大大减少，只用了 3200 美元。让我们合理地看待这一点，今天每个执法官员平均每年的花销是 12 万美元（加上文职人员和设备花销的话是 16 万美元），只用一个官员的工资来衡量的话，危险的"问题地方"的 30 个家庭会受益于这个项目，会将潜在的犯罪人再犯的数量减少一半。

像保育员家庭合作这样的项目证明其在制止暴力方面有效，证明来自新兴但是有影响的群体，如基于证据进行研究的政策联盟。他们将项目放在最高层社会项目的精英群体中。[22] 这个联盟由受人尊敬的专家组成，他们已经在其他问题上对联邦执政者产生影响。保育员家庭合作项目还被证明是预防暴力的第一个蓝图项目之一，[23] 被网站 crimesolutions.gov 列为有效项目。[24] 而且，他们得到了儿童趋势组织（Child Trends）、美国司法部青少年司法和犯罪预防办公室、美国健康部毒品滥用和精神健康部门的认可。

这样的项目给减少暴力提供了基于社区的解决方案，我们知道其有用，现在我们都能将其实施。本书不断重现的主题是这样的成

---

[21] Lee 等人，"Return on Investment".
[22] Top Tier Evidence, http://toptierevidence.org/, accessed April 24, 2013.
[23] "Nurse–Family Partnership Model Program", Blueprints for Healthy Youth Development, http://www.blueprintsprograms.com/fact Sheet.php?pid=972a67c48192728a34979d9a35164c1295401b71, accessed April 24, 2013.
[24] "Program Profile: Nurse–Family Partnership", Crime Solutions, https://www.crimesolutions.gov/Program Details.aspx?ID=187, accessed April 24, 2013.

功项目为执政者提供了一个丰富的项目宝库，为了更有效地减少暴力，他们能够并且应该实施这些项目。但是通常情况下，将这些成功的故事报告给地方、州和国家的执政者时，当确实应该实施新的政策或者审批下一个预算时，它们往往被忽视了。

所以为什么不挑战一下我们那些当选的官员和社区的执政者？问问他们，为什么不投资在预防针对儿童的暴力上？为什么不给予那些有潜在危险的儿童更好的养育机会？为什么不同时投资到我们自己的安全问题上？

范例：积极的养育项目——3P 项目（The "Triple P" Program）。一个最有效并且人们能支付得起的养育项目被称为 3P 项目，积极的养育项目，能提高养育看护的一贯性。3P 项目给父母提供简单实际的策略，帮助他们把孩子养育得更好，预防孩子出现问题，和孩子建立密切健康的关系。通过这些项目减少虐待儿童的数量，从而通过阻止孩子成长为犯罪人来打断暴力循环。3P 项目最初源自澳大利亚，现在在 25 个国家施行。30 年的优秀研究表明这个项目对于不同文化、社会经济群体和家庭结构都有用，而且人们支付得起，这令人惊讶。[25]

对于 3P 项目有效性的最有利评估受到了疾病控制和预防中心的资助。这个评估从 18 个南凯罗来那的县中随机选取 9 个县实施 3P 项目，两年后，实施项目的县的抚育家庭安置减少了 44%，因

---

[25] "The Benefits of Positive Parenting", http://www.triplep.net/glo-en/find-out-about-triple-p/benefits-of-triple-p/, accessed August 12, 2013; Ronald J. Prinz, Matthew R. Sanders, Cheri J. Shapiro, Daniel J. Whitaker, and John R. Lutzker, "Population-Based Prevention of Child Maltreatment: The U.S. Triple P System Population Trial", *Prevention Science* 10（2009）: 1–12.

为儿童受伤（虐童或因为监护不当引起的受伤）的住院和急诊数量减少了 35%，得到证实的虐待案件减少了 28%。[26] 考虑到项目的最小成本，这一结果甚至更引人注目：大约 1 万个家庭在一定程度上参与了 3P 项目，每个家庭只花费 23 美元，项目的总花销为 23,000 美元。

事实上，3P 项目是一个现成的项目，任何社区都有能力实施。来自有影响和受人尊敬的权威部门对这一项目的正面科学评估大量出现，例如，司法部承认 3P 项目是一个有效的暴力预防项目，[27] 基于证据研究的政策联盟几乎把它定为最高级项目，[28] 蓝图宣布它为有前景的项目，[29] 这些认可在其对减少针对儿童的暴力的影响上同样适用。正如我们看到的那样，减少针对儿童的暴力也会减少那些儿童长大后的暴力行为。

范例：利用学前教育来提升孩子。正如奥巴马总统在他的国情咨文中提到的那样，给幼儿的学前教育投资可以让孩子茁壮成长从而预防将来的犯罪。我们有充足的理由为孩子的丰富经历投资，事实上，你马上就会看到，这一投资中每投 1 美元，回报至少是 7 美元——这是没有哪个聪明的立法者可能忽视的数字。

---

[26] "The Benefits of Positive Parenting", http://www.triplep.net/glo-en/find-out-about-triple-p/benefits-of-triple-p/, accessed August 12, 2013.

[27] "Program Profile: Triple P—Positive Parenting Program", https://www.crimesolutions.gov/Program Details.aspx?ID=80, accessed April 24, 2013.

[28] "Triple P System", Top Tier Evidence, http://toptierevidence.org/programs-reviewed/triple-p-system, accessed April 24, 2013.

[29] "Triple P System: Promising Program", Blueprints for Healthy Youth Development, http://www.blueprintsprograms.com/fact Sheet.php?pid=07fd89a40a3755e21a5884640f23eaf59b66df35, accessed April 24, 2013.

加强学前教育，可以弥补父母教育缺失和不连续带来的风险。例如，20世纪80年代，佩里学前项目（Perry Preschool Program）作为一项通过针对孩子的社会发展来预防犯罪的成功创新项目出现了。一方面，这个项目提供自发的学习活动，鼓励三到四岁的儿童发展健全的智力和社会能力。另一方面，项目给予危险的儿童始终如一和充实的关爱，这样他们才有可能茁壮成长，不受养育中不利因素的束缚。每天照看儿童的工作人员会照顾他们至少两到两个半小时，每个工作人员一次照顾的孩子不超过8个，此外他们还在儿童发展方面给父母提供指导。

有利的科学证据表明，参与项目的孩子更可能在以后的生活中不实施犯罪。研究包括123个低收入的非裔美籍儿童，这些儿童被确认为以后的学校教育失败率风险极高（正如我们讨论过的那样，学校教育失败是使年轻人有犯罪倾向的主要因素）。有一半孩子被随机分配到项目中，其他另一半和往常一样由其父母照看。然后这项研究比较了那些参与佩里学前项目的个体的生活进展，直到40岁，与那些没有参与项目的个体做比较。[30] 比较发现这一项目的结果是到40岁时，逮捕率大大减少，没参与佩里学前项目群体的逮捕率是55%，参与项目群体的逮捕率是36%。我们再一次看到在这个年龄通过社会干预（通过犯罪前预防）可以制止犯罪，在制止对被害人的伤害方面多倍有效，因为它在年轻人成为多产的犯罪人之前成功地加以干预，而孤立的应对性体制注重的是打击多产的犯罪人。

---

[30] Schweinhart 等人, *The High/Scope Perry Preschool Study*.

原来的研究还表明每个孩子丰富的学前教育中的 15,000 美元成本可以得到 195,000 美元的收益。在这些数字中，170,000 美元是纳税人和被害人合起来减少的成本，其中有 60,000 美元是为纳税人节省的，110,000 美元是为被害人节省的，如果比率和第一章中的统计类似的话。[31] 这相当于每投 1 美元，回报是 11 美元。你在哪里能得到这么好的回报呢？[32] 但是我们还是需要谨慎点，像总统一样。在 2000 年中期，诺贝尔奖得主经济学家詹姆斯·赫克曼重新发现了佩里学前项目，重新分析了成本收益。他估测佩里项目的年回报率是 5%—7%，[33] 超过聪明的投资的平均回报率。因为这一分析结果，他成为这个项目的热情提倡者，可能激励了奥巴马总统做了 2013 年的国情咨文演讲，每投 1 美元可以产生 7 美元的回报。

今天，这些显著的结果被蓝图承认为有前景的项目，被 Crimesolutions.gov 网站列为有效的项目，还受到其他三个有名望的机构承认。[34] 然而，我们想象一下，如果这些学前项目能几十年前在整个问题地方和社区推广增加的话，我们会取得多大的成果。重要的是，想想被害人可以避免多少悲伤，再想想在应对性犯罪控制

---

[31] 应对性犯罪控制的成本是 2700 亿美元，被害人的损失成本是 4500 亿美元。
[32] 同注 30。
[33] James J. Heckman, Seong Hyeok Moon, Rodrigo Pinto, Peter A. Savelyev, and Adam Yavitz, "The Rate of Return to the High/Scope Perry Preschool Program" (Discussion Paper No. 4533, Institute for the Study of Labor, Bonn, October 2009), ftp://ftp.iza.org/SSRN/pdf/dp4533.pdf (accessed February 14, 2013).
[34] "Program Profile: Perry Preschool Project", Crime Solutions, https://www.crimesolutions.gov/Program Details.aspx?ID=143; "High/Scope Pre-school: Promising Program," Blueprints for Health Youth Development, http://www.blueprintsprograms.com/fact Sheet.php?pid=5b384ce32d8cdef02bc3a139d4cac0a22bb029e8, accessed April 24, 2013.

方面可以节省多少成本。而且,很多潜在的犯罪人会过上有创造性的生活,而不是在监狱里将这些不利变得恶化。幸运的是,今天没什么能阻挡住执政者在全美国的社区,甚至全世界实施这样的项目。

四、投资帮助青春期前的孩子获得教育和生活上的成功

儿童和青少年大部分时间都在教室里,有很多方法能让父母帮助他们的孩子在学校表现良好。首要因素是要让孩子真正感兴趣,这样孩子会更顺利完成学业。正如我们上面看到的那样,父母恰恰可以在孩子早期时期获得帮助,学习如何给予他们始终如一的关爱和养育,通过学前项目给他们的孩子提供丰富的学习机会。这两个策略都能帮助孩子的教育和生活蓬勃发展。

孩子如果学会做出正确的生活抉择的话,也可以避免犯罪循环,这种学习可以发生在学校里(尽管学校里这种学习远远不够)。学校往往注重阅读、写作和算数,这些是帮助孩子们生活"成功"的核心目标。如果这些学习领域失败的话,孩子就会辍学,参与背离青少年准则的犯罪。而且,现在显然对于年轻人的成功来说,其他的"核心"课程和传统的阅读、写作和算数同等重要,例如,自我控制问题,处理情感问题,解决人际交往问题的技巧对于减少长期犯罪和暴力很重要。

注重构建这些核心个人技巧的项目可以被纳入学校的课程,这样通常不需增加投资、不需要增加人员。然而,确实要求学校优先考虑增加这些项目,虽然学校没有增加应该增加的项目——尤其是

问题地方的学校,因为这些地方最需要这些学习的机会。下面我们将探讨一些最好最有效的范例。

停止现在,计划将来

"停止现在,计划将来"(SNAP)是一个获奖项目,30多年前由儿童发展协会研发,它针对风险家庭,通过在学校的环境下提高处理情感问题的技巧来减少攻击性和反社会的行为。SNAP针对的是孩子年龄在6岁到12岁之间的家庭,项目采用多种方法,包括家庭干预,认知行为策略和解决问题的技巧,来增强某些在家里学不到的生活技巧。它特别有效地帮助儿童和父母解决愤怒,方法就是教会他们在行动之前停下来思考。经过实践,父母和孩子学会停下来,冷静一下,在他们愤怒的快要折断手指时想到了好的解决办法。[35]

初步证据表明SNAP项目将犯罪率减少了一半,据报道到18岁时他们的判罪也减少了,没参与项目的是57%,参与项目的是31%。[36] 这一项目对于低风险家庭持续了6个月,高风险家庭18个月,分别花费1400美元和7000美元(表5-1中的4200美元是平均数)。这些带来了成本收益,对成本收益的一些评估表明每投资1美元,仅在执法、法庭和矫正方面就节省了4美元。而且,如果我们扩大节省的范围,从刑事司法扩大到减少对被害人的伤害和

---

[35] "SNAP", Child Development Institute, http://www.childdevelop.ca/programs/snap%C2%AE, accessed April 6, 2013.
[36] Leena K. Augimeri, David P. Farrington, Christopher J. Koegl, and David Martin Day, "The SNAP ™ Under 12 Outreach Project: Effects of a Community-Based Program for Children With Conduct Problems", *Journal of Child and Family Studies* 16(2007): 799-807.

监禁带来的生产力减少缺失的方面的话，每1美元的成本可以产生7美元的收益。[37]

SNAP 还没有被蓝图数据组纳入其中，虽然它被 crimesolution.gov 认定为有效的项目，[38] 它还被加拿大的一些机构承认，但是表中的其他项目已经被美国的机构广泛认可。现在的底线是这一项目的逻辑模式很好，即在没有对被害人造成伤害之前进行干预，这有可能成本有效。有希望的是对这一项目将来会有更大的反响，这样可以对其有效性了解得更多，对这一项目更加充满信心，显然一些对 SNAP 项目的进一步研究有望于 2013 年发表。[39]

范例：生活技巧训练

生活技巧训练项目是一个蓝图模范项目，针对 12 岁到 14 岁的孩子，预防暴力，滥用酒精和其他毒品。它包括教授自我管理技巧、社会技巧和酒精及其他毒品有关的信息和抵制技巧。采取典型的教师讲授的教室授课模式，所以不需要大量资金。事实上，华盛顿州公共政策研究院估测每个人的花销是 34 美元，取得的巨大成果是犯罪减少，相当于在应对性犯罪控制上减少了 251 美元（这比投入 1 美元产生 7 美元的回报还要大），在其他成本方面甚至节省了 785 美元，主要是对被害人的伤害减少了（每投入 1 美元节省 23 美元）。

---

[37] "SNAP® (Stop Now and Plan) : An Evidence Based Gender Specific Mental Health and Crime Prevention for Children and Families" (fact sheet, Social Finance Canada), http://socialfinance.ca/uploads/documents/SNAP_Lab One Pager.pdf, accessed April 9, 2013.

[38] "Program Profile: SNAP® Under 12 Outreach Project", Crime Solutions, http://www.crimesolutions.gov/Program Details.aspx?ID=231, accessed May 9, 2013.

[39] 作者写作此书时，对 SNAP 项目的研究还没有发表。

生活技巧训练接受了广泛的评估，在一个有影响力的文本中提到了55个研究，涉及89个独立的随机试验——控制组测试。[40]这一项目还引起白宫的注意，因为项目强调预防胜过监禁，正如2013年国家毒品控制策略中陈述的那样"在吸毒开始之前对其进行预防——尤其是在年轻人中——是减少吸毒和其后果的最有效的方式。事实上，最近的研究总结道，在基于学校的预防吸毒的项目中每投入1美元，可能会节省18美元，这些花费和吸毒产生的失调有关。[41]生活技巧训练是能带来乐观结果的一个有效的项目。

范例："大哥哥、大姐姐"（Big Brother, Big Sisters）

为什么不给危险的年轻人树立正面的模范和良师形象呢？正如我们讨论过的那样，早期干预是减少有风险的孩子实施暴力继而犯罪的主要因素。这里的一个主要因素是，如果必要的话，弥补孩子家庭经历的不足，这样可以给他们提供始终如一的关爱和养育或者成人的参与，即预防犯罪的"保护"因素。和儿童一样，青少年在其生活中也需要始终如一充满关爱的成人，这些被证明能减少犯罪。

设立良师项目是在任何社区都容易办到的事情。事实上，对于这件事情，美国国家司法部长协会十年前就开始呼吁，那时协会呼吁社区的人们参与做导师，辅导员和志愿者，这样可以为孩子提供

---

[40] Friedrich Lösel and Andreas Beelmann, "Child Social Skills Training", *in Preventing Crime: What Works for Children, Offenders, Victims, and Places*, ed. Brandon Welsh and David Farrington（New York: Springer, 2006）.

[41] "2013 National Drug Control Strategy", Office of National Drug Control Policy, http://www.whitehouse.gov/ondcp/2013-national-drug-control-strategy, accessed May 9, 2013.

支持，预防暴力。[42] 这一呼吁行动不只针对成人，还鼓励年轻人积极地影响其同伴和比他们小的孩子，通过自己做良师的方法预防暴力。遗憾的是，自从国家司法部长协会做出呼吁之后，成千上万个年轻人已死去，还有更多年轻人入狱——可能是其生活中没有正面的榜样的结果。今天的执政者比昨天的执政者缺少远见吗？

如果父母很难成为正面的榜样，提供这一正面的成人角色最可行的策略是将有风险的年轻人和成人良师相连。最有名的良师项目是"大哥哥、大姐姐"项目，这一项目很简单：它给有6岁到12岁孩子的单亲家庭分配成人导师，一个月见面三次，每次4个小时，年轻人受到他们的关爱，他们是年轻人的榜样。

"大哥哥、大姐姐"项目被蓝图授予模范项目的称号。对这个项目有效性的研究表明，参与项目的年轻人有46%不大可能吸毒，32%不可能打人。尽管需要更多有说服力的研究，我们还是有理由相信"大哥哥、大姐姐"项目在预防有风险的年轻人犯罪方面毋庸置疑。正因如此，项目产生许多收益一部分原因是辅导项目节省了大量的成本。事实上，华盛顿州公共政策研究所估算过，导师辅导带来的收益会比监禁大得多，更加成本有效。例如，每投1美元，净收益是4美元多。它估测每个年轻人的花费是1479美元，应对性犯罪控制成本减少495美元，对被害人伤害的成本减少1759美元，其他方面的收益几乎是3500美元。

---

[42] David M. Horn, "Bruised Inside: What Our Children Say about Youth Violence, What Causes It, and What We Need to Do about It: A Report of the National Association of Attorneys General"（国家司法部协会报告, Washington, DC, 2000）.

五、投资帮助困难的青少年

最近华尔街日报的一个专栏将注意力转向被杀和杀人的年轻黑人，因为其比例太高。[43] 实际上，尽管自从 20 世纪 70 年代总的杀人率一直在下降，但是黑人被害人和凶手的数量一直居高不下，甚至从 2000 年这一数值实际上上升了。[44] 我们在第一章已经讨论过这些惊人和令人难过的数字了。然而专栏文章的有趣之处是，这些数字和成长过程中没有父亲的黑人孩子的数量相似。[45] 许多这种父亲角色的缺失是因为大量监禁造成的，毫不夸张地说弥补这一养育的缺陷会给我们的孩子带来更好的结果，最终在我们的社区以付得起的成本减少犯罪（减少被害人）的数量。有三种方法可以帮助青少年重返正轨，我们将在下面讨论。

范例：功能家庭治疗

功能家庭治疗（Functional Family Therapy）是一个加强青少年和其父母关系的受到认可的项目，被美国司法部确认为制止犯罪的

---

[43] Juan Williams, "Race and the Gun Debate", *Wall Street Journal Online*, March 26, 2013, http://online.wsj.com/article/SB10001424127887323869604578366882484600710.html, accessed April 24, 2013.
[44] Cameron Mc Whirter and Gary Fields, "Communities Struggle to Break a Grim Cycle of Killing", Wall Street Journal Online, August 18, 2012, http://online.wsj.com/article/SB10001424052702304830704577496501048197464.html, accessed April 24, 2013.
[45] Williams, "Race and the Gun Debate".

一个有效的方法，[46] 被蓝图确认为模范项目。[47]

功能家庭治疗由心理学教授詹姆斯·亚历山大和社工教授布鲁斯·帕森斯提出，30年前他们发现如果想成功地减少犯罪和其他问题行为的话，只针对年轻人还不够。他们意识到想达到这一目标需要全家参与。在实施干预的那些年中，他们创造了一个系统的方法，包括训练治疗师，评估他们取得的结果。今天，功能家庭治疗通常持续三到四个月，分12次，其核心是注重增加对青少年的保护，即减少影响年轻人的发展的风险因素。[48]

这一研究结果引人注目，在被捕的年轻人数量上，功能家庭治疗项目的毕业生比起那些没有完成项目的家庭的孩子，被捕率至少减少了25%。每个年轻人需要治疗师10—20小时的直接服务，每个家庭的花费在1000美元至4000美元，这和1万美元的花费再加上达到同等治疗效果的监禁花费的5万美元形成了鲜明的对比。事实上，华盛顿州公共政策所的研究表明功能家庭治疗在减少犯罪人和被害人成本方面，每投入1美元产生的收益是20美元。[49] 显然，从能够预防这么大量的犯罪（大量的被害人）角度来讲，这1美

---

[46] "Program Profile: Functional Family Therapy（FFT）", Crime Solutions, http://www.crimesolutions.gov/ProgramDetails.aspx?ID=122, accessed July 17, 2013.

[47] "Functional Family Therapy（FFT）: Model Program", http://www.blue-printsprograms.com/factSheet.php?pid=0a57cb53ba59c46fc4b692527a38a87c78d84028, accessed April 24, 2013.

[48] "The Clinical Model", Functional Family Therapy, http://www.fftinc.com/about_model.html, accessed April 6, 2013.

[49] Damon Jones, Brian K. Bumbarger, Mark T. Greenberg, Peter Greenwood, and Sandee Kyler, "The Economic Return on PCCD's Investment inResearch-based Programs: A Cost-Benefit Assessment of Delinquency Prevention in Pennsylvania"（工作论文，Prevention Research Center for the Promotion of Human Development, March 2008）, http://prevention.psu.edu/pubs/docs/PCCD_Report2.pdf, accessed April 6, 2013.

元花得太漂亮了，同时又营造了强大的家庭模式，可以一代代传递下去。

范例：多维治疗寄养（MTFC)

有时，如果当局确定孩子缺乏持续的家庭关爱，为了给他们成长所需要的家庭环境，他们会被搬离家庭。多维治疗寄养项目将有长期反社会行为，情感困扰和犯罪行为的年轻人安置在社区里的一个新家庭中，这个新家庭能够提供始终如一和充满关爱的家庭环境。对这些寄养家庭进行招募、培训，密切监督以确保他们能提供给安置在多维治疗寄养项目中的年轻人以明确一致的限制，并且跟踪结果。这些家庭还受到培训强化正确行为，强化和辅导的成人之间的关爱关系，以及和犯罪的同伴保持距离。[50] 个体和群体的治疗还给年轻人提供支持，帮助他们学会人际技巧，让他们能参加体育活动。

多维治疗寄养项目在一开始的两年成果显著，没参与项目的控制组的暴力犯罪率是38%，多维治疗寄养项目参与者的暴力犯罪率是21%，项目还减少了报案的数量，每个年轻人节省成本7922美元，应对型犯罪控制和医院的成本节省了6628美元，对被害人的伤害节省成本24,261美元。

---

[50] "Multidimensional Treatment Foster Care（MTFC）: Model Program", Blueprints for Healthy Youth Development, http://www.blueprintsprograms.com/fact Sheet.php?pid=632667547e7cd3e0466547863e1207a8c0c0c549, accessed April 26, 2013.

范例：年轻人融入项目

我们前面讨论过英国青年司法董事会（YJB）的年轻人融入项目。青年司法董事会对项目运用知识驱动的方法，完全基于犯罪前预防方法，这个国家项目适用于 13 岁到 16 岁的有犯罪风险的年轻人，他们生活在英国最有问题的地方，遍布 70 个地方。项目的理念很简单：给年轻人提供辅导，家庭作业帮助和技能构建活动（如运动、IT 培训），每周 10 个小时。项目的真正目标是让这些有犯罪风险的年轻人觉得自己有价值，是社区的一员。项目还提供处理暴力、毒品、团伙和个人健康方面的帮助。

对年轻人融入项目的初步评估报告表明，年轻人的逮捕率减少了 65%，辍学率减少了 27%，目标社区总的犯罪率减少了 16%。每年每个地方项目的成本刚好是 5000 美元。巧合的是，这一成本和英国青年司法体系处理一宗犯罪中的年轻犯罪人的成本一样（还不包括监禁的成本）。评估结果为青年司法董事会提供了支持，他们将这一项目扩大到一百多个社区，开始针对 8 岁到 13 岁孩子的对等项目，对于青春期前的孩子和他们的社区，会产生类似的乐观结果。遗憾的是，不可能将这些数据转化成可与美国的项目相对比的数字统计，但是这个项目和上面描述的其他两个美国的项目比起来可能有类似的好处。

六、帮助青少年成功完成学业，成功地生活

当青少年变得独立，父母和社区甚至可以做更多的事情帮助他

们的孩子，帮助他们成功（尤其是问题地方的孩子）。例如，父母可以向当地的学校和校董事会提议，将经证明了的可以减少暴力的策略纳入学校的课程，他们还可以鼓励学校实施这些策略，帮助孩子和青少年完成学业，同时和其他孩子和学校合作，解决校园霸凌和暴力问题。

制止霸凌，结束现在和将来暴力的方法

充满关爱的父母的参与已经被认可，同样在减少学校的霸凌问题上，也起着重要作用。在本书第一章你们看到，每14个孩子当中就有一个孩子在学校受到欺凌。霸凌只是攻击的另一个代名词，所以根据定义，减少霸凌就是减少暴力。而且，减少霸凌的盛行似乎可以更有可能使有犯罪风险的青少年（潜在的霸凌者和被害人）在成人后远离暴力。实际上，学校的霸凌和校外的青少年（以后的成人）暴力之间可能有联系，但是它们之间的联系程度有待证实。而且，如果霸凌得到控制的话，青少年更可能投入学习，所以不容易成为罪犯。

这一教训得来不易，1999年科罗拉多州丹佛市科隆拜恩高中发生了枪击，两个受到欺凌的学生夺去了他们多个同学的生命，事件发生后对学校安全和青少年暴力的讨论前所未有。倾听专家的意见之后，国家司法部长协会强调父母而不是执法和立法者预防行为的必要性，[51] 这一意见方向正确，正如第一章提到的那样。尽管他们确实没有呼吁运用那些经证明有效的策略，国家司法部长协会很

---

[51] Horn, "Bruised Inside".

大程度上提倡父母要成为充满关爱、始终如一的看护人，倾听孩子的意见，关注他们的兴趣，花时间和他们在一起，给他们订立规则，灌输价值观，包括对他人的尊重。

范例："尊重的步骤"项目和类似项目。"尊重的步骤"项目表明，通过提倡和平解决冲突和阻止学校的霸凌现象可以实现何效果。它教会青少年社会责任观念和社会情感技能，同时它增强员工的意识和反应。这个项目将被纳入三年级到六年级的学校课程，持续三个月。尽管结果不像其他项目那样明朗，但结果肯定是积极的。该项目得到crimesolutions.gov的认可，并认为它是一个有效的犯罪前预防项目，蓝图对它的评估是有前景，而且学校实施这一项目的成本很低。

一个有名的霸凌预防项目也是针对父母和家庭，即欧维斯项目（Olweus），挪威的国家反霸凌项目。这个项目的独特之处是它和霸凌者、被害人和父母一起结束霸凌，它基于"1-2-3模式"：第一次霸凌事件被报告，然后讨论并给犯罪人以警告；第二次通过和父母合作找到霸凌的根源，由此鼓励家庭负责任；第三次，被害人和/或者霸凌者（有时他们的家庭）被推荐给一个专业的社工，以补救更深层的问题。

欧维斯项目的方法经科学证明在制止霸凌上有效。研究表明，这个简单的项目已经在挪威减少了50%的霸凌现象。[52] 如果这样的话，它应该已经被认可为蓝图模范项目很多年了，但是现在将它

---

[52] "Olweus Bullying Prevention Program: Promising Program", Blueprints for Healthy Youth Development, http://www.blueprintsprograms.com/fact Sheet.php?pid=17ba0791499db908433b80f37c5fbc89b870084b, accessed April 26, 2013.

列为有前景的项目，因为并不是美国所有复制的项目都能像挪威的原始项目那样成功。

青少年之间互相学习和平解决冲突制止暴力

如果孩子在问题地方出生和成长的话，他们可能目睹比其他孩子更多的有问题的"问题解决"方式。世界卫生组织认为，好的解决问题的技巧是学来的（可能从父母那，但是不经常是），它号召教育我们的青少年正确地解决问题，这样他们才知道如何避免激起暴力。学校和青少年中心似乎明显是提倡健康的冲突解决方式的最好地方。例如，学校的课程应该革新，包括教会学生如何和平解决冲突的项目，或者青少年走进学校教其他青少年，你会在下文看到这样的范例。

事实上，青少年教其他人的模式（youth-teaching-others model）在很多公共健康的倡议中都被证明有效。例如，在20世纪60年代，通过学校的项目人们意识到吸烟的危险，有趣的是，孩子将这一信息带回家，带给父母，他们自己成为老师和顾问。与其类似的是，如果孩子在家里反对暴力，那么逐渐的更多的父母可能会在他们的生活中寻求其他的非暴力的方法解决冲突。

遗憾的是，到今天为止，没有关于哪些现成的项目可以教会青少年积极解决冲突的有力科学研究，不过，教授青少年以非暴力的方法解决冲突是非常合理的，我们确实有一些有前景的范例，其他人正在朝这个方向努力。

一个非常重视训练青少年解决冲突的组织是加拿大的青少年组织，名字为"理解冲突，提倡非暴力青少年组织"(YOUCAN)。它的任务是鼓励青少年和平解决冲突，在他们的社区形成健康的关系。这个青少年享有、治理的组织派朋辈导师到学校，它已经培训了16,000个孩子和青少年用非暴力的方法解决冲突，形成了八种核心培训模块，主要有积极倾听、同伴调节、降级暴力、争端解决、和平圈以及跨文化冲突解决。

和很多有效的犯罪前预防策略一样，YOUCAN的模块效仿公共安全项目，具有减少溺亡的公共意识项目。很多国家通过教授人们游泳和救生而成功地减少了溺水，YOUCAN决定将同样的方法应用于解决冲突。它注重教授如何解决自己的冲突避免暴力，还教授如何介入他人的冲突，尽可能地拯救生命。它尤其针对青少年提供培训，这样青少年可以培训其他人。YOUCAN项目需要科学的验证，但是它似乎很有前景，因为项目不仅减少了青少年之间的暴力，而且减少了其他场合如家庭的暴力。

七、鼓励我们当选的官员在犯罪前预防上采取行动

上文提到的项目令人振奋，为了那些未来能得到改善的年轻人，我们应该了解这些项目甚至让一些人采取行动去实施它们（或者跟它们类似的项目）。遗憾的是，一涉及预算，就好似风帆失去了风的助力偏离了航行方向一样，同样的旧策略又重新被运用一年，革新的方法留给"其他人"，官员经常表达歉意，因为"我们只是没钱"。

我认为继续做一直做的事情只会"更容易"，而不是破坏现状，甚至冒选举失败的风险。令人难过的是，即使没用，人们通常也愿

意保持现状，或者只有当很多的社区成员都因此受害，或者花费了纳税人好多钱后才有用，正如我们在第一部分看到的那样。

但是能推动人们行动的是税收和预算，因为这个，兰德公司计算出在加利福尼亚减少 10% 的犯罪率将花费纳税人的成本数。[53] 这个计算结果得到了隶属联合国的国际犯罪预防中心的运用，为了让政府考虑投资犯罪前预防而不是应对性的事后犯罪控制，[54] 我在《多一点秩序，少一点法律》中也运用了这个结果。 总之，这个结果表明普通的纳税家庭要减少 10% 的犯罪率的话，他们可以每年花 220 美元用于监禁，或者花 45 美元（比 220 美元的四分之一还少）用于积极的养育项目（上文讨论过）。也就是说，用于传统的事后犯罪控制措施的税收是有效的犯罪前预防策略的五倍——这只是监禁的成本，还没算更大的成本，如对被害人的伤害。

犯罪前预防项目使预算合理

在图 5-1 中，我比较了本章中的犯罪前预防的成本和本书第一部分的应对和孤立策略的成本。华盛顿州公共政策所计算了本章中讨论的大部分项目的成本，我还加上了 SNAP 和青少年融入项目的预测成本。华盛顿州公共政策所计算了应对性犯罪控制节省的成本，然后，单独计算了对被害人伤害减少的成本。遗憾的是，到今天为

---

[53] Irvin Waller, Daniel Sansfaçon, and Brandon Welsh, *Crime Prevention Digest II: Comparative Analysis of Successful Community Safety* (Montreal: International Centre for Prevention of Crime, 1999).

[54] Irvin Waller, *Less Law, More Order: The Truth about Reducing Crime* (Westport, CT: Praeger Imprint Series, 2006; Ancaster, Ontario: Manor House, 2008).

止，它还没有对能带来类似收益的早期儿童项目进行一个为期十年的统计，尽管赫克曼（Heckman）和其他人为佩里（PERRY）学前项目填补了这项空白。其他人已经证明了现存的应对型的体制的成本令人难以置信，什么都没改变，或者只略微修改一下监禁的成本。[55]

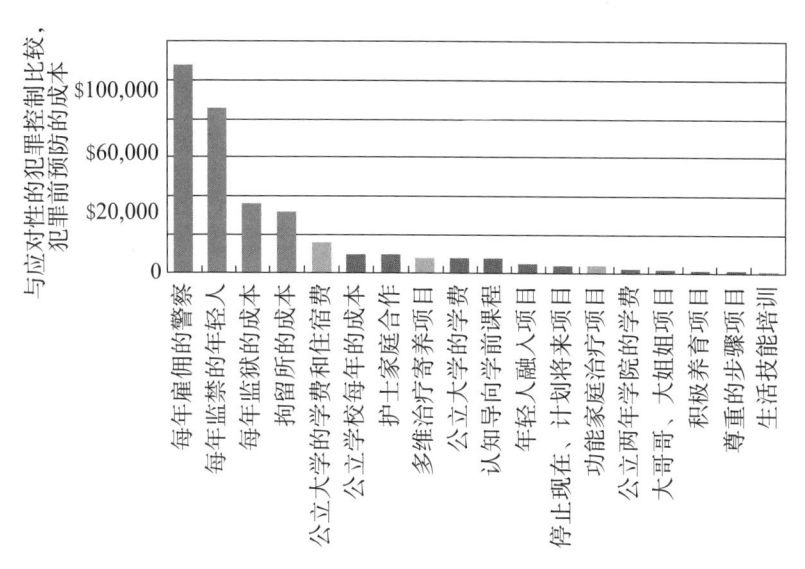

图 5-1　应对性的犯罪控制比有效的犯罪前预防昂贵得多

本章讨论的项目需要财政投资，和今天的应对性犯罪控制花费比较起来的话，这些项目带来的预防红利非常小。那些注重问题地方有风险的个体青少年的项目最昂贵，每个人需要 5000 美元到 10,000 美元，但是它们给问题地方青少年节省成本的潜力巨大，更重要的是没有危害。那些针对更大人口的项目（如学校）成本少得

---

[55] Cohen and Piquero, "New Evidence on the Monetary Value".

多，但是需要加强和问题地方的风险青少年合作。

对这里列出的项目投资的累积影响是，有可能减少 50% 的应对性犯罪控制成本和对被害人的伤害。尽管每个项目减少 20% 的犯罪人，别忘了问题地方的大部分犯罪人牵涉多起犯罪，所以减少一个犯罪人意味着减少多个犯罪。聪明的执政者承认今天有机会可抓，全美国的犯罪率在下降（除了城市内暴力通常涉及年轻人），他们有真正的机会来减少传统的应对性犯罪控制的总花销——主要是监禁——将额外的钱投到问题地方的犯罪前预防。

这有可能做到，我们看一下大西洋彼岸是如何做到的。事实上，英国犯罪率下降后，对全国的执法、法庭和矫正机构的成本削减了 20%——他们并不是像美国那样通过大规模监禁才取得这样的结果，因为在过去的 20—30 年，英国的花销没有像美国那样猛涨。所以，如果英国能对其微薄的犯罪控制预算削减 20% 的话，那么美国一定也能做到。所以智慧的（可行的）公共安全再投资会在五年期间把 20% 的监禁成本转移到犯罪前预防上来。

对早期的儿童投资会在几年时间内就减少虐童事件的发生，但是会用一代人的时间降低普通犯罪率。但是如果继续投资的话，普通犯罪率会继续下降，因为这些儿童进入了犯罪的高风险时期。然而，除非现在开始，否则即使用一代人时间都不会成功——这对于我们的孩子来说可是一件悲伤的事情。一些古代的美国本土哲学家支持著名的"七代人"（seven generations）想法，也就是说，人们需要努力确保他们今天生活得好，那么从现在开始他们社区的七代人也会生活得好。在阻止犯罪方面，这恰恰是我们的执政者需要的一种远见，但是得从这一代人开始。今天把一个青少年扔进监狱，社会为此花费巨大,而且对这一代人也没有好处,对下一代亦会造成伤害。然而,对问题地方的儿童和青少年投资不仅使这一代受益,而且也让下一代受益。

这似乎不难抉择,尤其是看到前面提到过的投资也会有助于青少年以其他方式发展的时候。遗憾的是,太多的执政者选择允许监禁呈爆炸式增长,而不是投资到那些公平,成本有效,有用的项目来停止对被害人的伤害。暴力和财产犯罪率一直居高不下,后来下降了,今天有个节省成本的特别机会,削减开销,把钱重新投资到能让我们安全的地方,减少问题地方的报警电话(和成本)。

八、结论

重点:智慧的策略——有效阻止犯罪的犯罪前预防

美国司法部网站 crimesolutions.gov 在 240 个项目中选出 72 个认可为"有效"。所有这些项目中,不超过 44 个与投资儿童和青少年有关。在这 44 个项目中,我选了五个也被蓝图认可为模范项目,和三个被蓝图认为有前景的项目。我还讨论了 PERRY 学前项目,因为一个获诺贝尔奖的经济学家认可这个项目后奥巴马总统也提倡实施这个项目。我还讨论了积极养育项目,因为其成本低,收益高,还有"尊重的步骤"项目,因为这是一个和平解决冲突的反霸凌项目,它可能制止学校以外的街头和家庭暴力,所有这些项目也被其他受人尊敬的权威机构认可。最后,我讲到英国的青少年融入项目,因为它具有那些蓝图项目被证实的特点。

这些项目每个都被证明可以降低犯罪率——有时可以降低 50%,

比起标准的应对性执法，法庭（尤其）矫正体制，它们的成本收益大小不同，但是毫无疑问，在不同时期对这些项目的投资会有效制止犯罪，而不是继续为今天的昂贵的应对性措施埋单。重要的是，经证明这些项目在五年期间可能将犯罪率减少 50% 而且对纳税人来说大有好处（节省成本）。

本章中提到的大部分项目针对的是问题地方，不适用于每个人。因为这点，他们必须被推广。与当很多人已经成为被害人之后再去无效的花钱不同，对这些问题地方的投资会给这些孩子健康成长的机会，使他们成为暴力犯罪人在监狱里度过人生的风险降低。

执政者预防青少年成为惯犯的方案

1. 立法者必须和执法步伐一致，通过犯罪前预防来减少问题地方的犯罪数量。至少执法的应对性犯罪控制多花费的每 1 美元应该和给那些问题地方青少年提供更好的未来多花的每 1 美元相一致。

2. 立法者必须首先资助投资，同时刻意减少监禁，这一点在第三章讨论过，第十章会进一步讨论。明智之举的首要目标是把用于监禁的 20% 再投资到有效的犯罪前预防上。

3. 立法者应该找出矫正成本超出美国平均水平（如密尔沃基市）的地区，将这些钱投资到：

  a. 适用于所有人的积极养育项目，另外为最有风险的母亲配备公共健康保育员；

  b. 适用于所有人的学前教育，提供丰富的项目帮助儿童成功接受学前教育，就像 PERRY 学前教育项目展现的那样；

  c. 生活技能训练和 SNAP 项目。

4. 立法者应该找出需要聪明的执法者计划实施热点战术的区域，确保投资到：

　　a. 有效的基于家庭的治疗，例如功能家庭治疗项目；

　　b. 青少年融入项目和辅导；

　　c. 有必要的话，实施多维治疗寄养项目。

5. 立法者应该设立有前景的项目，促进和平解决冲突，减少所有学校的霸凌现象。

6. 立法者应该设立永久的犯罪减少董事会，类似于英国的青年司法董事会，从而领导、实施和评估这些提议。

本章表明更智慧的犯罪控制必须注重投资社会的犯罪前预防策略，包括早期儿童发展、青少年项目和问题地方的服务。这些有效项目的成本低得多，比起应对性犯罪控制更节省成本。总之，可以通过更轻的惩罚方法和更低的成本来减少被害人数量。

第六章　智慧的枪支暴力预防：外延服务和控制

美国的人均枪支杀人率是其他富裕民主国家的 20 倍，年龄在 15 岁到 24 岁的人的枪支犯罪率是其它富裕民主国家的 43 倍。[1] 四分之三的杀人工具是手枪，不是突击步枪或者鸟枪。[2] 令人寒心的是美国每年的枪支杀人数量（2010 年是 6009 个 [3]）相当于美国对阿富汗和伊拉克 7 年战争的伤亡人数总和。[4] 没错，美国街头面临新的战争，我们能有效进行反击的唯一方法是更好的预防。

不管你怎么看待这些统计数字，美国有枪支杀人问题。事实上，我们必须透过公共健康危机来看待问题地方的枪支杀人问题，而且

---

[1] E. G. Richardson and D. Hemenway, "Homicide, Suicide, and Unintentional Firearm Fatality: Comparing the United States with Other High-Income Countries, 2003", *Journal of Trauma and Acute Care Surgery* 70, no. 1 (2011): 238–43; Steven H. Woolf and Laudan Aron, eds., *U.S. Health in International Perspective: Shorter Lives, Poorer Health* (Washington, DC: National Acad-emies Press, 2013).

[2] 2010 年 8075 中有 6009 个 — "Murder Victims by Weapon, 2006–2010", Federal Bureau of Investigation, http://www.fbi.gov/about-us/cjis/ucr/crime-in-the-u.s/2010/crime-in-the-u.s.-2010/tables/10shrtbl08.xls, accessed April 21, 2013.

[3] "Murder Victims by Weapon, 2006–2010"; 2010 Mortality Multiple Cause Micro-data Files, Table 10, Centers for Disease Control and Prevention, http://www.cdc.gov/nchs/data/dvs/deaths_2010_release.pdf, accessed February 17, 2013.

[4] "PBS Commentator Mark Shields Says More Killed by Guns Since '68 Than in All U.S. Wars", Politifact, http://www.politifact.com/truth-o-meter/statements/2013/jan/18/mark-shields/pbs-commentator-mark-shields-says-more-killed-guns/, accessed April 27, 2013.

很急迫。第一部分讨论过的所有应对性，孤立的自上而下的刑事司法只是没起作用。对枪支暴力战争的失败是一个令人心寒的事实，这应该成为头条新闻，头条新闻不只报道特别的耸人听闻的大量枪杀事件，因为这些枪杀事件只占所有枪支暴力极小的一部分，或许公众对此缺乏关注的原因是大多杀人案件发生在城市，尤其发生在贫困的问题地方。

到目前为止，美国对枪支暴力危机的主要处置方法一直是执法应对，识别、追踪逮捕，然后把犯罪人监禁很长时间，这样做确实填满了监狱，但却没有减少暴力。另外一个执法处置重点是通过威慑和拦截询问制止年轻人携带枪支——不管这种做法明智与否。尽管这些手段取得了一些效果，正如在第二章看到的那样，但还是没有制止枪支暴力被害人数量的增加，纳税人还在为监禁埋单。尽管智慧的执法确实起了一点作用，应对性犯罪控制只是不够有效，因为它是孤立的，当然在城市内部区域不够有效。事实上，今天的国家枪支杀人数量统计和10年、20年甚至50年前一样令人沮丧，因为美国的犯罪数量的大大下降并不包括枪支杀人犯罪。

不管枪击事件什么时候发生（太经常发生），都会激起对美国枪支法的国际讨论，虽然城市内部的枪支暴力通常是这些争论忌讳的话题。一方面专家和执政者争论背景审查，杂志报道的规模，精神疾病和更多问题，执法只能处理犯罪人，他们要么自杀了要么需要体制处理，他们有可能面临死刑。应对性犯罪控制再一次忙于收拾残局，没有找到可持续的解决办法。

在前面一章中，我们探讨了经证明了的犯罪前预防能有效地制止暴力，方法是改善儿童和青少年尤其是问题地方和社区儿童和青少年的早期生活经历。本章我们探讨一些解决城市内部枪支暴力的有希望的方法和可能减少备受瞩目的枪击事件的做法。我们将首先论述有目标的社会外展服务策略如何从根本上减少枪支暴力，尤其结合使用重点或者集中威慑策略——也就是说，执法机构和其他机构合作而不是独自行动。然后我们会论述减少美国和其他富裕国家枪支暴力差距的更智慧的枪支法。表6-1列出了处理今天枪支危机的更智慧的方法。

表6-1 制止枪支暴力的方法

	减少枪支暴力（合作预防和控制）	
	有效的预防	聪明的应对性犯罪控制
1	动员城市成立"办公室"，制订和实施暴力预防计划，包括从健康急诊、警察和社会服务部门收集测绘数据，基于此诊断问题，针对"问题地方、问题人群"开展行动，投资社区的精神健康服务	
4	扩大社会、辅导和体育服务的范围	针对潜在的犯罪人——集中威慑（如调用）
5	投资医院急诊部门的服务	拦截搜身，收缴手枪
6	被害人服务和"治愈暴力"调解	用经证明了的减少再犯的方法减少再犯
7	投资预防虐待儿童和其他家庭暴力	
	年轻人PROMISE法案资助有据可依的暴力预防和干预实践，授权地方控制和社区监督	

续表

	减少枪支暴力（合作预防和控制）	
	有效的预防	聪明的应对性犯罪控制
8	立法（1）限制火器贩卖；（2）通过加强背景审查限制购买枪支（3）确保儿童的安全；（4）禁止军用攻击武器；（5）在公共场所限制枪支	
9	投资调查、数据、研究、发展、网络上经证明了的实践，对减少暴力和成本进行评估	

一、通过犯罪前预防、冲突解决和重点执法多种方法预防枪支暴力

在15岁到24岁的男性中，被杀是黑人死亡的主要原因，是西班牙裔死亡的第二大原因，而这其中十分之九的死亡是因为枪支。对于死于枪支的每个年轻人来说，还会有四人因为暴力殴打造成的非致命枪伤在医院接受治疗。接触枪支暴力对精神健康有害，阻碍无辜的公民参加健康活动。[5] 所以问题地方的枪支暴力是国家公共健康的流行病。

正如在第一部分提到的那样，2012年安东尼·布拉加和大卫·维斯博得完成了一项关于"热点地方"犯罪的述评，考察这些地区有目标的巡逻这样的问题导向、警务策略如何能够通过处理主要的风

---

[5] D. W. Webster, J. M. Whitehill, J. S. Vernick, and F. C. Curriero, "Effects of Baltimore's Safe Streets Program on Gun Violence: A Replication of Chicago's Cease Fire Program", *Journal of Urban Health* 90, no. 1 (February 2013): 27–40.

险因素来有效地阻止犯罪。[6]他们总的结论是集中威慑策略（如警察通过警告让已经为他们所知的团伙知道他们正被监视）确实使枪支暴力减少，至少在一定程度上，这是好消息。然而，他们也意识到这些集中威慑行动成功的部分原因和给那些过着经常引起严重受伤和死亡生活的年轻人提供社会外延服务有关。

与社会外延服务因素相比，执法在多大程度上能成功地制止枪支暴力这点令人感兴趣，因为通常执法官员工作稳定，工资高，然而那些给团伙提供社会服务的人的工资不高，至少和警察的工资比较起来还不算高。而且，通常他们不会受到永久资助，几个城市的经验表明，当团伙枪击数量增多时，这些服务往往扩大，结果问题暂时解决了，服务就被放弃了，许多服务人员的工作很不稳定。

这些工作人员提供的外延服务包括工作培训、就业、毒品滥用治疗和住房帮助，所有这些问题直接解决犯罪的主要风险因素。我们会看到，很多这些创新做法针对那些生活在问题地方（枪支暴力的最常见地方）的年轻人（枪支暴力的最常见犯罪者）。总之，似乎显然社会因素必须在减少枪支暴力方面起到主要作用，所以如果我们想要大量减少和枪支有关的杀人犯罪，我们必须更多地资助这些服务，让它们成为智慧的公共安全策略的永久性因素。

---

[6] A. Braga and D. Weisburd, "The Effects of 'Pulling Levers': Focused Deterrence Strategies on Crime", *Campbell Systematic Reviews* 8, no. 6 (2012).

经验分享：波士顿

波士顿通过特别的政策大量减少了和枪支有关的杀人犯罪。打击枪支暴力的两种方法分别奏效：一方面，警察局独自工作，分析数据，研究执法如何打击主要犯罪人；另一方面，哈佛大学公共健康学院诊断导致暴力的社会因素和其他风险因素。当这两者结合起来时，它们协同产生积极的政策制止暴力。警察的数据分析和公共健康诊断的结论相一致，波士顿于1996年开始了全范围的警务和社会倡议，成功地制止了涉及问题地方年轻人的大量团伙暴力。

这个倡议中执法部分被称为"停火行动"，重点是警察的一系列执法过程，包括缴获枪支，以及告诫那些长期携带枪支的人们，目的是让有犯罪风险的年轻人相信他们如果携带手枪从事暴力活动的话，他们将会承担严重的惩罚后果。为了达到这一目的，警察使用他们能够干预的任何法律，包括对酒精、交通和违反保释等犯罪进行攻击性执法，但是对火器注册和控制的法律不做任何直接改变，很多干预由大卫·肯德基指导。[7] 引人注意的是，这些干预针对警察了解的那部分人——他们不会像纽约警察那样凭直觉对那些诡异的人拦截搜身。

由公共健康分析指导的社会因素包括预防项目，例如，社工给街头团伙的年轻人提供服务，帮助他们和他们的家庭获得更需要的

---

[7] David Kennedy, *Don't Shoot: One Man, A Street Fellowship, and the End of Violence in Inner-City America*（New York: Bloomsbury, 2011）.

社会服务。[8] 波士顿增加了对逃学的年轻人的服务，立项辅导并减少学校的辍学率。重要的是，波士顿还增加了工作培训服务，动员地方的公司为有犯罪风险的年轻人创造工作条件。例如，约翰·汉考克共同生命保险公司所投资的一项夏天培训项目，给波士顿城市内部的年轻人提供更多机会完成高中学业，继续上大学。

警察和公共健康部门合作，明确分工。例如，警察分发小册子告诉年轻人他们能够得到帮助和支持的地方，所以警察的集中威慑结合扩大的社会服务，即"胡萝卜加大棒"——鼓励年轻人接受服务。

此外，动员年轻人的母亲，鼓励她们给政治领导者施加压力，让他们解决问题，鼓励她们的儿子放弃暴力的生活方式，因为他们有因为街头暴力和警察执法受伤甚至死亡的风险，母亲可以自己也可以通过街头示威完成这些。

有充足的证据表明，波士顿将警务和重点社会外延服务相结合非常有效。城市杀人率下降了，从1991年到1995年平均每年44人被谋杀下降到1998年的15人，这些杀人案没有涉及年轻人枪支暴力。尽管这一下降可能是因为整个美国的暴力犯罪趋势在下降，尽管数字不大，但是波士顿不是大城市，63%的下降规模和速度还是引人注目的。[9] 在这一快速下降中，警察显然是一个积极因素，但是重要的是，这不能只归功于警察，社会因素至关重要。然而，警察预算没有减少，而杀人犯罪减少了，对社区服务的资助减少了，

---

[8] 一般来讲，美国对团伙暴力的公共健康方法的主要视角见 Deborah Prothrow-Stith and Howard Spivak, *Murder Is No Accident: Understanding and Preventing Youth Violence in America*（San Francisco: Jossey-Bass, 2004）。

[9] David Kennedy, Anthony Braga, Anne Piehl, and Elin Waring, "Reducing Gun Violence: The Boston Gun Project's Operation Ceasefire"（国家司法协会研究报告，Washington, DC, 2001）, 57–66.

可是这些社会服务在消除年轻人暴力方面和警务一样有用。不幸的是，波士顿的枪支暴力又开始上升了。[10]

波士顿一开始成功紧接着暴力又上演，有两点教训。首先，预防枪支暴力需要智慧的警务也需要社会外延服务；其次，需要城市领导中心——不是基于孤立的警察局的中心，基于警察和其他部门的持续合作，对重点社会发展项目像对警务一样提供持续资助。或许如果波士顿能够建立一个永久犯罪减少的计划团队的话——前面一章提到过类似于年轻人司法董事会那样的团队——那么波士顿就不会重演枪支杀人的悲剧。

经验分享：芝加哥

和波士顿相类似，芝加哥的一些枪击率和枪杀致死率很高的地区得益于一项公共健康策略，这项策略注重调解团伙争吵，解决暴力的社会因素。这一策略，现在被命名为"治愈暴力"（Cure Violence），将枪杀和死亡率减少了34%。[11] 该策略基于对城市杀人和枪击分布的一个公共健康分析。这一地理流行病学分析表明枪击集中分布在问题地方，令人担忧的是，枪击似乎从一个问题地方蔓延到另一个问题地方。这个策略被明确的描述为公共健康方法，由伊利诺伊州公共健康学院的非常出名的公共健康专家加里·斯卢

---

[10] Anthony A. Braga, David Hureau, and Christopher Winship, "Losing Faith? Police, Black Churches, and the Resurgence of Youth Violence in Boston", *Ohio State Journal of Criminal Law* 6（2008）: 141–72, available at http://moritzlaw.osu.edu/osjcl/Articles/Volume6_1/Braga-PDF.pdf, accessed May 7, 2013.
[11] 治愈暴力和安全社区项目似乎没有任何协作。

特金（Gary Slutkin）负责。[12]

和波士顿不同的是，"治愈暴力"不涉及执法手段，但是它成功的原因是其针对的是一些得到确认的最有可能被枪击或者成为枪击者的人。它招募街道工人，给这些重点群体扩大社会服务，辅导他们，帮助他们考虑并获得教育和工作机会。这些街道工人——干预者——还要让遭受暴力的被害人冷静下来，这样被害人不去报复，他们对那些可能转化为暴力的争吵进行干预、调节进而和平解决冲突。和波士顿相同的是，在这些问题地方它鼓励母亲和居民对年轻人施加压力来减少暴力和可能导致暴力的活动。

"治愈暴力"由美国的一个最著名的研究者韦斯利博士（Wesley Skogan）进行评估，他发现在重点社区枪击下降了17%—34%，总的被害人数量减少。他的团队还对这个项目中的300个高风险的个人进行了访谈，结果表明，项目实施前这些人中有76%失业，87%的人在社会服务工人的帮助下找到了工作。他还发现这些人中有37%想要继续接受教育，而这其中的85%已经得到了帮助。在这些社区，给团伙成员提供全新生活方式的机会，就业和教育机会在减少枪支暴力方面可能起到关键作用。事实上，这些人中有34%想脱离他们的团伙，而且每个人都得到了帮助。[13]

有趣的是，芝加哥也效仿了第二章讨论过的执法策略革新项目，

---

[12] "Gary Slutkin, MD", Cure Violence, http://cureviolence.org/staff-mem-ber/gary-slutkin/, accessed April 27, 2013.

[13] Wesley G. Skogan, Susan M. Hartnett, Natalie Bump, and Jill Dubois, "Evaluation of Cease Fire-Chicago"（工作论文，National Institute of Justice, Washington, DC, 2008）; see executive summary at "Cease Fire Evaluation Report", Institute for Policy Research, Northwestern University, 2010, http://www.northwestern.edu/ipr/publications/ceasefire.html, accessed March 28, 2010.

即安全社区项目（PSN）。尽管很多 PSN 项目都因过多依赖孤立的警务策略而失败，芝加哥的 PSN 项目成果在实验期的杀人率就减少了 37%，很大原因是它特别的有创造性地对问题导向警务进行了革新，包括电话通知系统，即打电话警告犯罪人，他们受警察的雷达监控，从而改变犯罪人对警察的态度等做法。[14] 遗憾的是，芝加哥似乎没能对这一成功和"治愈暴力"策略进行任何长期联系，或许因为这点，芝加哥的问题地方依然有团伙和枪支相关的杀人问题。

但是即使单独看"治愈暴力"本身，也有一些重要的教训可以分享。例如，它成为一个有趣的纪录片的主题，在其他城市和国家得到效仿。[15] 其中一个效仿是巴尔的摩（Baltimore）的问题地方，其结果令人鼓舞，枪击减少了。[16] 这一结果显然说明了调解街头对立团伙的重要性，因为街头对立团伙是减少暴力的活跃因素。在项目得以最好实施的地区，杀人和非致命性枪击都大量减少，下降了 35%—45%。

经验分享：苏格兰的格拉斯哥

苏格兰的格拉斯哥（Glasgow）为我们提供了最好的范例，因

---

[14] Tracey L. Meares, Andrew V. Papachristos, and Jeffrey Fagan, "Homicide and Gun Violence in Chicago: Evaluation and Summary of the Project Safe Neighborhoods Program"（research brief, Project Safe Neighborhoods Chicago, 2009），http://www.psnchicago.org/PDFs/2009-PSN-Research-Brief_v2.pdf.

[15] "The Interrupters", Internet Movie Database, http://www.imdb.com/title/tt1319744/, accessed April 27, 2013.

[16] Webster et al., "Effects of Baltimore's Safe Streets Program"; Jennifer Whitehill, D. W. Webster, S. Frattaroli, and E. M. Parker, "Interrupting Violence: How the Cease Fire Program Prevents Imminent Gun Violence through Conflict Mediation", *Journal of Urban Health*（February 26, 2013）: 1.

为它明确表明执法和预防结合起来可以大大减少城市和团伙暴力。它预防的做法比"治愈暴力"或者波士顿的社会外延服务项目都全面，它还包括前面章节重点提到的经证明了的犯罪前预防做法，还有减少针对女性的暴力和限制酒精滥用（下面章节中即将讨论）。

2007年，格拉斯哥的警察制定了一个公共健康策略，分析减少年轻人持刀和团伙暴力的方法（苏格兰的传统是很少有手枪，下面将要提到，邓不兰枪击案[17]后得以加强）。这一策略致力于协调智慧的警务策略和有据可依的投资，来解决那些导致暴力的消极生活经历问题。具体来讲，它包括帮助父母，为他们提供一致的关爱的养育和教育，劝说城市暴力的被害人改变生活方式避免受害，针对惯犯进行执法以及预防年轻人携带刀具。

重要的是，格拉斯哥还成立了一个永久的旨在减少暴力的部门，负责减少犯罪，它通过警察局得到资助，所以这一全面的革新做法能够持续进行。[18]初步分析表明这一做法仅在三年之内就将重点社区的暴力减少了50%，这一成功率和波士顿的一样可观。[19]这一数据令人鼓舞，所以项目成为政府层面的策略。但是苏格兰对初步的数据本身不满意，设立了评估小组，由地方的一个大学监督项目的影响，这样将来可以吸取教训。[20]这和美国那些成功的一次性项

---

[17] 邓布兰枪杀案发生在1996年，一名叫作托马斯·汉密尔顿的中年男性携带4把手枪，冲进邓布兰小学体育馆，枪杀了16名儿童与1位教师。
[18] Violence Reduction Unit, http://www.actiononviolence.com/, accessed April 8, 2013.
[19] "CIRV", Violence Reduction Unit, http://www.actiononviolence.org.uk/content/cirv, accessed April 27, 2013.
[20] "Peter Duncan Donnelly", University of St. Andrews Research Portal, https://risweb.st andrews.ac.uk/portal/en/persons/peter-duncan-donnelly (7a6eaedc-2a24-4e32-baa3-7b6d96052d1) .html, accessed April 27, 2013.

目大不相同，在美国项目完成后评估结果很好，但是没有任何永久的领导中心让这一动力持续下去。

经验分享：明尼阿波利斯

明尼阿波利斯市（Minneapolis）是另外一个令人兴奋的成功之例，这个市的执政者不仅关心高的严重伤害率和年轻人的死亡率，还关心纳税人的相关成本。市议会宣布年轻人暴力是一个公共健康问题，他们使用地图确认问题地方，开发了"蓝图行动"项目解决这一问题。"蓝图行动"是一个基于公共健康模式的综合策略，合理地以暴力预防计划为基础。这一计划有四个目标，第一个目标是将有犯罪风险的青年人和受信赖的成人联系起来，这和经检验证明了的辅导的预防力量（尽管实施辅导动用了学校的人力资源，这一点未被证实）相一致。第二个目标是一有危险信号就进行干预，这可能和第五章讨论过的其他经证明了的犯罪前预防措施相一致。第三个目标是注重将那些从青少年司法体系中释放出来的青少年再次融入社区，这一策略与第四章讨论过的让再犯青少年融入社会从而减少和其他人的差距相一致。第四个目标是改变暴力文化，这和经证明了的犯罪前预防相一致但是超越于目前讨论过的内容。

"蓝图行动"正在大大减少暴力——青少年暴力犯罪嫌疑人减少了62%——但重要的是暴力犯罪减少的状态持续了很长时间，因为这一策略是一个由市长负责的长期办公室实施的。[21] 明尼阿波利斯的

---

[21] "Blueprint for Action: Preventing Violence in Minneapolis"（工作论文，Prevention Institute, October 2011），http://www.preventioninstitute.org/component/jlibrary/article/id-314/127.html, accessed April 27, 2013.

成功使州立法机关通过了青少年暴力预防法案，这个法案也将青少年暴力定义为公共健康问题。明尼阿波利斯是参与青少年暴力预防国家论坛的四个城市之一，这个论坛是一个全国范围的举措，企图让不同的机构合作，而不是彼此孤立工作，因为在制止犯罪方面孤立工作只能取得有限的成果。[22]

经验分享：洛杉矶

洛杉矶市的政治领导者决定需要扩大执法范围以减少枪支和团伙暴力犯罪的数量。事实上，经过30年与团伙暴力的斗争，花费250亿美元之后，洛杉矶县的团伙多了6倍，团伙暴力犯罪水平更高。显然，应对性的犯罪控制只是不起作用。[23] 正如洛杉矶警察局长威廉·布拉顿（William Bratton）说的那样，"我们不能陷在团伙危机中"[24]。所以，洛杉矶市（警察领导者全力支持）开始慢慢投资社会服务并且扩大服务来解决这一发展趋势的社会成因。

市长成立了减少团伙和青少年发展办公室，在问题地方实施综合方案。方案的指南涵盖预防虐待儿童的重点投资、智慧的缓刑和警务、青少年外延服务和使城市公园安全的活动。成功的指数使重

---

[22] "Preventing Youth Violence", Find Youth Info, http://www.findy-outhinfo.gov/youth-topics/preventing-youth-violence, accessed April 27, 2013.
[23] "A Call to Action: Los Angeles' Quest to Achieve Community Safety"（report, Advancement Project）, http://www.advancementprojectca.org/?q=ACall To Action, accessed May 7, 2013.
[24] Vikram Dodd, "US 'Supercop' Bill Bratton: British Police Should Make Fewer Arrests", Guardian Online, February 25, 2013, http://www.guardian.co.uk/uk/2013/feb/25/bill-bratton-british-police-fewer-arrests, accessed April 27, 2013.

点问题地方的杀人率减少了57%。[25] 重要的是，这一举措由市政厅的永久办公室协调，包括一系列综合的犯罪预防和智慧的警务策略。

持续有效的枪支和团伙暴力预防策略

尽管上面提到过的减少枪支和团伙暴力策略中的一个有用部分是第二章讨论过的智慧的警务策略（集中威慑），为了使公共安全的成果持续下去，还有三个重要因素：(1)基于对具体城市的诊断制订行动计划；(2)正如我们看到的那样持续对社会预防投资；(3)成立一个永久和独立的办公室协调社区机构和执法机构的合作。例如，洛杉矶、格拉斯哥、明尼阿波利斯市都制订了行动计划，这个计划通过专用办公室负责诊断，确保所有因素持续得到资助。

遗憾的是，这些智慧的项目没有得到公众的关注或者没有得到所需要的资金来减少对被害人的伤害和停止无效的应对性犯罪控制对资源的浪费。[26] 各个城市仍然经常只靠执法，而显然这时需要和社会机构合作，才能带来持久的变革。然而，如果像上文提到过的智慧的预防项目（即使资金不足）能有机会将枪击和死亡减少大约30%的话，通过给这些策略提供足够的资金确保其持续发展，问题地方会避免多少枪支暴力啊。例如，为什么不重新将浪费在过度监禁上的资金的10%分配到这些经证明了并且有前景的策略上呢？

尽管有研究对这些项目在减少杀人数量和对被害人的严重伤害

---

[25] "Summer Night Lights", GRYD Foundation, http://www.grydfounda-tion.org/about-our-programs/summer-night-lights, accessed August 12, 2013.
[26] 行动蓝图。

方面的有效性进行检验，这个问题在全国范围的严重程度需要我们收集更有用的数据和进行节省成本的分析。今天全国的暴力问题使医院急诊的数据比警察的数据更有用，合理的成本收益分析当然会有助于确保一些举措长期持续下去。同时，上面的范例告诉执政者在全美国的社区如何实施智慧的枪支和团伙暴力减少策略。

二、寻找有效制止枪支和团伙暴力的新模式

显然，在问题地方确实可以实施制止枪支暴力的举措，现在主要的一个挑战是让执政者和他们所代表的社区了解这些方法。例如，加利福尼亚的预防所提出了名为"促进年轻人发展的城市网络"（UNITY）以减少犯罪的举措，UNITY是一个城市官员的网络，通过这个网络市长可以协调交换最好实践的信息。其目标是促进有效可持续的制止暴力的做法，并且将这些做法推广到全国。UNITY突出强调全美国有效预防暴力和枪支有关犯罪的范例并且加以分享，这样社区能分享他们自己的策略，它突出强调了明尼阿波利斯市这样成功地减少暴力的成果。

UNITY尤其强调突出犯罪的风险因素和正在使用的经证明了的预防策略。为了支持预防策略，它提供动员不同部门（学校、住房、青年人服务和警务）的有效方法。[27] 过程分四步，现在已经得到公共健康和问题导向警务领域的广泛认可，上文提到的成功

---

[27] Unity: Urban Networks to Increase Thriving Youth, http://www.preventioninstitute.org/unity.html, accessed April 6, 2013.

范例中这四步很普通，这四步是：（1）诊断问题；（2）制定策略；（3）实施策略；（4）对实施进行评估。UNITY 特别强调将应对性方法转变成预防性方法。对于如何实现这四步，它准备了一些简报和事实报告，全美国的立法者都很容易得到这些资料，但是还没有对 UNITY 进行大量的投资来减少受伤和被害人的数量，或者我们没有看到资助方向发生改变，没有减少对迟钝无效执法的投资，也没有转向对警务进行投资。

对于持续性的枪支犯罪预防，国家城市联盟也采取了实际的方法，鼓励美国司法部[28]将其资金和其他负责教育、住房和健康的联邦机构的资金进行整合，也就是说，和那些直接能够解释导致青少年犯罪风险因素的机构合作。[29]联盟这样做的目的是确保地方社区的犯罪预防举措能得到持续充足的资金，通过确保对这些机构内部的重点项目提供持续的资金，国家城市联盟希望改变街头年轻人的生活，减少犯罪对弱势年轻人的吸引力。国家城市联盟特别建议市长和警察局长联手领导执法和预防/干预服务，建议社区维持一个控制中心来指导和跟踪不同城市部门和社区的进程。现在国家城市联盟支持和加利福尼亚的13个主要城市合作来打击枪支和团伙暴力，重点强调那些将预防、干预、执行和社区的"道德声音"相结合的成功实践。[30]

波士顿举措的成功建立在纽约 John Jay 大学新的犯罪预防和

---

[28] US Department of Justice, "Attorney General Eric Holder Expands National Forum on Youth Violence Prevention to Ten Cities," news release, September 19, 2012, http://www.justice.gov/opa/pr/2012/September/12-ag-1135.html, accessed April 27, 2013.

[29] 预防青年暴力。

[30] California Cities Gang Prevention Network, http://www.ccgpn.org/, accessed April 27, 2013.

控制中心的研究基础上，中心主任大卫·肯尼迪（David Kennedy）将涉及效仿和检验这些方法的城市汇集起来形成城市网络。[31] 这一网络上的大量成员在追求令人兴奋的使命，推进经检验证明了的策略，打击暴力犯罪，减少监禁，重建执法与陷入困境的社区之间的关系。遗憾的是，这一使命似乎没有包括经证明了的预防策略，和那些最好的实践。

模范立法：PROMISE 法案

一个推进预防青少年枪支暴力的有趣方法是青少年 PROMISE 法案，这一法案由上下议院提出，它是一条前瞻性立法，立法实施和资助有据可依的与年轻人犯罪有关的实践。其目的是通过支持经证明了的预防和干预策略截断"摇篮到监狱的管道"，因为这在问题地方太普遍了。根据 PROMISE 法案（通过机会、辅导、干预、支持和教育减少入狱），面临青少年团伙和犯罪最大挑战的社区将能节省成本，制定全面应对年轻人暴力的方法，协调预防和干预的应对方法。法案要求地方通过社区委员会领导并且监督这些项目。[32] 尽管法案在我撰写本书时还没有通过，但是我们急切需要这样的举措，让制止犯罪的成功做法不再是一次性的，而是全国范围的可持续的减少问题地方暴力的做法。

---

[31] National Network for Safe Communities, http://www.nnscommunities.org/, accessed April 27, 2013.
[32] "The Legislation", Youth Promise Action, http://www.youthpromiseaction.org/about-bill.html, accessed April 27, 2013.

经验分享：预防医院的急诊

我们经常忘记暴力最可靠的证据不是来自警察，而是来自急诊室。[33] 例如，美国急诊室每年有 100 例入院是由故意伤害行为所导致，包括个人之间的暴力（斗殴和枪击）和自己施加的伤害。[34] 事实上，急诊室是获取大量关于引起伤害，包括暴力和交通相关的犯罪的有价值的信息的地方，还有引起犯罪的风险因素（如酒精），而这一资源还没有得到利用和开发。这包括针对女性的暴力犯罪或者彼此已经认识的人之间的攻击，这些情况下，被害人可能要去急诊室或相信找医生比找警察更快。这些有价值的数据是现成的，政策制定者需要了解制止暴力，包括涉及酒精的暴力的策略。

医院还可能将有风险的个体和有效的预防、治疗和社会服务联系起来，这是其他地方无法可比的。对于那些因为暴力伤害去急诊室的风险青年人来说，"第一处置人"即医院的工人能给他们推荐诸如辅导、咨询、个人和家庭治疗以及其他能减少将来卷入暴力的重点干预等方面的外展服务。

在这方面，最好的卡迪夫策略为暴力预防专家所熟知，它收集威尔士的一个城市急诊室里病人就医的原因和伤害发生的具体情况的数据。通过这些数据来确认和酒精有关的暴力发生的热点地方，

---

[33] Mark A. Bellis, Karen Hughes, Clare Perkins, and Andrew Bennett, "Protecting People, Promoting Health: A Public Health Approach for Violence Prevention for England"（工作论文，North West Public Health Observatory, Liverpool, October 2012）.

[34] *Health United States 2011: With Special Feature on Socioeconomic Status and Health*（Hyattsville, MD: National Center for Health Statistics, 2012）, esp. table 95, http://www.cdc.gov/nchs/data/hus/hus11.pdf, accessed April 3, 2013.

也就是伤害发生较频繁的地点。这样智慧的警务和次要的法律执法能集中管理过度饮酒（风险因素）的根源，借此来减少暴力。卡迪夫策略的结果引人注目：它将问题地方的暴力减少了40%。[35] 这一策略在密尔沃基得到成功运用，阿姆斯特丹最近也决定用这一策略解决与酒精有关的暴力根源问题。对于城市来说这显然快速有利，医院节省大量成本，警察减少大量的服务，更不用说暴力和性侵害的被害人数量减少了。YouTube 上可以看到关于这一模式的精彩 TEDx 演讲。[36]

意识到30%到60%的暴力创伤病人带着新的暴力伤害（经常是更严重的暴力伤害）回到医院，马里兰大学的创伤中心设立了暴力干预项目。[37] 这个项目动员医院，社会和心理服务机构在危及生命和造成生活改变的事件发生之后立即对个体进行服务，因为这些个体这时不仅经历医疗危机，而且经历社会、情感、心理和精神危机。这个项目的成果是，对于那些来医院创伤科的人来说，暴力犯罪大大减少了75%。

还有其他的项目。例如，有一个项目针对首都华盛顿地区和巴尔的摩地区因为攻击伤害到急诊部门就诊的10岁到15岁的青少年。医院的工人对他们进行辅导、安排父母探视及家访，结果发现攻击

---

[35] "Amsterdam Copies Cardiff's Approach to Reducing Violence", BBC News, December 11, 2012, http://www.bbc.co.uk/news/uk-wales-south-east- wales-20669062; "Violence and Society Research Group", Cardiff University School of Dentistry, http://www.cardiff.ac.uk/dentl/research/themes/appliedclinicalresearch/violenceandsociety/index.html, accessed March 13, 2013.
[36] "Prof Jonathan Shepherd at TEDx Cardiff 2012", 19:33, posted Youtube by TEDx Talks, April 10, 2012, http://www.youtube.com/watch?v=Rduv YOx Su SM, accessed March 13, 2013.
[37] "Violence Intervention Program", University of Maryland Medical Center, http://www.umm.edu/shocktrauma/special_programs/violence_prevention_program_vip.htm, accessed May 16, 2013.

和犯罪减少了。[38] 另外一项研究是密歇根弗林特的一个项目，这个项目对经确认的到访急诊部门的风险青少年给予主要干预，结果发现干预有效地减少了同伴暴力和酗酒。[39]

在某种程度上，医院急诊室是一个社区从事危险活动的最危险个体的集中区域。这些风险因素和危险行为，表现在造访急诊室，这些个体更可能再次参与暴力，所以针对他们的预防可能会制止进一步的暴力。而且，关于这些人的数据有助于确认导致暴力的问题地方，能预示哪些地方需要更多干预行动。所以，急诊室可以补充社区的预防项目，因为急诊室里会集了社区最危险的成员。

三、通过枪支立法严肃对待制止枪支暴力

美国大约有三分之一的家庭有一支或更多支枪（如步枪、鸟枪、手枪、自动武器等）。根据美国国家调查，尽管拥有枪支的家庭比例已经逐渐减少到32%，但是拥有的枪支的数量上升了大约7000万，这意味着少数人拥有大量的枪支。[40] 如果这些枪支落入错误

---

[38] T. L. Cheng, D. Haynie, R. Brenner, et al., "Effectiveness of a MentorImplemented, Violence Prevention Intervention for Assault-Injured Youths Presenting to the Emergency Department: Results of a Randomized Trial", *Pediatrics* 122, no. 5（2008）: 938–46.
[39] Bellis et al., Protecting People, Promoting Health.
[40] Philip Caulfield, "Gun Deaths to Surpass Deaths in Traffic Accidents", *New York Daily News*, December 19, 2012, http://www.nydailynews.com/news/national/gun-deaths-outpace-traffic-deaths-2015-report-article-1.1223721ixzz2L9YWMeo H ,accessed February 17, 2013.

的人手中，它们会导致暴力。[41] 事实上，国家城市联盟已经提出具体的提议来减少枪支故意伤害，声明这是预防枪支暴力措施的一部分。[42] 总之，是时候来审视一下规定了，让一些种类的枪支远离暴力犯罪人之手。

为什么不有效规范手枪

有大量关于手枪在协助谋杀、抢劫和其他破坏和毁灭被害人生活的犯罪中作用的研究。国际被害人调查分析了从 11 个国家收集的数据后，专家认定了一个简单无可驳斥的相关性：拥有更多枪支意味着更高的杀人率。因此，大量专家，尽管不是美国的立法者，认为欧洲和加拿大限制手枪所有权的政策比美国对手枪的放任、极端手枪政策和传统要好得多。[43]

例如，在美国成为枪支暴力被害人的风险比在加拿大要高 6 倍，而这两个国家有很多相似之处。认真研究一下这两个国家的枪支趋势就明白原因了。根据盖洛普民意测验（Gallup poll），在美国，大部分枪支拥有者（67%）用枪保护自己不受他人伤害。[44] 对比而言，

---

[41] Leon Neyfakh, "The Gun Toll We're Ignoring: Suicide", *Boston Globe Online*, January 20, 2013, http://www.bostonglobe.com/ideas/2013/01/20/the-gun-toll-ignoring-suicide/xe WBHDHEvvagfk RI U3Cf ZJ/story.html.

[42] "Public Safety and Crime Prevention（2013）"（决议，National League of Cities, 2013）http://www.nlc.org/Documents/Influence%20Fed-eral%20Policy/NMP/6-PSCP-NMP-2013.pdf, accessed April 27, 2013.

[43] Jan Van Dijk, "Closing the Doors", Stockholm Prizewinner's Lecture 2012, available at http://www.criminologysymposium.com/download/18.4dfe0028139b9a0cf4080001575/1348484090486/TUE13,+van+Dijk+Jan.pdf, accessed July 18. 2013.

[44] oseph Carroll, "Gun Ownership and Use in America"（Gallup poll, November 22, 2005），http://www.gallup.com/poll/20098/gun-ownership-use-america.aspx.

正如麦克尔·摩尔（Michael Moore）获奥斯卡奖的纪录片《科隆拜恩的保龄》(*Bowling for Columbine*)中突出的那样，加拿大人拥有长枪猎捕动物。从统计上我们也看到了这一不同之处，大约有14%的美国家庭拥有长枪，而28%拥有手枪。在加拿大，22%的家庭拥有长枪，只有4%拥有手枪。[45] 有趣的是，如果将枪支从等式中拿出来的话，两个国家的杀人率大体相同。

约翰·斯隆（John Sloan）和他的同事做了一个有趣的研究，比较了华盛顿州西雅图和加拿大温哥华附近的杀人率，这两个城市在人口特征方面通常具有可比性。[46] 然而，西雅图市的杀人犯罪率比温哥华的高50%，为什么？因为拥有手枪。事实上，美国超过60%的杀人和40%的抢劫都和武器有关，大多涉及的是手枪而不是来复枪和鸟枪。[47] 加拿大（人口平均杀人率比美国减少了四分之三）只有30%的杀人和25%的抢劫涉及手枪。

但是如果我们已经知道美国这么大量的犯罪人使用手枪，为什么在美国，手枪比在加拿大和其他富裕民主国家那么容易获得呢？最近DC医学院的一项研究表明了这一"健康差距"（health

---

[45] 数据基于加拿大和美国的枪支或非枪支有关的杀人。其背景是这两个国家手枪和其他枪支的大概数量。数据可见网站 http://www.rcmp-grc.gc.ca/cfp-pcaf/res-rec/comp-eng.htm on April 27, 2013, but this website no longer populates the table as of August 18, 2013. Figure 6.1 is still considered indicative of the accessibility effect.

[46] H. Sloan et al., "Handgun Regulations, Crime, Assaults and Homicide: A Tale of Two Cities", *New England Journal of Medicine* 319, no. 19（1988）: 1256–62.

[47] Irvin Waller, *Less Law, More Order: The Truth about Reducing Crime*（Westport, CT: Praeger Imprint Series, 2006; Ancaster, Ontario: Manor House, 2008）, 42–43.

gap），并且问了同一个问题。[48] 研究发现差距的部分原因是加拿大采取了特别的政策举措，其中最有意义的是 1977 年的枪支控制政策。[49] 本质上，这个项目禁止民用自动武器，禁止个人携带手枪进行自我保护，要求除了长枪以外的所有枪支都要登记注册。而且，它要求猎人拥有枪支证以确保持枪者没有犯罪记录和精神疾病。获得证书的过程和获得护照相似，申请者必须让其社区一位受人尊敬的成员证明他们没有危险。项目还鼓励长枪持有者将弹药和武器分开，要求他们上课学习长枪如何安全处置和存储。这一项目的贡献是杀人减少了，这得到了科学评估，证明很有效。

和美国相比，加拿大手枪拥有者也少得多，原因大致相同，部分是因为加拿大人觉得不需要用手枪保护自己，这一观点与加拿大和手枪有关的杀人率和抢劫率低得多的现实情况相一致。并且表明在美国大力实施本章第一部分的提议将减少与枪支有关的杀人犯罪，这甚至会使更多美国人感觉轻松，因为他们不再有自我防卫的压力。

图 6-1 比较了 20 世纪 90 年代手枪和其他枪支的持有率（现有的最新比较数据）和现在的杀人率。表明加拿大和美国与枪支无关的杀人率相似，但是与手枪及其他枪支有关的杀人率，美国比加拿大高得多，手枪杀人率是加拿大的 7 倍，其他枪支杀人率是加拿大的 4 倍。

---

[48] 他们指出，尽管美国在健康医疗上花费巨大，但美国人更可能从事某些不健康的行为，这增加了致命伤害的风险。根据报告，这些伤害由汽车事故，枪支暴力和毒品过量引起。Steven H. Woolf and Laudan Aron, eds., U.S. Health in International Perspective: Shorter Lives, Poorer Health (Washington, DC: National Academies Press, 2013).

[49] 这一政策由我的团队设计出来，当时我是研究和统计主任，为加拿大司法部副部长服务。

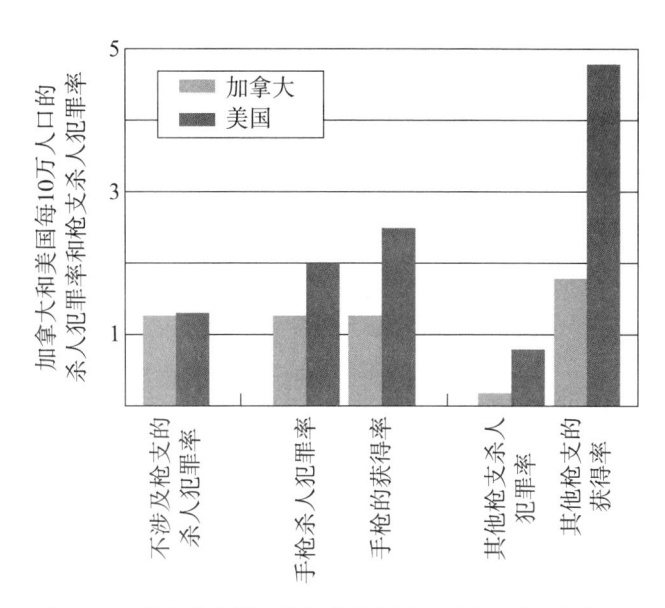

图 6-1 枪支的获得对比杀人的数量：对照加拿大和美国

高明的枪支立法证据

美国的一些州在颁布更智慧的枪支法律方面比其他州要走得更远。看一下已经颁布的枪支法律的不同效果，我们就明白了更有效策略的发展趋势。布雷迪预防枪支暴力中心是一个非政府组织，为了提出大范围有据可依的方法来减少枪支暴力的伤害和死亡，它对各州的枪支法律科学研究进行了评估。[50]据此，布雷迪中心分析了各州关于枪支的立法并把它们分成五个范畴，这和布雷迪中心对减少死亡的方法的评估相一致。这五个范畴是：(1) 限制枪支非法

---

[50] Brady Center to Prevent Gun Violence, www.bradycenter.org/.

交易；（2）加强背景审查，限制一些枪支的购买；（3）确保儿童的安全；（4）禁止军用攻击武器；（5）在公共场合限制枪支的使用。

一群研究者按照布雷迪中心对枪支立法的分类标准，比较了各州与枪支有关的杀人率和自杀率，总之，研究者发现，各州采用解决这五个范畴的一个或更多问题的枪支立法越多，人均杀人率（自杀率）越少。[51] 这项研究表明各州可以通过与证据一致的立法，而且它也表明采取这些举措的州可能会有更低的杀人率。尽管这类研究不能像随机控制实验那样证明因果关系，但是它鼓励潜在的被害人了解通过更智慧的立法减少暴力。

另外一个重要的知识点是预防枪支暴力法律中心，这个中心会集了法律专业人士来研究数据，提议减少枪支杀人和暴力犯罪。中心的主要目标是给那些可能颁布拯救生命的枪支立法的州提供信息。[52] 为了取得这一目标，中心跟踪枪支有关的统计并且对各州的法律和一些关键问题提供解释，如背景审查，攻击武器和机械枪支获得，关于谁能携带枪支及枪支在哪儿使用的规定，因为家庭暴力问题而采取的人身限制以及精神健康报告。另外还有一群研究者用这一信息来分析各州立法之间的关系，他们也得出结论，在那些和上面列出的关键问题有关的立法薄弱的州杀人率（自杀率）更

---

[51] Eric W. Fleegler, Lois K. Lee, Michael C. Monuteaux, David Hemenway, and Rebekah Mannix, "Firearm Legislation and Firearm-Related Fatalities in the United States", *JAMA Internal Medicine* 173, no. 9 (2013): 732–40, http://archinte.jamanetwork.com/article.aspx?articleid=1661390, ac-cessed March 30, 2013.

[52] "Wish List", Law Center to Prevent Gun Violence, http://smartgunlaws.org/wish-list/, accessed April 9, 2013.

高。[53] 这项研究也表明各州可以采取明智的立法，并且持这样一种观点，即如果各州通过某些关键的立法的话，他们将减少涉及枪支的死亡数量。

为什么不颁布智慧的枪支立法来预防大规模枪杀

美国司法部长埃里克·霍尔德（Eric Holder）认为，自从1999年4月科罗拉多州哥伦拜恩高中发生校园枪击事件后，[54] 美国目击了不少于47起大规模枪击事件，涉事被害人超过640人，这其中有一半多都被杀了。[55] 这些数字比统计杀人的统计学家詹姆斯·福克斯（James Fox）统计的数字要少，他采用FBI对"大规模枪杀"定义，即杀害至少四个被害人的事件是"大规模枪杀"。按照这个定义，他估测平均每年有25个犯罪人，杀害100个被害人。[56] 不管用哪种方法，每年被害人的数量大约是100人。在大多数枪击事

---

[53] Arkadi Gerney, Chelsea Parsons, and Charles Posner, "America under the Gun: A 50-State Analysis of Gun Violence and Its Link to Weak State Gun Laws"（工作论文，Center for American Progress, Washington, DC, April 2013）, http://www.americanprogress.org/wp-content/uploads/2013/04/Ameri-ca Under The Gun-3.pdf, accessed April 9, 2013.

[54] 哥伦拜恩校园事件是1999年4月20日在美国科罗拉多州杰佛逊郡科伦拜中学（Columbine High School）发生的校园枪击事件。两名青少年学生——埃里克·哈里斯（Eric Harris）和迪伦·克莱伯德（Dylan Klebold）——配备枪械和爆炸物进入校园，枪杀15人，并造成24人受伤，两人接着自杀身亡。这起事件是在弗吉尼亚理工大学枪击案发生前，美国历史上最血腥的校园枪击案。

[55] "Attorney General Eric Holder Speaks at the 15th Annual National Action Network Convention", US Department of Justice, http://www.justice.gov/iso/opa/ag/speeches/2013/ag-speech-130404.html, accessed April 10, 2013.

[56] James Alan Fox, "No Increase in Mass Shootings", *Crime & Punishment*（blog）, August 6, 2012, Boston.com, http://boston.com/community/blogs/crime_punishment/2012/08/no_increase_in_mass_shootings. html, accessed April 27, 2013.

件中，犯罪人使用的是大容量的弹仓，[57] 这是高死亡率的主要原因。

或许意料之中的是，这些事件引起了大量耸人听闻的新闻报道。因此，得知近年来的大规模枪击数量没有增加时普通美国人会感到奇怪，尽管枪击数量看上去没有增加，那是因为媒体报道的只是单起事件，[58] 而一个单独的事件可能涉及很多被害人，和每年枪杀的总被害人数量比较，大规模枪杀中被害人数量相对非常小。近年来，每年每 800 人中平均有 100 个被害人因枪支暴力而丧命。但是公众一直没有意识到这一点，因为数量没有像总的杀人率那样减少。

事实上，令人难过的是，美国在过去 30 年（或许更多，如果能得到数据的话）已经非常熟悉大规模枪击案了。大规模枪杀率一直保持稳定说明这种暴力形式在一定程度上不受具体某些州立法的影响，正如上文讨论过的那样，也不受联邦行动（尽管这些行动往往相对薄弱，留有很多空间）的影响。到本书出版之时，肯定会有其他唤起我们良心的事件发生，但是我们大多人还没有忘记哥伦拜恩高中枪击事件，没有人会忘记 2012 年康涅狄格州新镇小学大规模枪击案中的儿童受害者。

---

[57] 纽约县律师协会，2013 年 3 月 19 日新闻稿。"New York County Lawyers' Association Issues Recommendations on Proposed Federal Gun Control Legislation", http://www.nycla.org/siteFiles/Publications/Publications1601_0.pdf, accessed April 10, 2013.

[58] James Alan Fox, "Top 10 Myths about Mass Shootings", *Crime & Punishment* (blog), December 19, 2012, Boston.com, http://boston.com/com-munity/blogs/crime_punishment/2012/12/top_10_myths_about_mass_shooti.html, accessed April 8, 2013.

范例：英国和澳大利亚的枪支法和大赦

在其他国家，对儿童或者大量被害人的大规模枪击案促成了有积极和重要预防作用的枪支法改革。例如，1996年苏格兰的邓不兰（Dunblane）遭遇了16个孩子被枪杀的事件。在不到两年的时间里，全英国都禁止使用手枪，尽管枪支在英国少数体育文化中占有几乎神圣的地位。在禁止的同时，全国对枪支拥有者进行赦免，让他们放弃手枪，这样流通的手枪的数量大大减少。自从那时起，英国与枪支有关的杀人数量减少了，尽管在一些像伦敦这样的大都市中心与团伙有关的手枪使用有一些复苏。然而，英国与枪支有关的暴力和美国的任何城市比较的话数量极其微小。邓不兰杀戮事件发生后不久，澳大利亚的阿瑟港（Pore Arthur）[59]经历了令人恐怖的悲剧，夺去了35个成人的生命。在这起案件中，杀手使用的是自动武器，包括AR15，和十年之后康涅狄格州新镇的杀戮事件中的武器类似。阿瑟港的枪杀事件使澳大利亚政府颁布了一套全面的枪支限制法律，包括限制自动上膛的枪支。和英国一样，对枪支持有人进行赦免，上缴他们新近被禁止的枪支，最后上缴了将近70万支枪。自从那时起，澳大利亚与枪支有关的杀人减少了40%，到目前为止，再没有杀戮事件，也没有自杀事件。[60]

---

[59] 阿瑟港枪击案发生于1996年4月28日，地点为澳大利亚塔斯曼尼亚州的旅游胜地阿瑟港。当时28岁的无业游民马丁·布莱恩（Martin Bryant）手持数挺半自动步枪和冲锋枪冲入当地著名的黑箭咖啡厅和西斯岬海角大楼不分青红皂白地扫射度假村内游客，造成17人受伤，35人不幸中枪遇难。

[60] "The Australian Gun Buyback", *Bulletins* 4（Spring 2011）: 1–4, http://www.hsph.harvard.edu/hicrc/files/2013/01/bulletins_australia_spring_2011.pdf, accessed April 8, 2013.

一些美国的警察研究者争论自动赦免不能减少美国的暴力，但是在我们忽略枪支赦免之前，请记住警察研究的枪支赦免与英国和澳大利亚的枪支赦免不一样。[61] 英国和澳大利亚的枪支赦免是全国范围的，有重点的策略，而美国的枪支赦免只针对少数地区，各个地区的政策不同，是自发的。

在这点上，类似于澳大利亚和英国的枪支赦免不可能在美国广泛实施，尽管证据表明使用法律限制枪支和预防暴力有效，但是美国从颁布智慧的国家立法到不让危险的犯罪人持枪可能还需要很长的路，2013年4月美国参议院投票反对对枪支进行严格的背景审查和禁止攻击性武器，可见其路漫漫。

禁止施虐伴侣持枪，拯救妇女的生命

美国每年大约有1600名女性被她们的亲密伴侣杀害，占所有涉及女性被害人杀人数量的40%，一些女性和她们的男性伴侣分居或者分离了，一些怀孕了。与此形成鲜明对比的是，每年只有750起（5%）涉及男性被害人的杀人是亲密伴侣所为。

然而，本部分要探讨的是枪支和亲密伴侣杀人之间的密切相关。例如，在所有被枪支杀害的女性中，有近三分之二被其亲密伴侣杀害，工具通常是手枪。事实上，拥有枪支增加了亲密伴侣杀人的风险，其风险是没有武器的情况的5倍。而且，拥有枪支的施虐者对

---

[61] 澳大利亚枪支返销。

其伴侣往往施加更严重的虐待。[62]

证据显然表明，将手枪从等式中拿掉，可以减少对女性伴侣致命攻击的风险，可以减少10%。[63] 不幸的是，有严格枪支立法和实施立法的州在多大程度上减少亲密伴侣死亡数量这点还不得而知。有希望的是，在不久的将来会有研究来更好地预示枪支法律如何预防针对女性的暴力。研究可能很难测量这一相关性，因为亲密伴侣杀人数量最近十几年一直在稳定下降，其原因很多，女性离开暴力男性的机会增多，为受虐女性建立了更多的避难所。这些原因会在下一章具体讨论。

四、结论

重点：更智慧的枪支杀人预防

统计累计表明，美国每年死于手枪暴力的年轻人（大部分是黑人）比七年伊拉克战争和阿富汗战争合起来的人数还多。幸运的是，枪支暴力在短期之内可以预防，手段是结合智慧的警务（集中威慑）和有目标的社会服务与调解。然而，为了能够持续减少枪支暴力，我们必须投资经证明了的犯罪前预防项目，这些项目由城市的

---

[62] "The Facts on Guns and Domestic Violence" (fact sheet, Futures without Violence, San Francisco), http://www.futureswithoutviolence.org/userfiles/file/Children_and_Families/Guns.pdf, accessed April 6, 2013. For data on increased risk, see the cited study by J. C. Campbell, D. Webster, J. Koziol-Mc Lain, et al., "Risk Factors for Femicide in Abusive Relationships: Results from a Multi-Site Case Control Study", *American Journal of Public Health* 93, no. 7 (July 2003): 1089–97.

[63] J. C. Campbell, N. Glass, P. W. Sharps, K. Laughon, and T. Bloom, "Intimate Partner Homicide: Review and Implications of Research and Policy", *Trauma, Violence, and Abuse* 8, no. 3 (July 2007): 246–69.

小的领导中心带头。明尼阿波利斯的范例告诉我们，应对性犯罪控制和医院的急诊节省了大量成本。

在重点解决暴力方面，急诊室数据可以有效地补充警察的数据。急诊室还可以被用来发起和推荐有犯罪风险的青少年参与能减少他们危险行为和犯罪的项目。

但是执法和专注执法的研究者必须改变他们孤立的观念模式，而且一些人已经开始承认，我们不能在这些挑战中停止前进，我们需要更智慧地利用减少了的警察资源。事实上，不言而喻，应对性犯罪控制的巨大花销——尤其是监禁那些最有风险杀人和被杀的年轻黑人男性——不足以解决问题。

解决枪支暴力问题主要有两方面：现在在问题地方投资外延服务和犯罪前预防，首先减少和枪支有关的生活方式的诱惑和机会，然后颁布经检验证明了的法律。落后的州应该追随已经取得成效的州，这会有助于赢得第一场战争，然后赢得第二场，尤其在联邦层面。

为了更智慧的预防枪支暴力，执政者的做法是

1. 立法者必须现在对能够帮助问题地方的年轻人远离手枪的社会机构进行投资，支持立法，如 PROMISE 法案，鼓励对看急诊的年轻人进行干预。[64]

2. 立法者必须鼓励城市在减少城市内部暴力的公共健康策略上起到领导作用。

---

[64] "The Legislation", Youth Promise Action.

3. 立法者必须行动起来，鼓励执法采用智慧，经证明了的警务战略，要一直和能针对问题地方和社区的社会机构合作。

4. 立法者应该支持网络工作，如城市国家联盟和 UNITY，分享和实施全面基于证据的枪支暴力预防的最好实践。

5. 司法部应该在其网站 crimesolutions.go 上增加枪支暴力的内容，包括明尼阿波利斯和格拉斯哥的范例（永远不可能做随机控制实验但是逻辑上拯救了大量生命）。

6. 倡议群体应该加大对大规模监禁的批评，批判毒品战争中的种族歧视，批评缺少预防来拯救年轻的被杀黑人男性。

7. 各州的立法者应该对布雷迪中心提出的五个方面颁布法律，其他一些州已经采纳，结果证明这五个方面和更少的枪支有关的死亡相关。

8. 立法者应该寻求减少枪支，尤其是手枪数量的方法。

本章表明更智慧的犯罪控制必须注重对社会的预防策略进行投资，包括早期儿童发展，在问题地方扩大社会服务范围，动员干预者，调解和辅导。还必须注重更智慧的执法，方法有集中威慑，不让犯罪人获得枪支以及实施枪支管理。总之，通过比标准的应对性犯罪控制更轻的处罚和更少的成本，可以减少枪支暴力被害人的数量。

第七章 预防针对女性的暴力

一、介绍

本章介绍针对女性的暴力，尤其是针对亲密伴侣间的暴力和性暴力的更智慧的预防方法。亲密伴侣间的暴力和性暴力是在过去几十年美国和其他富裕的民主国家一直忽视的两个话题。

数字惊人：在美国，每年有 100 万妇女被强奸，超过 100 万人遭受亲密伴侣的严重身体上的暴力。[1] 这些数字严肃地质疑：到现在为止，政府的行动是否一直针对正确的问题。很多这样的身体和性暴力发生在家里，一些发生在街头、工作场所。实施暴力的主要是男性（尤其是年轻人），男人也是亲密伴侣间暴力和性暴力的受害者，但是受害率相对要低。但令人不安的是，25% 针对男性的暴力发生在儿童时期。不管发生在什么年龄，性暴力和亲密伴侣间暴力及其相关的跟踪犯罪会对被害人造成巨大伤害，后果会持续一生。

---

[1] M. C. Black, K. C. Basile, M. J. Breiding, S. G. Smith, M. L. Walters, M. T. Merrick, J. Chen, and M. R. Stevens. The *National Intimate Partner and Sexual Violence Survey*（*NISVS*）：*2010 Summary Report* Atlanta, GA: National Center for Injury Prevention and Control, Centers for Disease Control and Prevention, 2011）.

亲密伴侣间暴力也可能成为恶性循环的一部分，因为目睹这种暴力的孩子长大成人后也会使用同样的暴力。

在智慧的犯罪控制方面，和本书其他章节不同的是，美国在针对女性的暴力问题上比其他富裕的民主国家更聪明。事实上，美国尽力获得更充足的信息，还立法通过了国家针对女性暴力的法案（VAWA）。成立了国家办公室，目标是减少针对女性的暴力，但是目前主要重点是应对，包括资助应对性体系帮助被害人，改进执行和起诉，而不是资助犯罪前预防。有希望的是，最近调查报告的总结中提到了和实际改革有关的建议及基于充足证据的预防建议，不只是应对性的犯罪控制和大规模的监禁。然而，针对这个问题仍然缺少大量信息。因此，和其他章节不同的是，我不能参考来自科学实验或者城市范围的创新做法的大量重要信息，也没有经科学验证有效的项目，这一世界范围的可用信息的缺失状况必须改变。

然而，我们没有理由等待更好的信息，因为还有其他很多经证明有前景的策略可以减少针对女性的暴力，改变这些令人不安的状况，包括对减少针对女性暴力犯罪的犯罪前预防进行投资。我们知道按照这种思路的做法对于青少年很有用，我们已经取得了一些成绩，我们还知道可以动员男性（女性）成为干预者，通过简单的行动在暴力发生前将其制止。我们还需要探讨一下如何让应对性的犯罪控制体制更智慧。如果女性对警察和法庭有信心，她们不仅会报案，而且会利用体制的威慑来增加对暴力说"不"的信心。如果女性能进入更多的避难所和家庭暴力法庭的话，或许这也会鼓励她们勇敢地面对犯罪者，如果女性能确认犯罪人不会拿着枪回来实施报复，那么她们的生活就不会那么危险。

所以有很多有希望的做法可以大大减少受到暴力伤害的女性的数量，在表 7-1 中，我列出了几种做法，这些做法基于犯罪前预防，基于那些可应用于现存的警察和法庭系统，是应对性犯罪控制更智慧的做法。我还提到了需要继续收集有用的数据，评估哪些创新干预确实减少了对被害人的伤害，为纳税人节省了成本。这些做法会在下面全部讨论到。

表 7-1 阻止针对女性暴力的举措

减少针对女性暴力的首要措施	
有效的预防	聪明的事后犯罪控制
投资早期儿童教育	女性警察处置
扩大服务范围，对问题地方贫困的女性进行服务	解决强奸问题，SANE 项目和被害人选择寻求帮助
聚焦饮酒的责任	为强奸的被害人争取更多的法庭权利
在学校期间改变男性对性暴力的态度	增加避难所的数量
增加校园的策略减少性攻击	控制对枪支的持有
加强干预制止增加风险的行为，如喝酒	家庭暴力法庭
鼓励男性大声反对针对女性的暴力	实施被证实的减少再犯的措施减少再犯
利用网上的调查、数据、研究、发展和有效的实践做法	

二、突出性暴力和亲密伴侣之间的暴力问题

暴力对女性的影响巨大，通常给她们带来长期的情感痛苦，包

括持续的恐惧和焦虑，但这只是冰山的一角。其他的影响包括身体伤害，通过性传播的疾病，意外怀孕，甚至怀孕期间对未出生的孩子的伤害。对成年女性的性暴力可计算的伤害超过了杀人罪和醉驾致死的总和。这一伤害可以通过民事法庭对被害人生活质量损失的赔偿估测出来，主要损失是被强奸的被害人很难享受生活，很难对自己的安全有信心，等等。

它对被害人的影响巨大，对纳税人的成本影响也一样。具有讽刺意味的是，性侵的直接急诊成本相对较低，如果被害人必须支付强奸的法庭检查或者额外的护理费用的话，按照她的收入，这一花销会很巨大。然而，强奸通常造成的后果是：被害人需要不间断的健康护理，工作困难甚至严重丧失劳动能力。

惊人的性暴力和家庭暴力比率

数字应该足以让人警觉和关注，2010年，美国进行了关于性暴力和亲密伴侣间暴力的调查，这是在富裕民主国家进行的一项最大、最复杂的调查。[2] 这项调查被称为国家亲密伴侣和性暴力调查，由疾病控制和预防中心组织，疾病控制和预防中心也组织其他调查。其结论基于对9086个女性和7421个男性的访谈。

这一调查证实，几乎每四个女性中有一个，每七名男性中有一个一生中曾经经历过其亲密伴侣严重的身体暴力行为。[3] 几乎每五

---

[2] 指的是"正在进行的一项全国代表性的随机数字拨线（RDD）电话调查，这项调查针对性暴力、尾随和亲密伴侣暴力的经历，被调查者是美国18岁以上、讲西班牙语的一般女性和男性公民"。布莱克等人《性暴力调查》。国家亲密伴侣调查和这项调查都包括完全强迫插入、试图强迫插入或者酒精／毒品刺激下的完全插入。

[3] 例如，用拳头或者硬物打、猛击。

个女性中有一个，每七十个男性中有一个在其一生中的某个时期在亲密的情况下被强奸过，包括酒精和毒品刺激下的插入。

对于女性来说，强奸通常发生在青少年或者大学时期，每五个强奸被害人中有两个在 18 岁之前经历了第一次强奸，每五个当中有四个在 25 岁之前，见图 7-1。这更需要学校采取措施，下面我们会讨论。这些数字还证实了关于大学校园性侵的具体调查结果，表明有 25% 女性在大学期间遭到强奸或者试图强奸[4]——这对于总人口来说超过 5 倍。[5] 更糟的是，酒精刺激下的强奸和无责任能力强奸在大学校园几乎是普通强奸的 9 倍。这些发现和大部分大学不停地声称他们的学生没有性侵正好相反。这些数字令人震惊，无可否认，它们本应该让每一个大学领导者采取行动，但是不幸的是，他们还没有行动。现在大学领导者（所有级别的学校领导者）组织年会讨论措施还不算太晚。

虽然受害率很高，但性暴力的比率似乎保持稳定，尽管科学不完美。使用这些复杂调查数据的专家不相信在过去几十年强奸和性侵的数量减少了。[6] 但是即使国家犯罪受害调查有其局限性，它对性侵的调查是对严重犯罪广泛调查的一部分。

更重要的是，遭强奸的被害人不向警察报告他们遭受的侵害。2006 年调查的数字表明，84% 的强奸被害人选择不报警，这种

---

[4] B. Fisher, F. Cullen, and M.Turner, "The Sexual Victimization of College Women"（研究论文，National Institute of Justice, Bureau of Justice Statistics, Washington, DC, December 2000），https://www.ncjrs.gov/pdffiles1/nij/182369.pdf.

[5] Kilpatrick 等人，"Drug-Facilitated, Incapacitated, and Forcible Rape".

[6] Kilpatrick 等人，"Drug-Facilitated, Incapacitated, and Forcible Rape", 2.

情况在大学校园的比例甚至更高。[7] 警察的行为是否威慑强奸是下面要讨论的另一个问题,然而,只有相对较少的强奸引起了警察的注意,这使执法制止个体犯罪人再犯和让犯罪人承担责任受到限制。

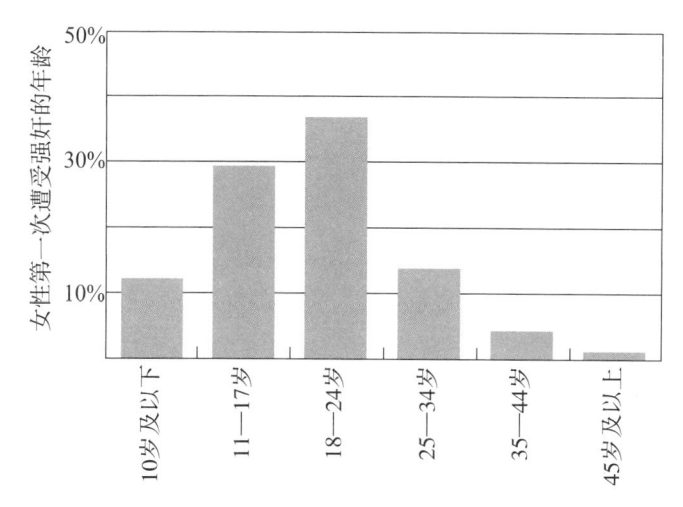

图 7-1 强奸女性:发生在 25 岁之前的可能性大

尽管强奸率可能没有减少,亲密伴侣间(家庭)暴力有下行趋势,这点令人欣慰。例如,从 1970 年到 2000 年每年被亲密伴侣杀害的女性数量逐步下降,这一趋势和杀人犯罪的总体下降趋势一致。[8] 此外,研究者用回归分析总结这些特别的下降趋势,原因是法律发生变化,如允许离婚和分居,女性的经济能力越来越

---

[7] Kilpatrick 等人,"Drug-Facilitated, Incapacitated, and Forcible Rape".
[8] Laura Dugan, Daniel Nagin, and Richard Rosenfeld, "Explaining the Decline in Intimate Partner Homicide: The Effects of Changing Domesticity, Women's Status, and Domestic Violence Resources", *Homicide Studies* 3, no. 3(August 1999): 187–214.

强,过渡房屋有更多选择,所有这些使女性能够离开充满暴力的伴侣。[9] 与下降的趋势相关的因素还有:亲密伴侣间暴力报告给警察后(被捕的犯罪者担心自己会有损失的案子),警察可以逮捕犯罪者,还有女性可以进行独立的法律辩护。尽管这些趋势令人欣慰,它们不是第一时间阻止暴力发生的重点预防行为的结果。警察的干预是要确保被害人的直接安全,继而减少再犯和再次受害,它还帮助被害人到受虐妇女避难所和得到其他被害人服务。[10]

尽管美国在针对女性暴力问题上可能没有落后于其他富裕民主国家,但在需做出的行动上,它没有领先于全世界的任何政府。2013年,联合国妇女地位委员会强调了性暴力、亲密伴侣间暴力和人口贩卖问题,委员会把注意力转移到对被害人造成的巨大伤害上,以及失去的生产力和每年纳税人用于健康医疗的巨大花费上。他们号召从三方面行动起来:(1)在暴力发生前将其制止(预防);(2)提高对性暴力和亲密伴侣间暴力被害人的应对机制,让犯罪人负责(应对性犯罪控制);(3)加强国家计划和领导。下文我们具体讨论每一个方面。

三、把重点转向预防针对女性的暴力

任何针对女性的暴力犯罪的预防必须注重处理确认的与性暴力和亲密伴侣间暴力有关的风险因素。

---

[9] Laura Dugan, Daniel S. Nagin, and Richard Rosenfeld, "Do Domestic Violence Services Save Lives?" *NIJ Journal* 250(2003).
[10] 杜根等人"下降的原因"。

预防男性暴力，包括针对女性的暴力

首先，一些针对女性的暴力往往更多发生在问题地方，和其他类型的暴力一样，所以一些典型的性暴力和家庭暴力犯罪人与其他暴力犯罪人没有什么大的不同之处。所以，显然我们需要采取第五章讨论过的相同做法，首先改变导致犯罪人暴力的风险因素。在此，我们求助世界卫生组织给我们提供导致更多亲密伴侣间暴力的不同种类的风险因素。[11] 对于男性而言，个体因素包括经常酗酒、低的社会经济地位和目睹暴力。正如上面提到的那样，性暴力和亲密伴侣间暴力的种子通常在犯罪人还是儿童的时候就种下了，他们目睹父亲虐待母亲，或者他们自己就是性侵的受害者。家庭暴力关系中的男性和女性通常在自己童年时期都有性暴力历史。[12] 对于女性受害者而言，很多同样的风险因素在起作用，尽管抑郁和精神疾病也是部分原因。下一章我们将探讨酒精的作用。

其次是关系因素，表现为男性占主导和家庭功能不良，还有社会和社区因素，包括父权准则，助长暴力，社区对暴力的制裁薄弱。需要更多的实验证明现存的项目是否确实在解决这些减少针对女性暴力的风险因素上有用。

在女性受害前就预防男性犯罪

这一部分探讨其他能预防有风险的年轻人实施性犯罪和亲密伴

---

[11] 世界卫生组织，关于暴力和健康的世界报告（日内瓦，世界卫生组织，2002年）。
[12] 世界卫生组织，预防亲密伴侣间和针对女性的暴力：采取行动，拿出证据（日内瓦：世界卫生组织，2010年）。

侣暴力行为的有希望的方法。根据大范围的国家亲密伴侣和性暴力调查，疾病控制和预防中心确认很多侵害发生在约会期间（如高中和大学时期）。所以，为了减少强奸和亲密伴侣暴力，预防策略需注重在大学前和大学时期培养同伴和约会伴侣间的健康关系。[13] 有两个策略脱颖而出，第一个是改变高中和大学的年轻人对饮酒、吸毒、暴力和对女性性侵的态度，这样的话，很多有可能成为犯罪人的青年男性会受到影响而避免暴力。我会对那些证明这一方法奏效的模范范例加以解释。[14] 第二个策略是针对旁观者，改变社会准则，提倡旁观者干预（例如，当一个人还没有卷入潜在的强奸或者性侵事件时，对其进行干预，制止犯罪人或者帮助被害人逃离现场），我也会对这些范例加以解释。

范例："安全约会"项目和 4R 项目改变年轻人的态度。 根据世界卫生组织，目前只有一个策略经验证有效，只和亲密伴侣暴力有关（安全约会或者 4R 项目，这两个项目是学校项目，在约会关系期内预防暴力，下面将讨论）。

"安全约会"是一个改变男孩对性暴力态度的项目，它由北凯罗来那州开发并测试，crimesolution.gov 网站已将其认定为有效项目。[15] "安全约会"是一个基于学校的预防项目，它针对小学和高中学生，其目的是预防约会暴力，内容包括改变约会暴力和性别角色的青少年准则，提高对约会关系的冲突解决技巧，鼓励被害人和

---

[13] 布莱克等人，性暴力调查。
[14] "Strategies for Healthy Youth Relationships", Centre for Prevention Science, http://youthrelationships.org/, accessed April 2, 2010.
[15] "Program Profile: Safe Dates", Crime Solutions, http://www.crimesolutions.gov/Program Details.aspx?ID=142, accessed April 28, 2013.

犯罪人寻求帮助解决约会暴力,提高同伴帮助的技巧。对这一项目的评估运用了准实验设计,结果表明青少年态度有一些转变,重要的是,强奸和性暴力事件有所减少。

另外一个给人印象深刻的项目初衷是阻止约会关系期间的暴力,源自加拿大安大略省伦敦的家庭法庭诊所,三十多年来,这一团队一直致力于用更好的方法来解决针对女性的暴力,制止暴力。这个项目引领那些解决家暴案件的警察和社工团队,为亲密伴侣间暴力的被害人找到了更多有利于被害人出庭的方法,让警察、检察官和社区机构合作,建立了支持被殴打的妻子诊所。

意识到这些应对性方法的局限性,我们再探讨一个经过周详考虑的预防项目,即熟知的 4R 项目,它是一个基于学校的课程,旨在预防男孩的性和约会暴力——当他们成人时有可能改变他们的态度。它被称为 4R 是因为学校项目的传统的三个 R 阅读 (Reading),写作 (wRiting) 和算数 (aRithmetic) 加了一个 R 关系 (Relationships)。互动的课程将约会暴力预防和关于健康关系、性健康和药物使用课程整合在一起,它面向 9 年级学生开设,由健康课程老师讲授,他们经过额外的关于约会暴力和健康关系动态的培训,这一项目的成本(包括老师的培训和材料)是平均每个学生 16 美元。[16] 这个项目被严谨的实验测试检验,测试涵盖了 20 所学校和 1700 名学生,研究者第一次从男孩和女孩的角度测试了性侵、约会暴力和霸凌的水平,然后有一半学校实行了 4R 课程,另一半

---

[16] D. A. Wolfe, C. V. Crookes, P. Jaffe, D. Chiodo, R. Hughes, W. Ellis, L. Stitt, and A. Donner, "A Universal School-Based Program to Prevent Adolescent Dating Violence: A Cluster Randomized Trial", *Archives of Pediatric and Adolescent Medicine* 163 (2009): 693–99.

通过标准课程培养非暴力约会关系。然后一年后对男孩的个人约会暴力程度和女孩被害人数量进行了评估，研究结论是男孩的约会暴力指数减少了 25%。尽管这一项目的测试使用了随机控制实验，crimesolutions.gov 网站只将其评为有希望的项目，[17] 有希望的是它马上会被更新。

世界卫生组织一直在寻找减少针对女性暴力的其他有效的项目，但是没有找到。然而，它认为这两个项目本身，已经证明了在预防现在和将来的针对女性的暴力上是有效的项目。[18] 所以，各个组织需要实施项目，研究者需要评估这些项目；毕竟项目风险很小，潜在的益处很大。它们至少有好处（可能很多好处），这远胜于应对性的犯罪控制，因为应对犯罪控制的做法是针对女性的暴力发生之后，再去竭力处理偶尔引起他们注意的残局。[19]

范例："绿点""不要成为那个人"项目鼓励旁观者干预。前面提到过，大学生遭遇强奸和试图强奸的比例是普通人口的 5 倍。[20] 这一问题的主要研究者邦尼·费希尔（Bonnie Fisher）强烈提倡联邦立法来强迫大学采取行动。[21] 她积极地评估各种能采取的预防行动，"绿点"项目就是这样一个行动的范例。和 4R 项目一样，

---

[17] "Program Profile: 4th R Curriculum", Crime Solutions, http://www.crimesolutions.gov/ProgramDetails.aspx?ID=109, accessed April 28, 2013.
[18] 世界卫生组织，预防亲密伴侣和针对女性的性暴力。
[19] 同注 5。
[20] Kilpatrick 等人，"Drug-Facilitated, Incapacitated, and Forcible Rape"。
[21] 邦尼·费希尔，"改变范例：校园的主要预防"（2011 年丹尼森大学第五届校园安全年会上的 PPT 演讲）。

"绿点"项目注重在大学层面上改变对强奸和性暴力的态度。[22] "绿点"项目源于肯塔基大学（University of Kentucky）的校园，它是鼓励旁观者干预的显著范例。[23] 项目通过具有激励性的讲座邀请新同学更多地了解减少校园强奸和性侵的方法，它还让学生了解简单的方法来干预制止可能导致性侵的系列事件。和它类似的是源于加拿大阿尔伯塔省的埃德蒙顿"不要成为那个人"项目，鼓励年轻人讨论"同意"的意思，即有必要时进行干预。

对"绿点"项目的评估表明它能大大影响旁观者。[24] 然而，评估还没有表明这些干预对性侵率的直接确切影响。"绿点"项目是一个有希望的项目，大学可以现在就实施这个项目，甚至不需等待漫长的广泛的评估。事实上这个项目比暴力发生后采取的昂贵、迟钝和效率有限的应对性犯罪控制要好。

范例："白丝带"和"体育队倡议"项目。其他项目和"绿点"的目标类似，一些项目尤其注重动员男性向其他男性提倡结束针对女性的暴力。加拿大的"白丝带"项目鼓励男性戴白丝带来表明他们反对针对女性的暴力。"白丝带"项目对学校、普通公众和执政者发起运动。尽管没有对这个项目的评估，这一行动合乎逻辑，因为上面我们看到男性对针对女性暴力的态度是暴力盛行的主要因素

---

[22] "Green Dot Strategy", Violence Interpretation and Prevention Center, University of Kentucky, 2010, http://www.uky.edu/Student Affairs/VIPCenter/learn_greendot.html, accessed April 2, 2010. 一些大学受到肯塔基大学的激励，但总是面临挑战。"Right to Respect Campaign", University of Ottowa, http://www.respect.uottawa.ca/en/, accessed April 2, 2010.

[23] "Ending Violence . . . One Green Dot at a Time", Changemakers, February 22, 2010, http://www.changemakers.com/stopviolence/entries/ending-violenceone-green-dot-time, accessed April 9, 2013.

[24] Ann L. Coker et al., "Evaluation of Green Dot: An Active Bystander Intervention to Reduce Sexual Violence on College Campuses", *Violence Against Women* 17 (2011): 777–96.

之一。[25] 运用榜样模范的力量也有可能改变男性对性暴力和干预的态度。体育新闻的特有标题是足球明星不管什么年龄都曾强奸和性侵女性和女童。例如，俄亥俄州的斯托本维尔镇成为全国头条新闻，两个高中足球明星强奸了一个16岁女孩。还有更多范例，[26] 这些声名狼藉的案例毫无疑问也会给这些一时的英雄的未来体育生涯带来害处。

  男性运动队和他们的教练需要迈出的一小步是积极地意识到什么是尊重女性的负责行为，他们的训练中应该包括类似于4R项目的因素，讨论足球队的角色。例如，经过一系列被队员指控的性侵后，加拿大英属哥伦比亚省温哥华的狮子足球队成为力图消除强奸的领导者。他们的一个主要工作是鼓励男性不要只做旁观者——和"绿点"项目类似。[27] 英属哥伦比亚省狮子队注重让男性做榜样模范来改变其他男性的态度。这一倡议很容易在其他体育组织中持续下去，如果他们有意愿这样做的话。这是一个值得投资的方法，而且值得更多研究，因为这样做讲的通，尤其是我们知道当男童目睹其父亲的暴力行为，他们对女性的态度起到了不好的榜样模范作用时，通常种下了性暴力和家暴的种子。

---

[25] White Ribbon Campaign, 2010, http://www.whiteribbon.ca/, accessed April 2, 2010.

[26] Annie-Rose Strasser, "Another Football Player Accused of Rape, Another Community Blaming the Victim", Think Progress, March 20, 2013, http://thinkprogress.org/health/2013/03/20/1751831/rape-football-victim/, accessed March 21, 2013.

[27] "Be More Than a Bystander", Ending Violence Association of British Columbia, http://www.endingviolence.org/Be+More+Than+a+Bystander, accessed March 21, 2013.

四、改进应对性犯罪控制，首先考虑被害人需要

为什么警察不能更好地处理针对女性的暴力事件？因为第一部分我们讨论过传统的、孤立的警务机制与性暴力、亲密伴侣间暴力的被害人需要之间有巨大的断层。正如前面提到的那样，强奸和性侵的不报案率是84%，这令人难以置信——这意味着7个被害人当中只有1个去报案，大学校园里的不报案率甚至更高。不报案的原因很复杂，传统警务和法庭的应对肯定是部分原因。或许部分原因是男性占主导的机构的态度，例如执法机构，每5个宣誓的警察中大约有4个是男性。对于那些确实去报案的被害人，很多必须经历警察的调查，而这些调查通常不注意被害人的需要。刑事法庭带给他们的各种经历，通常留给他们的是持续的痛苦，不仅来自受害经历而且来自整个司法过程。通常情况下，被害人还不得不经历在社区失去朋友的痛苦，因为很多人搬走开始新的生活。或许报案率这么低就不足为奇了。这些数字应该敲响警察对强奸和亲密伴侣犯罪被害人应对的警钟，[28]但是不幸的是，这些警钟还不够响。

事实上，传统的孤立的警务往往强调逮捕犯罪人，而不注意被害人和他们的需要。1986年在加拿大多伦多，一个连环强奸犯在逃，警察了解到他的目标是4个白人妇女，黑发，独自生活，他的一贯伎俩是从阳台入室。可是警察没有警告居住在那个地区的妇女，

---

[28] An van Dijk, John van Kesteren, and Paul Smit, Criminal Victimisation in International Perspective: Key Findings from the 2004–2005 ICVS and EU ICS (The Hague: Boom Legal Publishers, 2008).

即使有可能发生更多的受害事件。为什么？因为他们只关心是否抓住了犯罪人。所以当这个强奸犯侵害第 5 个被害人，她活下来后，她起诉警察没有警告她，她胜诉了。[29] 对于普通市民来说，显然警察应该警告潜在的被害人，不幸的是，正如我们在第一部分讨论过的那样，警察的主要作用是执行法律（抓住犯罪人），这些是在犯罪发生之后，而不是预防犯罪，帮助被害人。

上面我们看到了一些在针对女性的暴力发生之前将其阻止的一些有希望的范例，下面我们将探讨当犯罪不幸发生之后我们现存的制度更好地满足被害人需要的方法。

范例：巴西的女警警局

一些警察力量能够打破令人震惊的不报案趋势，美国警察可以借鉴一下。特别是巴西，在对性暴力和家暴被害人的有效警务方面，实行了最有趣的创新举措，在主要问题地方设立女警警局，结果，性暴力和家暴的普通女性被害人更愿意报案，当她们向警察报告虐待事件时，她们更有信心会受到尊重。

在实践中，这个方法之所以有效是因为社会服务和警务相互交织，这些警察局也有医生和心理学家，这样被害人能够得到帮助，在受害后他们能从暴力中恢复，重新生活。另外一个重要原因是设立这些警察局是为了赋予女性权利，因为她们可以对性暴力和身体暴力说"不"，她们更相信那些犯罪者会听。如果他们不听，他们知道很有可能警察会来抓他，所以这是一种集中威慑。不幸的是，

---

[29] Jane Doe, *The Story of Jane Doe: A Book about Rape*（Toronto: Vintage Canada, 2004）.

美国的警察服务拒绝这种举措，还不幸的是警察研究者没有研究巴西成功的原因。

范例：性侵护理检查项目，强奸证据链

一条好消息是性侵被害人的经济需求得到了进一步满足，他们能支付受害引起的花费。"反妇女暴力法"（Violence against Women Act）促进了好多项目的开发，其中最新的一个项目是政府支付被害人遭受性侵的检查费用，主要通过性侵护理检查（SANE）项目，SANE项目现在每个州都有，美国有大约500个项目。所有SANE项目治疗成年人和青少年，有一半项目也治疗儿童，SANE项目也通常处理男性和女性的性侵受害者。

重要的是，有充足证据表明SANE项目在应对性侵受害者方面很有效。最近的一个评估中，一个研究者发现了有利的证据，性侵护理检查在帮助被害人心理恢复方面很有效，因为他们将痛苦最小化，让被害人保持尊严，允许被害人做出自己的决定，给他们提供医疗帮助。事实上，75%的性侵被害人描述他们和SANE项目的护士接触有"治愈功能"，项目本身有"治愈"作用。SANE项目还有助于加强机构之间的协作，来加强整个社区对强奸案件的应对，也增加了成功起诉的可能性，因为他们收集证据的方式正确。[30]尽管证据收集正确，但强奸证据被积压起来没有得到分析。幸运的是，

---

[30] Rebecca Campbell, Debra Patterson, and Lauren Lichty, "The Effectiveness of Sexual Assault Nurse Examiner (SANE) Programs: A Review of Psychological, Medical, Legal, and Community Outcomes", *Trauma, Violence, and Abuse* 6, no. 4 (2005): 313–29; *Holly Johnson and Myrna Dawson, Violence against Women in Canada: Research and Policy Perspectives* (Toronto, Ontario: Oxford University Press, 2010).

面对公众的反对，2013 年国会修改了"反妇女暴力法案"，增加了一部分，即"安全法案"，其目的是帮助减少积压的证据链。

范例：受虐待妇女收容所

当我们想到处理亲密伴侣间暴力时，首先想到的是妇女收容所。今天，美国有 2000 多个基于社区的项目，每年给 30 万名女性和儿童提供紧急避难场所。那些在这些安全避难所能保证受到庇护的被害人会待几天至几个月，他们来寻求保护、咨询、安全计划和法律援助服务，这些确实得到接受服务的被害人的好评。[31] 重要的是，他们可能也起到制止暴力的作用。回归分析表明从 1970 年到 2000 年不断增加的避难所使针对女性的暴力越来越少，通常人们认为取得这样的成功是因为女性安全了。但是很多男人不想失去他们的伴侣，所以这些避难所的存在也促使他们控制其暴力。需要更多的研究来发现女性避难所对暴力的确切影响。

令人难过的是，很大一部分寻求收容所和安全避难所帮助的女性和儿童遭到拒绝，一项对家庭暴力被害人的年度调查统计了避难所妇女和儿童的数量及在某一天被拒绝的人数。平均每天全国大约有 1 万个妇女和 1 万个儿童住在收容所，不幸的是，每天有 9000 个被害人被拒，因为项目负担过重，缺少资源。[32] 这一缺口很严重，

---

[31] Eleanor Lyon, Shannon Lane, and Anne Menard, "Meeting Survivors' Needs: A Multi-state Study of Domestic Violence Shelter Experience"（工作论文, National Institute of Justice, October 2008）, available at National Online Resource Center on Violence against Women, http://www.vawnet.org/Assoc_Files_VAWnet/Meeting Survivors Needs-Full Report.pdf, accessed April 18, 2010.

[32] 相对于 2 万个，1 万个床位意味着每天缺少 50%，每天需要 2 万个相当于一年 30 万的十五分之一，所以短缺为 10,000 × 365/15，或者 243,000 个。

执政者需要关注这个问题。

妇女收容所、性侵危机中心、SANE 项目都是当受害发生后很好的应对措施，最主要的是它们有效地提供联合国妇女地位委员会要求的多部门服务，包括卫生保健，心理支持，咨询和社会支持。[33] 但是这些项目需要大量的、持续的资金来真正应对需要它们的被害人。然而，事后对性暴力和家庭暴力被害人的支持没有预防强奸的项目那样有效，聪明的解决办法是同时运用这两种方法。

重新将法庭的应对转向预防再犯

当提及强奸和亲密伴侣间暴力犯罪人时，大多公众和政治论述都注重法庭惩罚，一些支持受虐妇女的人认为，既然我们用监禁来惩罚街头暴力，同样我们也应该用监禁来惩罚家庭暴力。尽管这一观点原则性很强，但它忽视了一个事实，即用监禁来惩罚街头暴力本身的作用有限，而且成本极高，附加的后果不可预测，这点在第一部分讨论过。

尽管如此，各州通过法律要求警官如果接到涉及家庭内部暴力事件的报警电话就要逮捕嫌疑人。这些法律的立法意旨虽好，却忽视了预防和改造，只注重应对措施。这项法律的支持者指出了 1984 年明尼阿波利斯市进行的一个实验，该实验表明，与只是暂时和配偶分开被警告不要再次殴打配偶的男性相比，曾经因为

---

[33] Michelle Bachelet, "UN Women Welcomes Agreed Conclusions at the Commission on the Status of Women", press statement, New York, March 15, 2013, http://www.unwomen.org/2013/03/un-women-welcomes-agreed-conclusions-at-the-commission-on-status-of-women/, accessed March 16, 2013.

殴打伴侣而被捕的男性的重复暴力（报案的）减少了50%。在其他城市，这些结果没有被科学的复制，这是所有科学证明的试金石（最后检验）。

对重复暴力的报案采取的强制性逮捕到底是根本没什么作用还是起到了一些作用，科学研究结论游移不定。最后，人们得出结论，强制逮捕程序对于那些几乎没有损失的男性的影响微乎其微，在这一点上几乎所有犯罪人都类似。然而，强制逮捕对那些确实还有东西可失去的男性（典型的中产犯罪人）的再犯率有一些积极的影响。

显然服刑期的长短对再犯率没有影响，减少酒精的危害对再犯率有一些影响。但是即使是这些实验，也没能证明是否强制性逮捕和服刑长短比要求犯罪人参与具体的治疗更好，如果参加项目可以让犯罪人避免入狱服刑的话。事实上，直到最近，科学文献中针对关于家庭暴力预防和改造虐妻者的研究一直很薄弱。

2013年，受人尊敬的华盛顿州公共政策研究所发表了题为《什么对家庭暴力犯罪人有效》(*What Works with Domestic Violence Offenders*)的综述，综述总结了预防家庭暴力再犯的策略，总结道"德卢斯策略"（Duluth strategy）（对虐妻者的一个群体治疗的初衷是改变他们对女性的控制态度）没有任何预防家庭暴力的证据，尽管在华盛顿州这一策略对所有宣判有罪的虐妻者强制执行。乐观地讲，报告总结道，那些革新的、经证明了的再犯预防策略（第一部分讨论过，如认知—行为治疗）可能减少家庭暴力的再犯率。[34] 另一

---

[34] M. Miller, E. Drake, and M. Nafziger, "What Works to Reduce Recidivism by Domestic Violence Offenders?"（工作论文，Washington State Institute for Public Policy, Olympia, January 2013）.

项研究调查了虐妻者咨询项目的有效性,这是对四个城市进行的一项纵向的四年评估,研究发现参与虐妻者咨询项目(认知—行为治疗项目)的大部分男性似乎停止了他们的攻击行为。[35] 所以对虐妻者项目有效性的证据不够确凿,如果执政者要想获得他们需要的科学证据来制定最智慧的法律从而确保对妇女和家庭有最好的结果的话,显然在这一领域需要投入更多的研究。但是同时,首先我们需要努力制止年轻人成为犯罪人,例如上面列出的教育和干预项目。

五、制订国家计划来减少针对女性的暴力迫在眉睫

幸运的是,美国已经有了强大的立法手段(针对女性的暴力法案,VAWA)来改进对女性暴力被害人的应对。VAWA 于 1994 年提出,分别于 2000 年、2005 年、2013 年获再次批准。理论上,VAWA 有两个功能:更好地满足针对女性暴力的被害人的需要,以及预防针对女性的暴力犯罪。实践中,VAWA 的长处是按性别制定项目,保护被害人免受犯罪人的伤害,暴力发生后处理针对女性的犯罪。然而,到今天,它却不能促进在暴力发生前预防暴力项目的制定。例如,它的很多资金都流向各个地方应对被害人的行动中,尽管 2013 年它确实得到了初始基金在校园里实施有前景的项目。而且,没有有意义的监督或者评估来测评针对女性的暴力是否

---

[35] See also E. Gondolf, "Evaluating Batterer Counseling Programs: A Difficult Task Showing Some Effects and Implications", *Aggression and Violent Behavior* 9(2004): 605–31.

因为这个法案真正在减少。[36] 法案中最重要的一个提倡预防的手段是针对女性暴力办公室（OVW）。它是美国司法部的一部分，其使命是关注家庭暴力、性侵、跟踪和人口贩卖。它特别针对女性是因为这些犯罪严重影响女性，通常给女性被害人带来的后果比给男性被害人带来的后果更糟，它还设立处理具体弱势群体的项目，如残疾的女性被害人和居住在印第安保留地的女性被害人，因为这些群体的受害风险尤其高。OVW 是一个信誉卓著、受人尊敬的办公室，因此，它能有效地协调一系列经证明了的预防改革的实施。

尽管处理这种暴力的最智慧的方法是在它还没发生前进行预防，但在如何有效地进行预防方面的研究尚处空白，例如，世界卫生组织和美国国家研究委员会都认为缺少关于如何有效预防针对女性的暴力犯罪的研究。[37] 事实上，比起那些经充分证明了的项目，有更多"有前景的策略"，只是因为还没有对它们做出研究。对这些策略的忽略和偏见，实属不幸，我会敦促研究领域对此进行弥补。遗憾的是，已经进行的研究往往注重传统警务和刑事司法方法，即暴力发生后的解决措施，而不是在它发生前就阻止问题的出现。正如这本书力争论述的那样，防患于未然。

---

[36] 法案重要部分是要求成立针对女性暴力的办公室，向国会说明资金的明确用途，评估资金对减少暴力和满足被害人需求的有效性。VAWA 对结果的关注严肃，尽管评估其影响主要局限于过程评估。

[37] Rosemary Chalk and Patricia A. King, eds., Violence in Families: Assessing Prevention and Treatment Programs (Washington, DC: National Academy Press, 1998)，4–5; World Health Organization, *World Report on Violence and Health*.

六、结论

重点：减少性暴力和针对女性的亲密伴侣间暴力的更智慧的策略

性暴力犯罪率令人震惊，尤其年轻人，似乎没有减少的趋势。针对女性的亲密伴侣暴力普遍，也令人震惊，尽管致命的暴力犯罪率在逐渐地减少，原因可能是因为妇女获得更大的自由，通过社会和经济机会摆脱暴力的关系，离婚自由，家庭法律的出现和过渡房屋等。

旨在改变男孩和年轻的男性对性暴力态度的学校项目很有效，让成年人进行干预也相当有效，男性领导者改变社会态度似乎很有希望。枪支拥有问题在前面一章讨论过，一般的饮酒风险因素会在下一章探讨，在问题地方的犯罪前预防也会减少针对女性的暴力。

如果女性更有信心到警局揭发暴力，单单报案本身就会帮助她们抵制身体和性暴力。所以需要引起注意的是很多人对性暴力不去报案。同样，很多人对家庭暴力也不报案。对此，解决方法是让更多女警处理，确保能见到 SANE 项目的护士，处理强奸证据链，让更多女性能够得到庇护，女性会更有力量。专家对于制止家庭暴力犯罪人再犯的方法上意见相左，但是经证明了的减少再犯的措施会有用。

"针对女性的暴力法案"主要是改进对这些犯罪的应对，尽管2013 年增加了一些初始基金，在大学校园实施有前景的项目，以及处理强奸证据链，但是这个基金必须持续下去并且加强才能真正起作用。法案还为将来持续研究和发展更多有效的项目提供了主要的手段，这个研究必须包括批判地看待革新做法的成本和收益。

执政者阻止针对女性暴力的更智慧的方法

1. 立法者必须改革针对女性暴力的法案，制订计划，平衡有效的预防，智慧地应对性犯罪控制，减少针对女性的身体和性暴力。

2. 立法者必须资助定期的调查，调查学校和大学校园里的性和身体暴力，这些都要基于早期的成功调查。[38] 他们必须组织学校和大学领导者召开年会，改进他们对这些暴力的应对措施。

3. 立法者必须资助主要运动组织召开年会，讨论体育队在减少针对女性暴力中的作用。

4. 立法者必须改革执法行为，将女性被害人放在工作首位。[39]

5. 立法者必须增加妇女庇护场所、性侵危机中心以及增加对性侵护士检查（SANE）项目的资助，目的是让更多被害人得到帮助。

6. 立法者必须资助研究，以增加对减少针对女性暴力的有效和成本有效项目的知识的了解。

7. 立法者必须实施其他章节提到的关于投资早期儿童发展，问题地方，限制暴力犯罪人拥有枪支，限制酗酒的建议。

本章表明更智慧的犯罪控制必须注重投资于社会预防策略，包括动员干预者，改变学校和大学的态度，还有第五章提到的早期儿童发展和有目标的社会项目。还要让女性对警察和法庭更有信心，建更多的庇护所，让法庭监督惯犯参加经证明了的预防项目。总之，不用标准的应对性犯罪控制，通过更少的惩罚和不昂贵的方法，被害人的数量能够减少。

---

[38] Fisher 等人，"The Sexual Victimization of College Women"；Kilpatrick 等人，"Drug-Facilitated, Incapacitated, and Forcible Rape".

[39] Waller, *Rights for Victims of Crime*, chap. 3.

第八章 预防交通和酒精有关的暴力

一、介绍

提到制止暴力，我们必须将部分重点转向酒精。专家的共识是越容易获得酒精，道路上、街头和家里就会有越多的暴力。本章探讨在其他风险因素中，酒精和交通死亡的关系。本章还论述减少这些死亡的科学，包括减少我们知道的惯犯数量。然后论述减少酒精的使用问题，尤其在年轻人中。最后，本章给出将急诊室变成有助于制止暴力的社会服务介绍中心的方法——急诊室是对暴力第一时间做出回应的中心，这些暴力包括与酒精有关的暴力。

所以美国怎样做才能将与酒精有关的伤亡减少到其他富裕民主国家的水平呢？表 8-1 列出了解决方法。

表 8-1 如何制止交通死亡和酒精有关的暴力

国家办公室优先减少交通和酒精有关的暴力死亡	
有效的预防	智慧的应对性犯罪控制
文化转变	对 MADD 日程立法
自卫驾驶培训	限制速度，安装速度摄像头

续表

国家办公室优先减少交通和酒精有关的暴力死亡	
有效的预防	智慧的应对性犯罪控制
设计更安全的汽车和道路	安全带，儿童保护和智能手机的使用
干预者（反对消极决定的学生项目 SADD)	随机呼吸测试（反对酒驾的母亲项目 MADD），将血液酒精浓度提高到 0.05
每辆汽车里安装点火互所装置（反对酒驾的母亲项目 MADD)	给醉酒司机安装点火互锁装置
模范—生活技能和酒精筛查	执行贩卖和提供酒精的法律
针对产生暴力的问题地方	
投资犯罪前预防	使用经证明的再犯减少项目减少再犯
利用网络调查，数据，研究，发展和有效的实践	

二、预防交通犯罪——国家优先考虑

在第一章，我们看到在富裕的民主国家中，美国的交通死亡率最高（见图 1-2），和酒驾有关的人均死亡率是英国的 8 倍，每年大约有 32,000 人在交通事故中丧生，还有很多人受伤或者变成残疾人。[1] 在这些事故中，大约有 10,000 个死亡（或者三分之一）、35 万个受伤都和醉驾造成的事故有关，通常司机血液中酒精含量

---

[1] "Motor Vehicle Safety", Centers for Disease Control and Prevention, http://www.cdc.gov/Motorvehiclesafety/index.html, accessed April 11, 2013.

超过法律规定，血液中含有酒精超过 0.08%。[2] 这相当于每 53 分钟就有一个人死亡。[3] 到 2010 年，美国每年醉驾的成本超过 1300 亿美元，将近 GDP 的 1%。[4] 涉及醉驾、危险驾驶和疏忽驾驶的汽车事故非常严重地影响被害人和纳税人。健康护理、被害人服务和生产力丧失的成本巨大，生活质量的丧失使总的伤害猛升到每年超过 1300 亿美元。但是正如我们将看到的那样，世界卫生组织、疾病控制和预防中心和其他权威机构有相当多的科学知识告诉我们减少被害人数量和伤害的方法——所以，我们还有希望。

有更多好消息，在过去十年，酒后驾驶的死亡数量下降了 27%，从 2002 年的 13,472 个降到 2011 年的 9878 个。[5] 仅仅从 2006 年到 2010 年，一份年度自我报告调查表明酒后驾驶数量下降了 30%。[6] 所以，死亡数量的减少可能是因为酒后驾驶的司机少了。也可能是因为智慧的警务，因为传统执法已经形成一些有效方法来改变道路上的不安全行为（如减速、系安全带、不喝酒等）。重要的是，这些有效的措施没有为了有效性而依靠

---

[2] "Traffic Safety Facts 2011 Data: Alcohol-Impaired Driving"（fact sheet, National Highway Traffic Safety Administration, US Department of Transportation, Washington, DC, 2012），http://www-nrd.nhtsa.dot.gov/Pubs/811700.pdf, accessed February 16, 2013. See estimates for injuries from MADD at "Drunk Driving", MADD, http://www.madd.org/drunk-driving/, accessed April 30, 2013.

[3] "Traffic Safety Facts 2011 Data". See also the list of all Traffic Safety Fact Sheets at http://www-nrd.nhtsa.dot.gov/cats/listpublications.aspx?Id=A&Show By=Doc Type, accessed April 28, 2013.

[4] "Statistics", MADD, http://www.madd.org/statistics/, accessed February 16, 2013; "Impaired Driving in the United States", National Highway Traffic Safety Administration, http://www.nhtsa.gov/people/injury/alcohol/impaired_driving_pg2/us.htm, accessed April 28, 2013.

[5] 交通安全事实 2011 年数据。

[6] "Drinking and Driving: A Threat to Everyone"（fact sheet, Centers for Disease Control and Prevention, Washington, DC, October 2011），http://www.cdc.gov/vitalsigns/Drinking And Driving/index.html, accessed April 11, 2013.

过度的大规模监禁，相反，依靠的是明智地运用集中威慑的警务策略。

但是，如图 8-1 表明的那样，我们仍然有很长的路要走。美国的死亡率一直比其他富裕民主国家高，因为其他国家在酒后驾驶和其他交通事故问题上更注重有效的策略。例如，美国总的交通死亡率是英国的 3 倍，酒后驾驶的死亡率高达英国的 6 倍。[7]

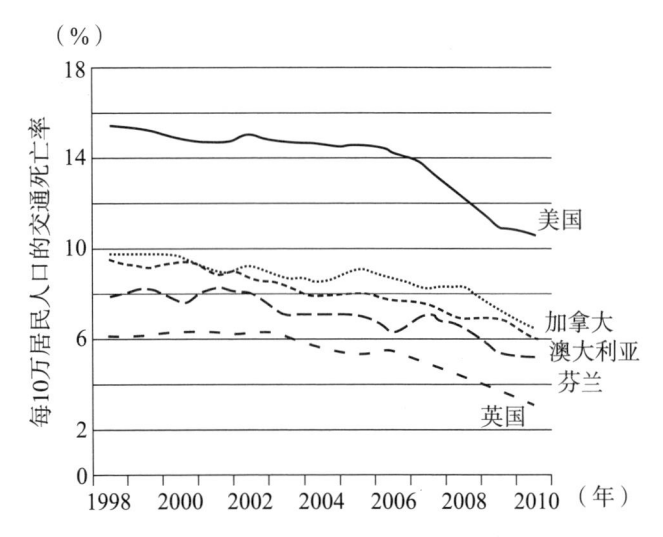

图 8-1 美国交通死亡率呈下降趋势：仍然需要赶上富裕民主国家

---

[7] World Health Organization, *Global Status Report on Road Safety*, 2013（Geneva: World Health Organization, 2013）. See also related analysis such as the country profiles at http://www.who.int/violence_injury_prevention/road_safety_status/2013/en/index.html, accessed March 15, 2013; "Road Safety Vademecum: Road Safety Trends, Statistics and Challenges in the EU 2011-2012"（工作论文，European Commission, DG for Mobility and Transport, Unit C）.

在减少交通犯罪问题上，为什么不成立一个国家机构负责领导

尽管和危险驾驶有关的风险因素得到广泛认可，但美国缺少一个领导机构来带头（不仅仅分享数据）有效地解决对所有公民造成威胁的道路风险因素。在减少交通犯罪方面，美国还缺少重要目标。这令人遗憾，因为世界卫生组织最近报告道一个资金充足的领导机构，有重大目标的国家计划或策略对减少交通伤害和死亡至关重要。[8] 这些是美国应该马上解决的问题。

目标不可或缺，因为利益相关者有一个共同努力的方向。我建议美国制定一个现实的目标，到 2020 年将交通死亡率减少 50%。下文你会看到，如果进行更合理的投资的话，这一目标很容易达到。实现这一目标还要求实施有据可依的执行策略，为了在更大程度上保护潜在的被害人，这些策略专门为改变危险行为而制定。然而，可能需要平衡公民不因交通事故丧生的权利和他们已习惯的毫无限制的驾驶权利。

三、在人们受伤之前采取行动预防交通犯罪

我们知道交通犯罪造成的交通伤害和死亡可以预防，有效的预防包括多种方法。对于汽车生产商来说，他们可以通过设计的不断创新来减少交通死亡和严重伤害。高速安全保险机构起到领导作用，

---

[8] World Health Organization, *Global Plan for the Decade of Action for Road Safety* 2011–2020（Geneva: World Health Organization, 2011），www.who.int/roadsafety/decade_of_action/plan/plan_english.pdf, accessed April 2, 2013.

他们告知顾客新的设计在何种程度上可以减少死亡和伤害。[9] 他们近年来发表了不同的创新设计减少伤亡的统计,这些新的设计包括安全带、儿童约束装置和反锁刹车。据报道,单是气囊就能将致命的正面撞击减少 29%,[10] 安全带将严重伤亡减少大约 50%。还有创新设计减少行人风险,也可以在汽车里更智能地使用手机。所以,这些安全因素对公共安全非常重要,立法者应该鼓励使用有这些安全配置的汽车。例如,欧盟要求老旧的汽车要想上路的话,必须满足最低的安全标准。[11] 但是只是汽车设计还不能减少交通伤亡,这也是美国应该制定的目标。事实上,世界卫生组织报告了几种有效的干预措施,包括采用交通减速措施,警察有效的监管速度,执行法律要求使用安全带和儿童约束装置,给驾驶者制定和执行血液酒精上限。[12] 世界卫生组织还注意到公共意识在支持执法和立法上起着重要作用,通过增加公众的意识,让他们认识到与违反交通法律有关的风险和惩罚。[13] 欧盟发现在 30% 的致命交通事故中,超速是第一大因素。第二大因素是不系安全带,司机和乘客甚至儿童都不系安全带。欧盟的报告称,酒后或吸毒后驾驶是第三大因素,造成 25% 的致命事故。[14] 不幸的是,我们知道美国这一比率更高。因驾驶者注意力不集中、粗心导致的死亡数量在增加,尤其是使用智

---

[9] Insurance Institute for Highway Safety, http://www.iihs.org/, accessed April 12, 2013.
[10] "Research & Statistics", Insurance Institute for Highway Safety, http://www.iihs.org/research/default.aspx, accessed April 12, 2013.
[11] European New Car Assessment Program, http://www.euroncap.com/home.aspx, accessed April 11, 2013.
[12] World Health Organization, *Global Plan for the Decade of Action*.
[13] 同注 12。
[14] 道路安全指南。

能手机，但是这个问题需要更多数据。[15] 被那些没有醉酒却仅仅只是因为粗心的驾驶者撞死的被害人数量没有明确的数据，但是我们怀疑其数量很大。在美国，国家高速交通安全管理局收集了风险因素的基本数据，这一数据可以被用来做重要的分析，更好地了解并且进一步鼓励减少交通死亡。[16] 疾病控制和预防中心明确指出减少交通死亡是一场能打赢的战争，方法是解决各种风险因素，包括驾驶者的行为。[17]

加强有效的速度监管，干预分心驾驶行为

我们知道，如果集中执法资源进行速度监管的话，可以有效减少道路伤亡，但是，在传统警察部队中，只有少数警察专门从事交通管制。[18] 上文你们看到超速导致三分之一的交通事故死亡（美国每年大约 3000 起死亡）。严格限制速度是减少死亡的有效方法，例如，我们可以借鉴荷兰的做法，荷兰通过更严格的限速将交通死亡减少到欧洲的最低水平，在这种情况下，每年 1000 个居民中有 450 多个驾驶者经过超速检测区。[19] 城市还能最大限度地限速，例

---

[15] Michael Sivak and Brandon Schoettle, "Towards Understanding the Recent Large Reductions in U.S. Road Fatalities"（工作论文，University of Michigan Transportation Research Institute, Ann Arbor, MI, May 2010），Http://deepblue.lib.umich.edu/bitstream/handle/2027.42/71390/102304.pdf; jsessionid=234A57 E7D1FF12ABBF58968979E33151?sequence=1, accessed February 16, 2013; "Road Safety Vademecum", 11.
[16] Sivak and Schoettle, "Towards Understanding the Recent Large Reductions".
[17] "Winnable Battles: Motor Vehicle Injuries", Centers for Disease Control and Prevention, http://www.cdc.gov/Winnable Battles/Motor Vehicle Injury/, accessed April 11, 2013.
[18] 例如在英国，这一数字是 6.5%，和美国一样。"Police Enforcement Strategies to Reduce Traffic Casualties in Europe"（工作论文，European Transport Safety Council, Brussels, Belgium, May 1999）.
[19] 道路安全指南 10。

如，一项英国的研究发现，在居民区将速度限制在每小时20英里的话，汽车撞伤儿童行人和骑行者的比率则下降67%。

对速度管理技术如摄像头投资也可以非常节省成本，欧洲的范例再次说明了这一点。欧洲交通安全委员会注意到速度摄像头技术可以非常有效地减少道路死亡，平均可以减少19%。都市地区道路死亡尤其令人瞩目，可以减少28%。而且，成本收益分析发现，对速度摄像头技术每投资1美元，5年后可以产生25美元的收益。[20] 重要的是，报告还回应了这一论点，即摄像头使人们想起了"老大哥"，报告引用了公众的意见，他们更喜欢摄像头，"有一个监控你的老大哥似乎比有一个会杀害你的哥哥要好"[21]。

所以，为什么我们不在这方面增加更多的资源呢？因为我们知道这可以拯救生命，这很容易，就是简单的资源再分配，如果官员的注意力从处置像拥有少量大麻这样的轻罪中转移出来的话，这将更简单。

专家还注意到，不断增加的交通伤亡是因为智能手机和其他智能设备分散了人们的注意力，一些研究者利用因手机造成伤亡的记录来证实伤亡的风险不断增加，但是技术更新太快，很难发表结论来说明今天技术使用的风险。[22] 法律很快地确认驾驶时使用设备为犯罪，但是警察执法困难。同样，更有效的方法是在学校里增加青

---

[20] "Police Enforcement Strategies"; J. Mendivil, A. García-Altés, K. Pérez, M. Marí-Dell'Olmo, and A. Tobías, "Speed Cameras in an Urban Setting: A Cost-Benefit Analysis", *Injury Prevention* 18, no. 2 (April 2012):75–80.

[21] 警察执法策略。

[22] "Q&A: Cellphones, Texting and Driving", Insurance Institute for Highway Safety, March 2013, http://www.iihs.org/research/qanda/cellphones.aspx, accessed April 12, 2013.

少年司机避免这一风险的意识，但是需要开发有效的青少年项目，还需要解决成年驾驶者的分心驾驶问题。

推进有效的酒后驾车威慑策略

或许没有一个机构像"反对酒驾的母亲"（Mothers Against Drunk Driving, MADD）这个机构这样愿意推进有效策略来预防酒后驾驶。MADD努力采取行动减少酒后驾驶造成的伤亡数量。其使命是制止酒后驾驶，支持这一犯罪的受害者，它还致力于预防未成年人喝酒，因为道路上不论遇害还是加害他人的年轻人数量很多。

1982年，MADD让美国总统成立一个酒后驾驶总统委员会，分析现有的证据，提出一系列有据可依、符合常识的措施。委员会的提议很聪明（和迟钝的过度监禁相反），这些提议的目的是针对风险因素，改变普通驾驶行为。例如，对血液酒精水平超过0.10毫克的司机进行更严厉的惩罚，提高买酒的法定年龄。其他的提议策略旨在禁止人们喝太多的酒以后开车，例如，要求对酒吧和饭店的服务人员培训，不要为醉酒的人提供更多的酒。这些都是明智的变革举措，说明为了制止犯罪（交通犯罪）有针对性的、有据可依的策略如何有效解决风险因素。

自20世纪80年代开始，MADD一直强烈倡议改革，在促使立法者面对酒驾交通犯罪的现实方面起着主要作用。每隔几年，MADD对联邦政府和州在减少酒驾死亡方面进行评估。2000年，MADD对采取减少酒驾的32项重要措施的州进行排名，在这些措施中，少数措施受到特别关注，包括：(1)行政执照废止；(2)成人的每升血液中酒精浓度上限为0.08毫克；(3)年轻人分层次驾照系统；(4)对已死亡的驾驶者和存活的驾驶者进行强制的血液酒精检验；(5)扣留酒驾惯犯的车辆；(6)给定罪的犯罪人安装酒精点火互锁装置；(7)对酒驾犯罪人进行强制性治疗。

一群研究者决定评估这些措施对交通安全的实际影响，他们对州进行评价，从 A 级（采取很多措施的州）到 D 级（采取很少措施的州）。他们发现 D 级的州比 A 级州的酒驾案例要多 60%。[23] 那么显然，这些立法措施确实能有效阻止酒驾、拯救生命。

MADD 最近对交通改革提出一个新的"愿望清单"，遗憾的是，清单包括几个应对性的提议，包括对撞死他人或者车内有儿童的酒驾司机提高（对于纳税人来说成本很大）惩罚力度。尽管看上去这似乎对犯罪人的惩罚很"公平"，但是证据表明这些严厉的惩罚不可能使死亡率减少，这点在本书第一部分讨论过。

实际预防策略更可能减少交通死亡，MADD 的愿望清单上有两点是有据可依的做法：点火互锁和清醒检查点（下面讨论）。[24] 值得注意的是，美国司法部通过其预防网站 crimesolutions.gov 也在经证明有效的项目中推进点火互锁项目和清醒检查点，制止酒驾犯罪人再犯。[25] 然而，尽管这些提议很重要，在美国人看来

---

[23] R. Shults, D. Sleet, R. Elder, G. Ryan, and M Sehgal, "Association between State Level Drinking and Driving Countermeasures and Self Reported Alcohol Impaired Driving", *Injury Prevention* 8, no. 2（June 2002）: 106–10, doi:10.1136/ip.8.2.106.

[24] "Campaign to Eliminate Drunk Driving", MADD, http://www.madd.org/drunk-driving/campaign/, accessed February 16, 2013.

[25] "Program Profile: Checkpoint Tennessee", Crime Solutions, http://www.crimesolutions.gov/Program Details.aspx?ID=136, accessed April 11, 2013; "Pro-gram Profile: Maryland Ignition Interlock Program", Crime Solutions, http://www.crimesolutions.gov/Program Details.aspx?ID=63, accessed April 11, 2013.

也相当具有前瞻性，但是比起世界卫生组织提出的最好的做法，这些还不够严格，因为世界卫生组织的提议从世界角度提出。行动起来达到这样的全球标准会拯救大量美国人的生命，避免无数伤害，避免纳税人相关的成本。

点火互锁设备。MADD 的第一个主要策略是安装点火互锁系统。点火互锁系统是装在汽车仪表盘的设备，通过这个系统，喝醉的司机不能启动发动机，除非设备显示血液酒精水平为零。MADD 建议出台法规，允许法官和行政机构给那些被定罪的醉酒司机的汽车里安装这些设备，这样，不允许犯罪人醉酒后开车——至少持续一段时间。

马里兰的点火互锁项目就是这样一个有效阻止酒驾的范例。[26] 这个州要求一些被定罪的酒驾司机安装一段时间这样的设备。在项目的前 12 个月里，只有 2.4% 的互锁使用者再次有醉驾的交通违法，而那些没有被强制安装该设备的人有 6.7% 的交通违法，这意味着点火互锁项目将惯犯的数量减少了二分之一。另一项由疾病控制和预防中心跟进的研究证实了这一发现。[27] 然而，点火互锁更大程度上是让司机不开车的措施，不是长久之计，因为只有车上有互锁装置时有效。事实上，研究表明，一旦拿掉互锁装置，不清醒驾驶比率会恢复到被定罪的酒驾司机的人数[28]（需要注意的是，这一影响只是基于再次定罪，所以还没算那些酒驾但是从没被逮到的

---

[26] 项目简介：马里兰点火互锁项目。
[27] "Reducing Alcohol-Impaired Driving: Ignition Interlocks", The Community Guide, http://www.thecommunityguide.org/mvoi/AID/ignitioninterlocks.html, accessed February 16, 2013.
[28] C. Willis, S. Lybrand, and N. Bellamy, "Alcohol Ignition Interlock Programmes for Reducing Drink Driving Recidivism (Review)", *Cochrane Database of Systematic Reviews* no. 3 (2004).

司机）。点火互锁项目的效果相对于其他措施还需要更多的研究分析，例如，暂时吊销驾照和法庭执行的治疗，还要分析这些项目如何影响酒驾事故率。然而，这类立法有希望，这样的项目还将成为预防酒驾的一个完整部分，条件是它们和其他经证明的预防再犯的措施结合起来，这些措施包括法庭命令的酗酒治疗，在第三章和第四章我们论述了这些措施。

有趣的是，MADD 最近按照同一思路倡导另一项提议，它建议开车之前，给美国道路上的每一辆车都安上检查血液酒精水平的设备。研发这样一个通用的互锁设备似乎大有希望，可能比钥匙稍微有些不方便，这一提议可能会大大减少酒驾的交通死亡，虽然实施国际标准法定血液酒精水平 0.05 毫克（不是现在美国的 0.08 毫克）会减少更多死亡，下面将讨论。

MADD 还提倡行政驾照废止（ALR），这比强制性点火互锁能更进一步限制车辆。行政驾照废止指的是犯罪人没能通过或拒绝呼吸测醉器测试，在其被捕时吊销驾照。但是，对点火互锁项目的评估表明一些人即使没有驾照也继续驾驶。所以，将这一措施和负责这辆车的直接家庭成员结合起来会更有效。除非数据更有利，否则不清楚任何吊销驾照的做法是否有效。

清醒检查点。MADD 的第二个主要策略是提倡执法部门随机拦下车辆检查（也叫清醒检查点），拦车是执法的一部分，允许警察叫停车辆检查司机是否清醒。其理念是这些检查点增加对被捕可能性和适当惩罚的意识，主要通过两种方式完成，第一种方式是检查点项目检查的人数多，范围广。第二种方式是检查的时间和地点不可预测，司机很难避免。[29] 经证明，这一策略可以减少道路上酒驾司机的数量，被 crimesolutions.gov 网站认定为"有效"。[30] 田纳西州的检查点项目经常被推广为有效的范例，这个项目包含强化使用清醒检查点，结果将酒驾事故减少了 20%。关键是项目停止后，这种状态持续了两年。[31] 很早就开始随机拦车检查的澳大利亚对这一策略进行了广泛研究，结果也令人满意。现在欧洲的很多地方也随机拦车进行检查，例如，瑞典和芬兰的警察进行 300 至 400 个拦截检查。所以，每年对每 1000 个居民分别进行测试。尽管这样的措施在减少事故方面有效，但是公民往往不喜欢。[32]

动员年轻人拯救道路上年轻人的生命

汽车事故是美国青少年死亡的主要因素，不系安全带、超速和酒驾对青少年和对成年公民造成的伤害一样。[33] 既然这样，通过加强针对年轻人的意识建设项目，真正可能减少酒驾和危险驾驶。上文论述过，关于酒驾死亡，以年轻人风险最高。有效的项目会针对年轻人的态度（前面章节中提到过，像 4R 这样改变态度的项目在高中学生中对重塑性侵文化有影响）。

一些组织提出制定法律惩罚销售酒精给那些明显喝醉的人和因

---

[29] 同注 21。
[30] 项目简介：田纳西检查站。
[31] 同注 30。
[32] 道路安全指南 11。
[33] "Traffic Safety Facts 2008: Young Drivers"（fact sheet, National Highway Traffic Safety Administration, US Department of Transportation, Washington, DC, 2009），http://www-nrd.nhtsa.dot.gov/Pubs/811169.pdf。

喝酒导致事故伤亡的青少年。尽管这一想法可能在安全服务培训方面有作用，但它对解决问题毫无作用，充其量只不过是一个暂时的解决办法。学校和大学里的项目让年轻人更加意识到即使血液中含有少量酒精也会有影响（下文将讨论），结合旁观者干预制止人们酒后驾车，这样的项目会有助于培养一群一生不犯罪的人。

范例：学生反对消极的决定（Students against Destructive Decisions, SADD）。同样，学校可以有所作为来改变青少年对超速、分心驾驶、醉酒后驾驶和吸毒引起的交通事故的态度。学校正在进行的一个范例是"学生反对消极决定项目"，这个项目很有意义。项目始于 1981 年的学生反对酒驾项目，由高中冰球教练罗伯特·阿纳斯塔斯（Robert Anastas）发起，因为他球队的两个队员在一起醉酒驾驶的事故中丧生。作为一个教育者和教练，他意识到帮助年轻人避免酒驾的最好方法是让他们参与他们自己的决定。

他的策略的主要因素要求学生签署"为生命负责的合同"（contract for life），合同要求青少年了解酒驾的风险，然后致力于不去酒驾，青少年也承诺如果他们聚会喝酒的话就让父母来接他们，父母承诺接他们，还承诺等第二天再谈论此事或者惩罚他们。这里聪明的部分是青少年事前做决定，而不仅仅是事后按照规则或者惩罚措施做出回应。这一项目推广到全美国和其他国家，它这个新的名字反映了项目致力于使青少年远离大范围的毁灭性行为。[34] 遗憾的是，像这样扩大到让年轻成人来预防酒后驾驶行为的项目没有一个受到过评估，或者没有一个受到过大量资助。但是，投资预防青少年交

---

[34] "SADD's Mission and Policies", SADD, http://sadd.org/mission.htm, accessed April 11, 2013.

通事故和严重伤害有充分的逻辑理由。[35] 值得注意的是，像 SADD 这样的项目也可以再深入一步，即当危险行为在道路上发生时，动员同伴旁观者进行干预。前面章节中提到的"绿点"项目在情况变得危险之前让年轻人干预是多么有效。年轻人超速、分心驾驶、酒驾或者在极度兴奋状态下驾驶时，通常有朋友和目击者在身边。所以，意识到改变学生的态度（继而鼓励他们对危险行为进行干预）有可能减少交通死亡和严重伤害。

四、在潜在的危险驾驶者有机会犯错之前瞄准风险因素

更严格的血液酒精浓度标准

美国在起诉犯罪人酒后驾驶之前要求相对高水平的醉酒，联邦的法律标准是每升血液中酒精含量为 0.08 毫克，但是，血液酒精浓度正好是 0.08 毫克或者低于这个浓度的司机在道路上可能也是个危险，即使他们"法律上"没有酒驾。事实上，大家公认的是每升血液酒精浓度上升到 0.04 毫克时大多数司机的驾驶能力就变得很弱。因此，年轻或者新手司机及商业司机需要设定更低的血液酒精上限。很多州已经有这样的规定，应该在所有其他的州施行。

这项研究无可驳斥。美国的一项研究发现，血液酒精水平为 0.08 毫克时，所有年龄和性别的成年司机在汽车事故中的死亡率是体内没有酒精司机的 11 倍，16 岁到 20 岁的男性则更令人担忧：他

---

[35] Stephen Wallace, "A Lease on Life: Parents Play a Pivotal Role in Keeping Teens Safe during the Summer Driving Season", MADD, http://sadd.org/articles_lease.htm, accessed April 11, 2013.

们的血液酒精浓度为 0.08 毫克时，在致命的事故中，他们的死亡率是不喝酒司机的 52 倍。[36] 记住，这些司机技术上没有违法，即使他们明显危及生命。所以，如果法定成年驾驶者血液酒精水平保持在 0.08 毫克的话，市民和立法者都必须问问自己，为什么允许道路上有这样的酒驾？拿潜在的被害人生命当赌注，如果驾驶者血液酒精水平再低点的话可以拯救生命，避免严重伤害。

很多专家认为是时候改变美国的法定血液酒精浓度标准了，世界卫生组织认为 0.05 毫克最佳，这一水平广泛在欧洲使用。美国疾病控制和预防中心的一个国家伤害预防和控制中心评估了酒驾的科学。它建议做出一些合理的改进，包括将血液酒精水平调整到 0.05 毫克，还有对事故中造成严重伤害的被害人进行强制血液酒精检测，以获得有利的数据来制定拯救生命的政策。所以，为什么当每 53 分钟就有一人死于酒驾的汽车事故时，尤其如果我们认为法律检测水平为 0.04 毫克和 0.08 毫克时表现出危险的无能力判断时，立法者还继续忽视这一建议呢？

针对"问题人群"预防酒驾

酒驾的再犯模式很明显，通过比较那些在致命事故中丧生的人，令人难以置信的是，酒精水平超过法定标准的司机中有 25% 以前有被吊销驾照的经历，而没有喝酒的人中只有 11% 有被吊销驾照的经历。更为糟糕的是，和血液中没有酒精而丧生的 1% 比较起

---

[36] Wallace, "A Lease on Life".

来，[37] 7%的司机以前有过醉驾。事实上，大家知道酒驾死亡的风险因素指向了一群年轻人，他们并不是第一次发生致命的事故。数据统计表明，致命事故中的酒驾司机更可能是男性，年龄在25岁到34岁之间，这一风险因素在富裕民主国家得到公认。而且，他们的血液酒精含量通常非常高；实际上，他们当中有57%的血液酒精是法定的2倍。[38] 这是一群问题再犯，他们在道路上过着危险的生活，对潜在的被害人和他们自己都构成风险，需要更多针对这群危险驾驶者的研究，尤其是找出能改变他们行为的研究。然而，这个对普通犯罪人的"概述"直接指向需要重点预防的人群。

我们可能了解他们的年龄（年轻）、性别（男性）和危险驾驶的历史（很长），但是我们不大了解这些交通惯犯的行为。这方面最早的一个研究由国家高速交通安全局（National Highway Traffic Safety Administration）在2000年进行，研究分析了酒驾惯犯。[39] 研究表明，这些人往往是穷困男性、学习成绩不佳、以前有过暴力犯罪。事实上，一些风险因素和导致暴力及普通犯罪行为的风险因素一样。重要的是，我们知道一些交通犯罪的犯罪人（如酒驾司机、超速者等）往往是持续的惯犯，他们不仅是交通犯罪而且是其他暴力犯罪的持续惯犯。有趣的是，执法部门已经知道这一联系，一些智慧的警务策略将这一知识付诸实践。在经证明的打击枪支犯罪（第二章讨论过）的警务策略中，执法人员得到培训，运用

---

[37] 同注5。
[38] 同注5。
[39] "Repeat DWI Offenders Are an Elusive Target", National Highway Traffic Safety Administration, March 2000, http://www.nhtsa.gov/About+NHTSA/Traffic+Techs/current/Repeat+DWI+Offenders+Are+An+Elusive+Target, accessed April 11, 2013.

交通执法来逮捕涉及暴力犯罪的犯罪人,而且很有效。

这一联系似乎对不严重的暴力和财产犯罪也适用。我们了解到的很多知识来自 20 世纪 60 年代的英格兰,当时犯罪学先驱特伦斯·威利特（Terrence Willett）比较了不严重暴力和财产犯罪人与酒驾和 / 或危险驾驶犯罪人。他的研究表明,这两者之间有密切联系,[40] 也就是说,参与财产犯罪的犯罪人也有危险驾驶行为。

遗憾的是,很多研究者一直忽视童年经历和驾驶行为之间的联系。我们知道不始终如一和没有充满关爱的养育,在学校遇到困难以及其他的风险因素让青少年更容易实施攻击和盗窃,但是很大程度上我们不知道是否那些同样的经历也使青少年容易酒驾或者有其他的粗心驾驶行为。令人失望的是,那些关心减少道路死亡的研究者并没有进一步研究这一联系,更多这方面的研究当然会有助于拯救道路上的生命,因为这样的研究能够形成有针对性的预防策略。

五、法庭如何预防酒驾司机再犯

如果我们看看制止家庭暴力使用惩罚的做法,我们就会知道那些生活中已经没有什么可失去的犯罪人并没有受到威慑,而那些有工作和地位的犯罪人却受到惩罚的威慑。重要的是,惩罚时间的长短不重要,逮捕和惩罚更有用。是的,对一个有工作和家庭（也就

---

[40] Terrence Willett, *Criminal on the Road: A Study of Serious Motoring Offences and Those Who Commit Them* (London: Tavistock, 1971).

是说有可失去的东西）的犯罪人实施逮捕会促使犯罪人改变他们未来的行为。

如果我们将这些教训应用到酒驾上，那么那些有工作和地位的酒驾司机同样会受到威慑，但是对于那些没什么可失去的犯罪人，制裁时间的长短起不到应有的作用，而且会使事情更为糟糕，因为他们失去工作，即会产生其他的附带后果，这点在第一章讨论过。所以，那些以惩罚为目的不注重预防的制裁对潜在的被害人起不到保护作用，并且对纳税人代价昂贵，除了监禁他们，没有预防作用，因为犯罪人被关押在监狱里，所以物理上他们不可能犯罪。

书上最严格的危险驾驶法律是：(1)车辆杀人，一个司机通过驾驶车辆故意或者过失杀害另一个人；(2)酒驾重罪，多次有犯罪前科，酒驾成为重罪；(3)酒后危及儿童安全，如果车内有儿童时酒驾的话，酒驾判罪有附加惩罚。尽管服刑可以把这些犯罪人监禁起来，但这样没有真正解决问题。

有效减少再犯最智慧的方法是结合执法和治疗，我们已经看到这在毒品法庭是如何运作的。

我们为什么不成立更多的酒驾法庭专门解决这些案子呢？为什么不成立真正理解什么司法方法可以预防再犯的法庭呢？例如，酒驾法庭可以处理惯犯，让他们长期参与经证明的治疗项目，强制他们长期使用点火互锁设备（上文讨论过）。

尽管消除道路交通犯罪还有很长的路，但强迫可以治疗的犯罪人参加治疗而不是施行大量监禁，就会取得进步。

六、或许是时候更智慧地分析一下酒精的总体情况

前面重点谈了酒后驾驶等式中的"驾驶"部分,这里我们将探讨"喝酒"部分,我们将看到很多暴力犯罪中酒精如何成为主要因素,然后讨论如何更智慧地解决酒精问题,减少被害人数量。

过度喝酒,暴力增加

酒精是公认的造成暴力的主要原因,在 40% 的暴力犯罪中,犯罪人喝酒过量,明显已经是醉酒状态。很高比例的醉酒犯罪人实施性侵和杀人犯罪。而且,在被报告的亲密伴侣暴力中有三分之二的犯罪人实施暴力是因为喝酒[41]。如上文所述,在大约三分之一的交通死亡事故中,司机喝的酒比法定标准要多(通常相当多)。

酒精和暴力之间的相关关系在全世界的趋势都一样。例如,世界卫生组织将酒精列为暴力的七个主要风险因素之一。[42] 而且,"国际犯罪被害人调查"确认人均消费啤酒越多的国家,暴力侵害

---

[41] "Crime and Alcohol: Alcohol a Factor in 40 Percent of Violent Crimes", About.com, http://alcoholism.about.com/cs/costs/a/aa980415.htm, accessedApril 8, 2013. See also "Fact Sheet: Alcohol and Violence" (fact sheet, Violence Prevention Coalition of Great Los Angeles), http://www.ph.ucla.edu/sciprc/pdf/ALCOHOL_AND_VIOLENCE.pdf.

[42] World Health Organization, *Violence Prevention: The Evidence* (Ge-neva: World Health Organization, 2009), available at http://www.who.int/violence_injury_prevention/violence/4th_milestones_meeting/publications/en/index.html, accessed April 7, 2013; Mark A. Bellis, Karen Hughes, Clare Perkins, and Andrew Bennett, "Protecting People, Promoting Health: A Public Health Approach for Violence Prevention for England" (工作论文, North West Public Health Observatory, Liverpool, 2012).

率也越高。[43] 另外一项英国毒品咨询董事会进行的研究在对他人造成伤害方面（如街头暴力、性侵、交通死亡），将酒精列为最有害的毒品，而强效可卡因、海洛因和脱氧麻黄碱的使用者与之相比仅仅是第四有害的毒品。[44] 所以，喝酒越多意味着犯罪越多。一方面，过度喝酒增加被害人的受害成本，它还意味着社会总体的成本也增加。另一方面，从金钱角度，与放纵喝酒有关的健康成本巨大，所以不应该被忽视。[45] 事实上，一项澳大利亚的研究详细列举了酗酒的成本，估测到相当于至少是酒精税收带来的收益的两倍。[46] 既然手头掌握着这一信息，执政者不应该开始考虑更智慧的解决方法来减少酒精对被害人和社区的负面影响吗？

更智慧地对酒精进行监管

在法律层面，更有效地监管酒精的使用是减少暴力最有效的（成本有效的）方法之一。经证明，更合理的销售酒精，对酒精进行定价以及法律限制喝酒年龄的策略，实际上可以首先制止酒精引起的暴力的发生，这比只是在事后对可预防的暴力进行执法处

---

[43] Jan van Dijk, John van Kesteren, and Paul Smit, *Criminal Victimisation in International Perspective: Key Findings from the 2004–2005 ICVS and EU ICS* (The Hague: Boom Legal Publishers, 2008).

[44] David J. Nutt, Leslie A King, and Lawrence D. Phillips, "Drug Harms in the UK: A Multicriteria Decision Analysis on Behalf of the Independent Scientific Committee on Drugs", *Lancet* 376, no. 9752 (November 2010): 1558–65.

[45] Ellen E. Bouchery, Henrick J. Harwood, Jeffrey J. Sacks, Carol J. Simon, and Robert D. Brewer, "Economic Costs of Excessive Alcohol Consumption in the U.S., 2006", *American Journal of Preventive Medicine* 41, no. 5 (2011): 516–24.

[46] Matthew Manning, Christine Smith, and Paul Mazerolle, "The Societal Costs of Alcohol Misuse in Australia", *Trends & Issues in Crime and Criminal Justice*, no. 454 (April 2013).

置更吸引人，而且执法处置对纳税人和被害人来说成本巨大。例如，更聪明的销售酒精的政策（例如，对酒吧员工培训、对可以喝酒的场所颁发酒精许可证、围绕酒精销售进行执法）将暴力减少了29%。[47] 对酒精进行定价——立法者已经进行了定价——是另外一个可以减少暴力的重要措施。例如，一项研究分析了纽约市 20 世纪 90 年代备受瞩目的犯罪率下降的原因，发现部分原因是酒精价格上涨导致酒精所引起的犯罪减少。[48] 研究暴力、性侵和酒精的专家都指出提高酒精的价格能够减少暴力，因为喝酒的人确实因此减少了。他们建议对酒精的单价定一个最低价格，这样可以遏制过度饮酒，这一策略似乎有效。一项英国的研究总结到，酒精单价最低为 50 便士（大约 80 美分）能使每年的暴力犯罪减少大约一万起。[49] 这意味着被害人减少以及和这些犯罪有关的起诉（监禁）减少。

尽管这似乎是一个好的解决办法，但我们不能忽视酒价的上涨会鼓励一些使用者偷着喝酒或者转而使用可卡因这样的非法毒品。这一领域需要更多的研究，尤其考虑到狂饮盛行，似乎数量在增加。事实上，与从可以店内喝酒的销售场所（如酒吧和饭店）购买酒精并当场喝酒比较，从店外喝酒的销售场所（如商店）购买酒精，然后拿到非饮酒场所私自喝酒似乎与更高的暴力发生率有关。

---

[47] Bellis 等人，"Protecting People, Promoting Health", 42.
[48] Andrew Karmen, *New York Murder Mystery: The True Story behind the Crime Crash of the 1990s* (New York: New York University Press, 2000), 185–87, 265.
[49] 同注 47。

"国际犯罪被害人调查"确认容易获得酒精和人与人之间暴力发生的高比率有关。[50] 辛辛那提（Cincinnati）的一项研究表明，如果很容易到可以店外喝酒的经销店购买酒精的话，侵害几乎会多30%。另外一项弗吉尼亚州里士满（Richmond）的研究表明，急救电话和可以在不受限制的场所购买酒精有关系。[51] 很多立法强迫店内喝酒的场所晚上某个时间段关店，原因是限制时间将减少人们喝酒的量。然而，这一策略背后存在问题。在英国，最近取消了酒吧固定的关闭时间，因为很多年轻人（尤其有攻击性的年轻男性）同一时间离开酒吧导致城市面临很高比例的暴力。一些城市伴随这一措施还建立了医疗监护诊所，在诊所里，一直狂饮的人们会恢复，我们需要等待未来的评估来看这点对犯罪水平的影响。

关于购买酒精和饮酒法定年龄的立法是另外一个解决酒精毁灭作用的方法。在美国，紧接着1984年通过《联邦高速法案》（Federal Highway Act）之后，法定饮酒年龄提高到21岁，《联邦高速法案》给那些没有对21岁以下的人限制饮酒的州的高速联邦资金减少了10%。最严谨的研究表明，这使这个年龄范围的人的死亡

---

[50] "The Stockholm Prize in Criminology", Stockholm University, http://www.su.se/english/about/prizes-awards/the-stockholm-prize-in-criminology, accessed March 13, 2013.

[51] William Alex Pridemore and Tony H. Grubesic, "Alcohol Outlets and Community Levels of Interpersonal Violence: Spatial Density, Outlet Type, and Seriousness of Assault", *Journal of Research in Crime and Delinquency* 50, no. 1（February 2013）: 132–59; Saba W. Masho, Diane L. Bishop, Torey Ed-monds, and Albert D. Farrell, "Using Surveillance Data to Inform Community Action: The Effect of Alcohol Sale Restrictions on Intentional Injury-Related Ambulance Pickups", Prevention Science（February 24, 2013）.

减少了11%，这一结果非常值。[52] 然而，这些死亡数量减少的原因很令人迷惑，因为这些结果和其他法律有关，如那些要求年轻人参加更长时间驾驶培训的法律，以及那些禁止年轻司机一天的某一时间后开车的法律，这些法律也减少了这个年龄的伤亡。[53] 相比而言，整个欧洲的国家允许青少年喝酒，有一些国家更进一步自由化获得酒精的渠道。但是美国和酒精有关的交通犯罪导致的交通死亡率更糟。任何交通死亡的减少都必须得到庆贺，但是更多关于欧洲年轻人很少死亡的原因的研究会有助于我们发现其他智慧的方法。

增加过度饮酒危险的意识

实施更智慧的策略，如限制酒精销售和提高酒精价格，最初可能不受欢迎，但是由此引起的暴力犯罪减少当然会对公民的生命有重大的积极影响作用。为了鼓励年轻人为自己做出明智的决定，智慧的（更容易接受的）方法是提高酒精滥用的风险意识。

我们知道劝阻过度饮酒（狂饮）行为和在公众场合饮酒行为比其他反毒品策略都更能抑制暴力，可以通过立法和执法劝阻这些行为，也可以通过教育预防这些行为。幸运的是，我们有证据证明一些教育方法有效，尤其对年轻人。事实上，世界卫生组织收集了预

---

[52] J. C. Fell, D. A. Fisher, R. B. Voas, K. Blackman, and A. S. Tippetts, "The Relationship of Underage Drinking Laws to Reductions in Drinking Driv-ers in Fatal Crashes in the United States", *Accident Analysis and Prevention* 40, no. 4 (July 2008): 1430–40.

[53] Patricia A. Cavazos-Rehg, Melissa J. Krauss, Edward L. Spitznagel, Frank J. Chaloupka, Mario Schootman, Richard A. Grucza, and Laura Jean Bierut, "Associations between Selected State Laws and Teenagers' Drinking and Driving Behaviors", *Alcoholism: Clinical and Experimental Research* (2012), doi:10.1111/j.1530-0277.2012.01764.x.

防酒精有关的暴力项目的证据。[54] 科罗拉多大学暴力研究和预防中心认可其精英的典型项目组的三个项目，这些项目注重解决酒精滥用和其他减少暴力的毒品问题。[55] 这些项目背后有强大的研究支持，其结论是这些项目可以减少毒品使用和暴力。

典型项目：大学生生活技能培训，不吸毒，酒精筛查和干预。我们在第五章已经讨论过预防暴力犯罪的生活技能培训策略，但是这一策略通过培训学生生活技能也可以在小学和中学预防酒精和毒品滥用。项目结合了父母、同伴、媒体、社区组织和健康政策的影响，方法是上课，其内容广泛，从酒精和毒品滥用的健康后果到压力管理。

在一项对 42 所学校的 3000 名学生的研究中，生活技能培训项目被证明将酒精和毒品滥用减少了 20% 至 40%。每 1000 名学生的费用是 175 000 美元，这相当于对这 20% 至 40% 的道路上酒精引起的暴力进行处置的一个警官（加班）一年的费用。另外一个名为"迈向不吸毒"（Project Towards No Drug Abuse）的项目同样针对青春期晚期的青少年，经证明对暴力、酒精使用和毒品使用有影响，结果类似，成本较低。

至于大学生，一个名为"大学生简单酒精筛查和干预"（Brief Alcohol Screening and Intervention for College Students）的项目得到广泛认可，它是一个打击与酒精有关暴力的有效（所以是一个"模范"）项目。这样的项目可以减少校园周围的性侵和总的暴力犯罪数量。

---

[54] World Health Organization, *Violence Prevention: The Evidence*; Bellis 等人，"Protecting People, Promoting Health"。

[55] "Blueprints for Healthy Youth Development", Center for the Study and Prevention of Violence, http://www.colorado.edu/cspv/blueprints/, accessed April 28, 2013.

提高对胎儿酒精综合征的认识

一个需要增加教育和意识的领域是胎儿酒精综合征（Fetal alcohol syndrom, FAS)，其起因是母亲在怀孕期间（尤其是前三个月）过度饮酒。FAS 导致一些限制儿童学习和调节他们冲动的能力的精神缺陷，[56] 当他们长大后这会增加他们犯罪的概率。因为 FAS 无药可治，所以预防极为重要。最好的预防是给母亲提供避免喝酒的信息以及提供教育和支持。然而，因为母亲可能没有马上意识到自己怀孕，所以怀孕的前三个月大部分对胎儿的损伤已经产生，更为严重的是她们可能很难改变自己的饮酒习惯。

七、结论

重点：预防交通暴力和与酒精有关的暴力的策略

在美国每年有 3 万甚至更多的人死于机动车辆事故，几乎三分之一是因为司机丧失行为能力，这些数字比其他富裕的民主国家都要糟糕。世界卫生组织要求成立一个中心部门负责计划和领导解决问题。

减少交通死亡的方法大都受到疾病控制和预防中心认可，这些方法包括将法定的血液酒精限定从 0.08 毫克调整到 0.05 毫克，制定更好的执行措施限制速度，大力提倡使用安全带、劝阻司机喝酒和在开车过程中使用智能手机，这些方法还需要更充分的数据支持

---

[56] "Fetal Alcohol Spectrum Disorders and Impulse Control Disorders", FAS Community Resource Center, http://come-over.to/FAS/FASD-ICD.htm, accessed April 28, 2013.

和更智慧的改革。[57]MADD 有一系列令人满意的法律等着各州进行立法，那些已经采用这些法律的州的酒驾的人较少。MADD 还号召使用通用的点火互锁设备。更多的教育，尤其在学校里，制止年轻人酒驾，动员干预者加强安全驾驶意识。SADD 项目鼓励这一点。经证明，在减少酒精滥用方面有效的项目，如学校里的"生活技能培训"项目和大学里的"酒精筛查"项目，必须成为课程的主要部分。

对于犯罪人来说，点火互锁装置很有效，效果至少会持续一段时间。法庭的干预项目治疗酗酒大有前景。但是最好的政策必须包括犯罪前预防，减少惯犯的数量，这些人中有一些人也参与暴力犯罪和财产犯罪。

酒精造成至少 40% 的暴力犯罪，立法者有几个可以实施的酒精管理策略，包括对酒精销售和消费的合理政策，最好的方法是首先教育和预防年轻人使用酒精，这成本较低且有效。

执政者预防与交通和酒精有关的暴力犯罪需采取的行动

1. 立法者必须成立一个减少严重交通伤亡的办公室，制订和实施计划，在 10 年内将美国伤亡的数量减少到比其他富裕民主国家更低。

2. 立法者必须为有前景的预防项目提供充足资金，这些项目包括：

---

[57] "Impaired Driving: Get the Facts", Centers for Disease Control and Prevention, http://www.cdc.gov/motorvehiclesafety/impaired_driving/impaired-drv_factsheet.html, accessed April 10, 2013.

a. 生活技能培训，大学的酒精筛查和 SADD；

b. 犯罪前预防，第五章讨论过；

c. 对急诊部门的数据进行分析来解决问题地方的问题。

3. 立法者必须采纳法律并进行实施：

a. MADD 认可有效的做法，包括给定罪的酒驾司机安装点火互锁设备；

b. 要求法庭实施经证明的再犯减少治疗项目；

c. 将法定可接受的血液酒精标准降到 0.05 毫克；

d. 提高汽车生产安全标准，例如通用的点火互锁设备和保护乘客和行人的装置。

4. 立法者必须将执法重点指向：

a. 限速，包括加大使用固定摄像头的力度；

b. 增加使用安全带和儿童安全座椅意识，同时减少使用手机和其他智能设备；

c. 确保血液酒精水平超过法定限定的人不开车；

d. 按照法律和规章销售和提供酒精。

本章说明智慧的犯罪控制必须注重安全文化，重点是减少犯罪机会，增加保护装置，安装摄像头（而不是重罚），按监管标准执法，通过犯罪前预防和法庭要求的治疗项目来处理惯犯。这些提议通常有据可依，证据来自其他国家。本章提出创新和监控都需要数据支持。总而言之，本章的提议比标准的应对性犯罪控制更有针对性（惩罚和代价都较小）。

第九章　预防社区财产犯罪：自主预防

一、介绍

2011年，被害人经历360万起入室盗窃，62.8万起汽车盗窃，56万起抢劫（也就是暴力盗窃）和高达1280万起其他盗窃。[1]他们累计损失的财产共计220亿美元，当中因抢劫而造成的损失是60亿美元。[2]不管你信不信，这些统计数字是"好消息"。如今被害人遭受这些犯罪的风险要小得多，因为现在的受害率是1973年（那年第一次开始国家犯罪受害调查）的25%。正如图9-1显示的那样，过去40年里大部分财产犯罪中被害人的风险稳定下降。[3]本章中，我把抢劫包括在财产犯罪内，因为其趋势模式和其

---

[1] Jennifer L. Truman and Michael Planty, "Criminal Victimization, 2011" (bulletin, Bureau of Justice Statistics, US Department of Justice, Washington, DC, 2013).
[2] 这一统计运用了 Mark A. Cohen 和 Alex R. Piquero 的被害人成本 "New Evidence on the Monetary Value of Saving a High Risk Youth", *Journal of Quantitative Criminology* 25, no. 1 (March 2009): 25–49, multiplied by the incidence estimates from Truman and Planty, "Criminal Victimization, 2011." and Planty, "Criminal Victimization, 2011".
[3] Shuryo Fujita and Michael Maxfield, "Security and the Drop in Car Theft in the United States", in *The International Crime Drop: New Directions in Research*, ed. Jan Van Dijk, Andromachi Tseloni, and Graham Farrell (Houndmills: Palgrave Macmillan, 2012), 237.

他财产犯罪虽然规模不同，但却非常相似。

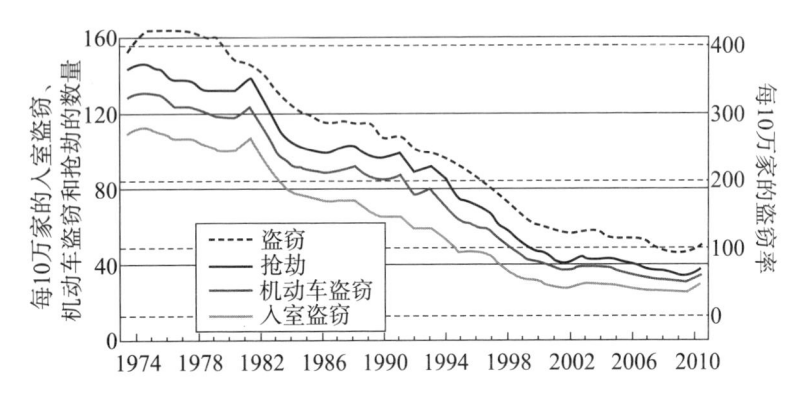

图 9-1 财产犯罪率：2011 年的财产犯罪率比 1973 年的减少了四分之三

对财产被害人造成的影响通常比对暴力犯罪被害人造成的影响要小得多。然而，如果单纯的财产犯罪升级为抢劫，由于犯罪人使用暴力，那么造成的影响和暴力犯罪相似，如情感创伤甚至失去生活质量等。入室盗窃也可以对被害人造成创伤，因为被害人在自己的私人空间里要应对陌生人的恐惧。对非暴力财产犯罪被害人伤害的本质经常可以被减轻，因为保险只赔付超过标准的财产损失。是的，赔付过程可能充满官僚气，但是涉及诸如电视和手机这样的电子产品被盗时便意味着犯罪的升级。当被盗的财产有情感价值时，如结婚戒指或者深爱的祖父母的照片，会产生不可挽回的情感痛苦。

第一章提到过，几乎一半的财产犯罪都没有报案（汽车盗窃除外，通常报案是因为保险目的）。而且，报案的财产犯罪中只有四分之一（或更少）实际上遭到逮捕，甚至很少的被盗财产得到归还。然而，纳税人每年支付大约 720 亿美元只是用于应对这些普通财产犯罪的传统警务、司法和矫正,其中410亿美元用于应对抢劫。[4] 显然,就解决财产犯罪问题而论,应对性处置不够有效,而且普通美国人在买单。首先我们先看一下现在的警务、法庭和矫正制度成果如何,然后探讨制止针对个人的财产犯罪更有效和成本有效的方法。表9-1列出了通过三个聪明的策略能完成的重要事情:(1)提高社会发展;(2)减少财产犯罪概率;(3)构建社区和邻里协作;(4)将这三个策略结合的综合策略。所有这些策略都起到预防作用,而不仅仅是应对性的制止公民成为财产犯罪的受害者。

表9-1 制止针对个人财产的犯罪举措

提高社会发展	减少概率	增加邻里协作
增加大学入学率 增加移民数量 减少相对贫困	通过设计确保居民安全 汽车安全 聪明的小装置革命	邻里守望保护 邻居问题解决
全面策略(结合这三个策略)		

二、社会发展如何导致较少的财产犯罪

大规模监禁和警务革新是财产犯罪下降的原因吗?

我们很难确切地知道20世纪70年代开始的财产犯罪下降趋势的原因,对此美国的犯罪学家一直争论激烈,专门分析美国的数据后(尽管只是过去20年的数据,没考虑全球的趋势)他们给

---

[4] 这一统计运用了Cohen和Piquero的被害人成本,"New Evidence", multiplied by the incidence estimates from Truman and Planty, "Criminal Victimization, 2011"。

出不同的解释，一些犯罪学家认为原因是大规模监禁，对盗窃者使用新型更严厉的惩罚和更长的服刑时间，其他犯罪学家认为原因是更多的警务和热点巡逻。[5] 然而，一旦我们分析的时间跨度长，并且使用来自其他富裕民主国家的数据进行比较的话，美国的财产犯罪数量减少似乎不大可能是因为其独特的大规模监禁或者警务创新。事实上，2012年发表的一本重要的名为《国家犯罪下降》(The International Crime Drop) 的书使用了国际上可比较的受害数据和范例，使用国家警察数据来证明这点。[6] 首先，科学家证明了过去20年大部分富裕民主国家的财产犯罪率都下降了，下降通常在40%—50%之间，如果从1993年算起的话，这一下降和美国的下降没有什么不同。科学家用国家犯罪被害人调查证明了这一普通趋势，调查比较了自1989年（调查开始）以来的国家财产犯罪率。尽管调查使用每个国家相对较小的样本，但是数据可信，因为他们收集不同国家不同时期的数据。这项调查影响巨大，因为它直接向公众公开，对犯罪有标准的定义，所以避免了一些问题，如报案、警察记录和不同国家不同的定义。[7] 这一结论通过入室盗窃、偷盗、抢劫和汽车盗窃率的稳定下降进一步得到证实。上文图9-1给出比20年更长的时间的范围，数据来自于"国家犯罪受害调查"。[8] 如果财产犯罪率真

---

[5] See for instance, Franklin E. Zimring, *The City That Became Safe: New York's Lessons for Urban Crime and Its Control*(New York: Oxford University Press, 2011).
[6] Van Dijk 等人，The International Crime Drop, 300–318.
[7] Van Dijk 等人，The International Crime Drop.
[8] "National Crime Victimization Survey", US Census Bureau, http://www.census.gov/history/www/programs/demographic/national_crime_victimization_survey.html, accessed May 11, 2013; Truman and Planty, "Criminal Victimization, 2011"; Shannan Catalano, "Criminal Victimization, 2004"(bulletin, Bu-reau of Justice Statistics, US Department of Justice, Washington, DC, 2005).

正地受到始于 20 世纪 80 年代突升的大规模监禁及 20 世纪 90 年代和 21 世纪继续攀升的高度监禁的影响的话，那么财产犯罪率在 20 世纪 80 年代应该明显下降，但事实却不是这样。20 世纪 90 年代的下降和其他富裕民主国家相似。

图 9-2 展示了另外一项科学结论，表明美国（警察记录）的入室盗窃率和其他富裕民主国家相比处于平均水平。类似的是，当研究者比较国际普通财产犯罪率（国际犯罪被害人调查）时，美国的比率是平均水平。[9] 所以，尽管美国人均国家大规模监禁的比率是其他富裕民主国家的 7 倍，但对于潜在的财产犯罪被害人来说，却没有因为花在监禁上的税多而带来明显的附加利益。

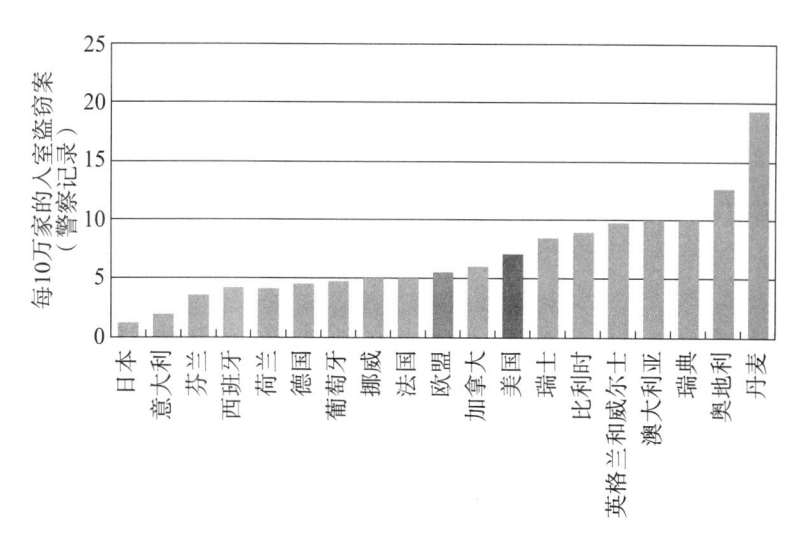

图 9-2　美国的入室盗窃率：和其他的富裕民主国家相似

---

[9] Van Dijk 等，The International Crime Drop.

社会发展如何影响财产犯罪

任何对犯罪率下降的精确解释必须考虑人口统计数据、社会情况。众所周知，很多富裕民主国家的组成自20世纪70年代起发生了重大变化，例如，20世纪70年代膨胀的婴儿激增大军已经过了居民入室盗窃的高风险年龄（15岁到25岁）。所以财产犯罪减少的部分原因只是高风险入室盗窃的年轻男性数量减少了。

安德鲁·卡曼（Andrew Karmen）认真地分析了20世纪90年代纽约犯罪下降的原因，在名为《纽约谋杀的神秘：20世纪90年代犯罪下降背后的真实故事》(New York Murder Mystery: The True Story Behind the Crime Crash of the 1990s)一书中他也提到了其他两个显著的社会变化：大学入学率和移民数量的增加这两个变化对于减少犯罪来说是好消息。[10] 事实是，从1990年到2010年全美国颁发学位的全日制大学的入学率增加了47%，这令人难以置信，黑人学生现在史无前例地占美国大学生的14%，这和他们占人口的比例接近。[11] 而且，从20世纪80年代晚期开始，美国新的法定移民的数量增加了一倍，从每年的50万到超过100万。另外一个科学家确认了这些趋势，指出那些暴力减少的城市是那些有更多大学毕业生和移民的城市。[12] 既然类似的教育和移民趋势也在其他富裕民主国家发生，可比较的是这些国家的犯罪率都下降了，似乎

---

[10] 同注7。

[11] "Fast Facts: Enrollment", National Center for Educational Statistics, http://nces.ed.gov/fastfacts/display.asp?id=98, accessed April 28, 2013.

[12] Richard Florida, "Thank Immigrants for Safe Cities", *New York Daily News*, April 29, 2013, http://www.nydailynews.com/opinion/immigrants-safe-cities-article-1.1328639, accessed April 29, 2013.

这些因素可能确实导致美国的财产犯罪减少，这和将这些趋势单单归功于警察的增多或者大规模监禁的突升有天壤之别。我们知道年轻单身男性失业可能是盗窃的一个原因，但是现有数据不能表明多高的失业率导致（或者不导致）盗窃的水平持续。然而，我们知道财产犯罪地图表明贫困（问题）地方的财产犯罪率更高，因为那些地方的很多人没有工作。这也是第五章提到的在问题地方实施犯罪前预防策略的有力理由。

另外一个必须提到的因素是很多小偷想偷的商品越来越便宜且更容易得到，所以对于潜在的小偷来说不那么有吸引力。盗窃的经典原因——"相对贫穷"——表明人们偷盗是因为他们觉得与其他人相比自己相对贫穷。不幸的是，一些容易偷的物品如手机和平板电脑（也容易运输，这是盗窃的主要原因）现在失窃率很高，或许是因为像苹果这样的商业群体将公司上市，使人们感觉如果自己不拥有最新的技术就很贫穷。总而言之，社会发展因素对理解犯罪成因和制止对被害人的伤害一直很重要。尽管分析一些总的社会趋势一直有用，它们恰好是犯罪下降的原因，却不是控制犯罪的一致方法。然而，注重问题地方的社会发展对于产生犯罪减少这样好的社会回报当然重要。

三、通过减少概率减少财产犯罪

20 世纪 70 年代，笔者能够分析很多入室盗窃的数据，通过采访一些盗窃者，发现了他们如何选择实施盗窃的居室。[13] 笔者了解的信息证实了降低犯罪的概率决定谁会成为财产犯罪的被害人。

荣恩·克拉克（Ron Clarke）在他同名的书中，用一个称为"情境犯罪预防"的简单理论表达了这一观点。[14] 他引用犯罪预防的范例，比如对小路进行更聪明的设计。他将概念进行了归类，主要包括：（1）如果潜在的犯罪人犯罪更为困难的话，他犯罪的可能性较小；（2）如果潜在的犯罪人被抓到的概率更大，他犯罪的可能性较小；（3）如果犯罪的回报较少，他犯罪的可能性较小。注意克拉克没说在监狱里待的时间越长，犯罪人犯罪的可能性越小。尽管这三点似乎显而易见，重要的是记住当前的应对性警务只能一次处理一个案子，没有减少犯罪可能性的策略性保护预防。

为了更容易应用这些具有"情境犯罪预防"概念的策略，警察执法论坛收集了情境犯罪预防和问题导向警务（第二章讨论过）的范例，将它们放在一个独特而且内容丰富的网站上，popcenter.org。[15] 重要的是，克拉克的策略被私人保安公司广泛应用。可能因为他们的工作首先是保护客户免受损失，而不是违法行为发生后被派去执法收拾残局。保安公司的动力是让客户高兴，也就是不遭抢劫、盗窃或者陷入漫长而又昂贵的刑事司法程序。否则，他们会马上歇业。实际上，如果传统警务采用这种财产犯罪的预防方法，那么他们的"客户"——支付他们工资的纳税人——会遭受很少损失。

---

[13] Irvin Waller and Norm Okihiro, *Burglary, the Victim and the Public* (Toronto: University of Toronto Press, 1978).

[14] Ronald Clarke, *Situational Crime Prevention: Successful Case Studies* (Albany, NY: Harrow and Heston, 1997).

[15] Center for Problem-Oriented Policing, http://www.popcenter.org/, accessed May 10, 2013.

私人保安公司不断增加，这可能反映出人们对不能预防犯罪的孤立警务策略越来越失去信心。今天，私人保安和宣誓警察数量的比例是 3:1，从 20 世纪 60 年代以来，这是一个巨大的转变。这些保安公司为商店、博物馆、职位高的个人以及那些希望通过花钱减少对盗窃和犯罪担心的人提供服务。对于他们而言，雇用保安甚至更容易，因为通常保安比警察工资低，可实际上不雇用保安他们确实会有经济损失。有趣的是，有一些保安公司受雇保护政府大楼，这本身就是一个证明，证明传统警务昂贵且往往不是最有效的手段。

设计让财产盗窃困难

尽管很多美国人请不起保安，好消息是一些简单经济的设计很容易被应用，可以保护住所免受财产犯罪侵害。

范例：安全设计。安全设计项目是一个基于环境设计的犯罪预防举措，经证明可以防止住所被盗，这是一个令人鼓舞的范例。受到一个不为人知的英国项目的启发，荷兰的警察在警亭外开始思考并且创造了打击财产犯罪即针对问题的策略。他们给新房子制定了建筑标准，使房子不吸引盗贼，从而减少被盗的概率。标准指南包括诸如停车、地面、锁和入口这些区域。建筑公司要想让新的建筑获得批准，他们必须满足这些标准。

证据表明这个方法有效。在原来的一项研究中，满足设计标准的房屋的被盗率比没满足标准的少 50%，这一证据促使 1996 年在全国范围实施"安全房屋标签"（Secured Housing Label）项目，项目要求所有新建房屋满足这一减少被盗概率的标准。自从做出这一规定，全国新建房屋的被盗率比旧房屋的减少了 26%。重要的是，没有证据表明被预防的新建房屋的盗窃转移到其他房屋，相反，总的犯罪数量减少了。

值得注意的是，被害人数量的减少是因为警力从应对性警务转向预防财产盗窃上。另外重要的一点是安全设计规定也包括了居民参与和责任有关的标准，这是减少财产犯罪的一个重要因素，我们将在本章的后面讨论。

设计很难被盗的汽车。20 世纪 80 年代后期汽车盗窃犯罪数量增加，90 年代下降了。对这一下降原因最彻底的一个分析当属藤田（Shuryo Fujita）和麦克尔·麦克菲尔德（Michael Maxfield），他们证明了 20 世纪 90 年代汽车报警器和电子移动装置不断地被设计并安装到新车里，这大大减少了汽车盗窃率。这一下降和年轻的偷车贼减少的趋势相一致，这意味着这些安全设备让年轻的犯罪人偷车去"飙车"变得更难。[16] 然而，这些电子安全措施没有减少专业的汽车盗窃率。作者强调这些安全设备最终会被盗贼破获，事实上，一些使用转发器的系统可能已经很容易被盗贼破获了，因为他们可以通过网络获得简单的信息。

这是一个重要教训：情境犯罪预防多年来一直有效，但是仍然有潜在的犯罪人，最终他们会找到解决方法。然而，即便只是蝴蝶效应，我们也值得尽最大努力面对挑战，因为如果有可能成为专业犯罪人的年轻犯罪人在被拖入刑事法庭和监狱之前能被制止，那么将来会有很多被害人免受其害。

---

[16] Fujita and Maxfield, "Security and the Drop in Car Theft".

增加盗窃逮捕可能性的方法

在过去几十年，很多创新的想法都试图用电子技术的发展取代财产保护的人类因素。例如，报警系统是一个旨在保护个人和商业财产的流行方法，一些报警器在受到触发时只不过制造噪声罢了，而另外一些报警器与中心安全公司相连，这个公司会和主人核实情况来决定是否报警。保险公司通常会给那些安装报警器的房屋主人和商业主人的保费打折，可能他们认为报警器能减少盗窃。国际犯罪被害人调查的发现支持这一观点，因为调查的结论是 20 世纪 90 年代和 21 世纪初盗窃报警器的增加和住所盗窃下降相关。[17]

闭路电视（CCTV）是另外一个旨在取代人类保护财产的技术范例。它之所以流行的原因是摄像头捕捉犯罪人身份，增加潜在犯罪人被捕和被定罪的机会，从而减少犯罪率。尽管理论似乎万无一失，但证据表明 CCTV 可能更适用于应对性破案，而不是预防犯罪。

但是，英国还是幻想 CCTV 会制止犯罪，所以将"犯罪预防"预算的 75% 用于 CCTV 而不是针对会使犯罪减少持续下去的社会发展。证据表明 CCTV 可能在一些非常有限的情况下取得一定成功，尽管犯罪下降的原因多样。例如，把摄像头安装在容易发生车辆盗窃的停车场这样犯罪率高的地区确实可以成功地预防财产犯罪。例如，在一项英国的主要评估中，在英格兰纽卡斯尔市难以管控的夜生活地区安装了 CCTV，简单地比较安装前后发现，盗窃减少了

---

[17] Jan van Dijk and Ben Vollaard, "Self-limiting Crime Waves", in *The International Crime Drop: New Directions in Research*, ed. Jan Van Dijk, Andromachi Tseloni, and Graham Farrell (Houndmills: Palgrave Macmillan, 2012), 250–67.

56%，车辆犯罪减少了 47%。

世界上两个主要的犯罪预防专家布兰登·威尔士（Brandon Welsh）和大卫·法林敦（David Farrington）对研究进行了科学的评估，他们总结到，尽管 CCTV 对与汽车有关的盗窃和运输系统盗窃更有用，但它只将总犯罪率减少了 4%。[18] 实际 CCTV 成功地预防犯罪大多局限于财产犯罪。预防暴力犯罪有限，尽管在暴力犯罪发生后它对识别犯罪人有些帮助。[19] 所以，尽管报警器和闭路电视确实在预防方面有一些作用，但它们不能代替老式的社区和包括社区的保护性因素，本章后面我们将看到。

借助智能装置减少财产犯罪

电子技术发展飞快，很难知道将来其应用会是什么样子。智能手机的照相和录像功能和其广泛使用改变了犯罪人犯罪时可能被记录下来的可能性。例如在公共场合和半公共场合盗窃。智能手机将改变犯罪被害人和证人报警求助的能力，他们还将增加犯罪控制体系可用的数据信息。

但是技术进步可能是一把双刃剑，或许个人被盗最快速的变化是智能手机，手机体积小，容易运输，（目前）可转卖，这些特点使手机容易被盗。销售场所可以是校园、酒吧甚至公开的市场上，因为在这些地方卖者不需要证明手机是否是偷来的。英国版的

---

[18] Brandon Welsh and David Farrington, eds., *Preventing Crime: What Works for Children, Offenders, Victims, and Places* (New York: Springer, 2006).

[19] 2013 年 4 月的波士顿爆炸案是充满讽刺的典型范例，大量的 CCTV 和手机录像记录下了两个投弹手，帮助执法人员将他们快速识别和逮捕，但是录像无法在最初阻止爆炸的发生。"9·11"事件中的犯罪者和伦敦公共交通系统的爆炸中的投弹手也一样。

"国家犯罪被害人调查"表明手机盗窃猛涨：每年大约有 2% 的手机主人现在是这类盗窃的受害者，并且趋势还在增长。从 2011 年到 2012 年，涉及手机的盗窃比例从 30% 增长到 45%。[20] 遗憾的是，一些盗窃升级为抢劫，为了得到手机犯罪人使用暴力或者暴力威胁。只要盗窃促使生产手机的公司说服顾客升级，生产商就会有更多的新业务，他们没有动机设计更难被盗的手机，或者至少在被盗之后很难使用。所以让手机的设计标准不吸引小偷很重要，注重解决销售问题显然是立法者前进的方向。

各种网络盗窃也在增加，尽管这些盗窃更多的是针对大公司，如信用卡公司和银行，而不是个人。技术使一些小偷的行窃对象从个人受害者转向银行和 ATM 公司，例如，2013 年仅在几小时内，4500 万现金从 27 个不同的富裕民主国家被盗走。[21] 尽管这种复杂的犯罪往往使更大的公司而不是个体公民受害，但是个体公民也有银行信息、信用卡信息和个人身份被盗用的风险。

四、增加社区合作来预防财产犯罪

尽管警报会有效，但最好的警报是"街上的眼睛"（eye on the street），例如大部分时间都待在家里的近邻，他们知道如何干预而自己又不受伤害，这样可以成本非常低地进行有效的预防。

---

[20] "About This Release", Office for National Statistics, http://www.ons.gov.uk/ons/dcp171776_309791.pdf, accessed May 10, 2013.

[21] "Global Network of Hackers Steal $45 Million from ATMs", Time, May 9, 2013, http://business.time.com/2013/05/09/feds-in-nyc-hackers-stole-45m-in-atm-card-breach/, accessed May 10, 2013.

如何提高社区凝聚力保护居民

笔者从 20 世纪 70 年代做的研究中得出这一观点，即任何人类的出现都有可能预防财产犯罪，但是不会对周围地区的犯罪产生影响。[22] 所以对那些能请得起保安公司的人来说，保安公司通常是能提供短期保护的很好投资。但是对于普通美国人来说，还有可以节省成本的措施（例如，用看家狗警示人们社区内有陌生人，邻居们同意干预 / 或者报警），这些措施可能会更有效地保护整个社区。简·雅各布斯（Jane Jacobs）在她 1961 年出版的《伟大美国城市的生与死》(The Death and Life of Great American Cities）一书中，让人们注意到"社区"这一概念，注意"街上的眼睛"的重要性。重要的是，"街上的眼睛"指的是邻居和社区成员而不是巡逻的警察。她还谈到人们对社区有主人翁感同样会起到预防作用，她坚持"街上的眼睛"和这种充满主人翁感的人们都会减少财产和暴力犯罪。这一观点已经部分被纳入格雷格·塞维尔（Greg Saville）的著作中，他将情境犯罪预防和社会犯罪预防相结合。

和简·雅各布斯最初的想法一致，今天的专家也强调建立有社会凝聚力而不只是能防御的空间很重要。他们认为这一空间需要有助于社区感而不只是监督感。这一归属感让人们对社区有主人翁感，这是让人们不只保护自己的财产，也要保护他们周围的财产的关键。

在 20 世纪 90 年代这点得到了证明，费尔顿·厄尔利（Felton

---

[22] Waller and Okihiro, *Burglary, the Victim and the Public*.

Earls）总结到在芝加哥主人翁感使社区的犯罪率降低。[23] 这一发现来自于一项最大的犯罪学研究，这一研究重点是年轻人容易犯罪的原因。他还总结到在一个没有关爱和养育不始终如一的家庭里长大这样的因素很重要，但是他说犯罪率还受到邻居照看社区的程度和干预阻止不良活动（例如讨厌的青少年和人们贩卖毒品）的影响，他把这些称为"集体效力"。这一发现和警察收拾"破损的窗户"和"打扫"街头的犯罪的观点相左，警察的这两个行为反映了应对性警务。与事后警察努力收拾残局的做法不同，这一发现号召邻居负责并且首先预防受害发生。这里关键是社区必须真正有凝聚力，防止都市生活带来的集体隔离。这给城市规划者很多启示，因为它强调他们必须避免打破社区凝聚力。保险公司也可能从投资这一集体效力的犯罪预防中获得很多收益。

范例：最初的邻里守望有效。一个关于动员社区减少住所盗窃的非常成功的故事发生在20世纪70年代的西雅图。复杂的研究确认西雅图的盗窃率下降高达50%。从这个成功的故事中可以得出教训，遗憾的是，这些教训很大程度上被忽视了。

第一个教训是西雅图市的市长领导项目，制定法律和成立司法规划办公室，办公室直接向他报告而不是向警察局长报告。他让这个办公室分析西雅图市犯罪的数量、发生地点和原因。办公室还进行民意测验，找出使市民不安的问题。分析提交给市议会，市议会确认盗窃、性侵和抢劫小商店的优先处理顺序。

下面是这一情况的独特之处。有了这些信息，办公室开始制

---

[23] Felton Earls, interview by Dan Hurley, "On Crime as Science（A Neighbor at a Time）", *New York Times*, January 6, 2004, C1.

订解决这三个问题的方案，他们和专家、警官和社会科学家谈话，然后形成量身定制的解决方案，这些方案强调要前瞻性地阻止犯罪的发生。

对于入室盗窃，他们的结论是，在以下几种情况下容易发生，当居民（1）白天或者周末长时间没人照看家里；（2）社区有可疑陌生人时没有进行干预；（3）前门没有适当地上锁；（4）对于容易运输和适于销售的财产像电视机没有识别号码。然后他们集思广益，用犯罪预防策略来弥补这些不足。重要的是这些补救方法针对的是犯罪成因的四个风险因素（上文提到过）。[24] 策略是对居民进行培训和辅导，主要有以下方面：（1）当他们不在家时让住所看上去似乎有人在家，例如养条狗或者安装打开收音机和开关灯的定时器；（2）让他们的邻居同意发现陌生人时要报警；（3）安装有效的门锁，如没有弹簧的锁；（4）把电视机、收音机、自行车和其他容易运输、适于销售的商品标记上主人的社保号。

由美国联邦政府资助，作为1968年犯罪控制和安全街道法案文库的一部分，西雅图市雇用了一群大学生，让他们走进最危险的社区，培训居民如何采取上面列出的预防措施。重要的是，他们说服居民召集邻居，主持小组讨论这些措施并且认识彼此，换句话说，在社区内部创造集体效力。

规划办公室有先见，在统计学家的帮助下对项目进行独立评估。辅导活动只在某些随机选取的犯罪高发地区进行，这样可以和那些没有接受任何培训的其他犯罪高发地区进行比较。严谨的评估使用

---

[24] Wesley G. Skogan and Kathleen Frydl, *Fairness and Effectiveness in Policing: The Evidence* (Washington, DC: National Academies Press, 2004), 246–51.

了警察的记录和被害人调查来评估长期的变化。最后，评估结论是接受培训和社区建设的地区的入室盗窃减少了 50% 或更多。更重要的是，这些地方犯罪率的减少并没有转移到其他地方或增加其他地区的犯罪率。

这一辉煌成果使项目得到了美国司法部的奖励，继而制定了如何实施这一策略的手册。正如结果证明的那样，是人的在场因素（保护"包围"效应）使项目取得如此巨大的成功。后来的研究（包括笔者 20 世纪 70 年代的分析）表明前两个预防措施——邻居干预的意愿和家里有人——真正威慑了盗贼偷窃。[25] 其他两个措施可能影响最小，毕竟盗窃很容易和没有弹簧的锁有关，被盗物品经常在街上被销售，在街上往往没人关心这些物品是否是偷来的。

这个令人关注的成功故事激励了全世界的邻里守望运动，所有人都狂热地相信犯罪预防理论，但是大多没有借鉴最重要的教训，所以还不是很成功。[26] 通常情况下，城市和警察局都不雇佣员工分析他们城市的犯罪问题，不集中组织倡议，会议成员不包括近邻或者不对居民如何保护财产进行辅导。遗憾的是，太多警察局将项目视为公共关系措施而不是犯罪减少措施。通常最有风险的社区（那些社区凝聚力水平最低的社区）是那些很少实施邻里守望的社区。

---

[25] Irvin Waller, "What Reduces Residential Burglar Action and Research in Seattle and Toronto", in *The Victim in International Perspective*, ed. Hans Joachim Schneider (New York: De Gruyter, 1982), 479-92.

[26] Lawrence Sherman, David Farrington, Brandon Welsh, and Doris Mac Kenzie, eds., *Evidence Based Crime Prevention* (New York: Routledge, 2002).

五、并用所有方法解决财产犯罪问题

我们知道针对问题地方的社会投资可以制止犯罪，我们知道要想真正预防犯罪就得让犯罪更难，我们知道鼓励邻居安全地进行干预会制止犯罪。将这三点结合起来会如何？

范例：科克豪特的邻里守望

在 20 世纪 80 年代晚期，英国一个称为科克豪特（Kirkholt）的问题地方研发了一个和西雅图最初的社区犯罪预防项目相类似的项目。科克豪特的项目被 crimesolutions.gov 网站列为"有效"项目。这一项目由爱好激励人们考虑解决多次受害问题（很多人一年内不止一次成为犯罪被害人，而且通常是同一类型的受害）的大学教授肯·皮斯（Ken Pease）领导。他发现在盗窃案中，一旦主人替换掉被盗的物品，很多被害人再次受害。[27] 有趣的是，尽管被害人很快知道盗贼不止一次针对具体的房屋盗窃，但是警察却不知道，因为他们通常都是接到电话后出警处置，而不是分析电话的模式。

科克豪特地区的房屋财产面临非常频繁的盗窃犯罪（通常再次受害）。皮斯开始寻求对这一问题成因和程度的具体分析。他还鼓励警察、市政府官员和缓释官和他合作，因为这些人一开始就参与案件。他鼓励他们按照他的方案进行。团队成员分享入室盗窃者、

---

[27] Graham Farrell and Ken Pease, "Preventing Repeat Residential Burglary Victimization", in *Preventing Crime. What Works for Children, Offenders, Victims, and Places*, ed. Brandon Welsh and David Farrington (New York: Springer, 2006), 162–76.

盗窃发生的具体地方以及被盗物品的具体信息，然后他们对每个成因设计解决办法。

他们特别注意到现金往往从电表（安装在前门上方，在供电之前收钱）里被盗。他们注意到居民对电表的保护不够，原因是他们不在家或者不觉得其他居民家里发生入室盗窃是他们的责任，也就是说，他们注意到集体效力很小。

所以，他们雇用员工，成立有组织的邻里守望，动员邻居提供保护，形成包围效果。通过安装门锁和电灯，他们加强一些物理环境安全的薄弱点，他们还拆掉电表（因为电表里有现金）。方案的另一部分是缓释服务，即给高风险的犯罪人提供更强化的改造项目。显然，这个团队给科克豪特的特殊犯罪问题提供了独特的解决方法。

结果这个有效的项目（尤其针对惯犯和再次被害人）在四年内将入室盗窃减少了75%，他们证明了投入在项目上的每1美元相当于节省了用在警察身上的4美元。

尽管对风险因素认真分析和应对很重要，但是效仿科克豪特的努力失败了，因为效仿再一次忽视了提出解决方法之前对问题的分析，起作用的是解决问题的过程，不一定是一刀切的方法。

范例：加拿大温尼伯解决汽车盗窃问题

执政者可以看看北部的另一个好的范例，看看他们如何深入分析具体问题以真正解决财产犯罪问题。在2004年，加拿大中等城市温尼伯（Winnipeg）是北美汽车盗窃率最高的城市，每10万人有超过1900起盗窃，省保险公司每年付出的成本是4000万美元，更糟糕的是很多居民受到鲁莽的盗车贼伤害。

不能找出解决问题的办法,温尼伯市第一个实际且积极的解决这一瘟疫的做法是成立一个任务队,主要成员有警察,保险公司,青年服务部门和主要的学术人员。他们对这一流行病进行深入诊断,结果表明大部分盗窃的实施者是年轻犯罪人,实际上所有车辆被盗都是为了飙车。

第二步是他们得到4000万美元的资助,没错,一个仅有50万人口的城市得到了4000万美元的资助,资金来自于省保险部门,用来实施三方面的计划,这一计划针对温尼伯的车辆盗窃问题特别定制,包括(1)强化社区对高风险青少年的监督;(2)立项要求给最危险的车辆强制安装车辆停止器;(3)解决车辆盗窃根本原因的青年项目。

在打击温尼伯市的车辆盗窃上,温尼伯式的解决方法取得了巨大成功,评估表明盗窃率在2007年减少了29%,2008年减少了42%,2010年减少了76%。据估测每年纳税人平均节省了至少4000万美元,每年至少1万起犯罪被预防。这个范例显然表明预防项目要考虑所有方面的根本原因,其项目结果自然清晰可见。在这个范例中,取得这样的结果比不受限制的只使用应对性的犯罪控制政策要快得多,因为应对性的犯罪控制政策只局限于警务,或法庭和矫正体制本身。

六、结论

重点:减少财产犯罪的智慧策略

美国,和其他世界上富裕的民主国家一样,在过去40年财产犯罪极大减少。然而，盗窃会变成抢劫，对被害人造成更大伤害，每年用于应对性犯罪控制的成本总计高达4000万美元。财产犯罪下降的主要原因不可能是美国的警务改革或者大规模监禁的增加（也就是应对性犯罪控制上的成本），因为其他国家的财产犯罪也减少了，而这些国家的执政者没有做出这样的变革。

20世纪70年代人口统计学的变化可能是犯罪减少的原因，也有可能是其他长期社会发展因素，如上大学的年轻人比例增加了，更多合法移民移入，年轻人有更广阔的渠道获得自己满意的物品也可能使他们的贫穷感减少，而我们知道这是一个风险因素。

制止问题地方的财产犯罪，第五章提到的策略很重要，让逮捕更可能实现的策略，如CCTV和照明，也可以在一些情况下制止一些犯罪。财产犯罪还可以通过使犯罪更难的策略受阻，如在住所和汽车里安装门锁、报警器和新的小装置。技术进步带来更小、更吸引顾客的东西如智能手机，这增加了它们被盗的可能性，尤其当预防犯罪的设计动机不存在时。

邻居可以制止犯罪，因为他们是"街上的眼睛"，他们有义务对犯罪进行干预。将问题解决方法和重点社会发展问题，减少犯罪概率和动员公民相结合的全面策略可以减少犯罪被害人数量，为纳税人和保险公司省钱。

执政者为了更智慧地控制犯罪的主要做法

1. 立法者应该在问题地方投资犯罪前预防，见第五章。

2. 立法者应该提高房屋建筑、汽车设计和其他消费者产品标准，证据基础是限制犯罪和被盗产品再售的容易程度。

3. 立法者应该鼓励使用增加被捕概率的系统，像闭路电视和监视系统，但是前提是对它们的使用要合理，而且节省成本。

4. 立法者应该鼓励城市带头诊断和倡导解决普通财产犯罪人犯罪问题的多种方法，包括执法、青年服务机构、社区、保险集团和注重实用预防的学者。

5. 立法者应该鼓励对制止财产犯罪有金融兴趣的保险公司进行投资以减少犯罪，增加社区凝聚力。

6. 立法者应该修改刑法典，减少对非暴力盗贼的长期监禁（例如，将这些犯罪改为轻罪，实施第三章提到的其他建议）。

本章阐述了财产犯罪大量减少有多方面原因，例如：人口统计学，有利的社会发展趋势，更多的安保措施。大量证据表明在问题地方解决风险因素的智慧的犯罪预防和减轻财产犯罪的定罪会减少财产犯罪被害人的数量和节省纳税人的成本。再一次证明应对性警务和猛增的大规模监禁不可能产生主要影响，犯罪前预防比昂贵的有效果的或者没效果的惩罚都要更有效。

第三部分
受害人和纳税人的安全：政府议程的首要问题

第十章　投资于智慧的公共安全，以减少受害者和降低税收

前面的章节已经论证了犯罪和暴力不是不可避免，相反是可以预防的，有证据（所以有希望）证明可以让更多的被害人免受一些可预防的犯罪的伤害，这些犯罪有街头暴力、针对女性的暴力和酒驾。

第一部分呼吁更智慧的犯罪控制，如革新执法、司法和矫正，使这些资源更能发挥效用。包括革新注重问题地方的警务。第二部分呼吁将应对性方法转向犯罪"控制"，尤其是当这些经常以孤立的思维模式运作或者因此导致大量过度使用监禁的时候。第三部分提出更智慧的预防方法是对重点问题地方的孩子和青少年进行投资。它还提出使用综合策略来制止手枪暴力，预防针对女性的暴力（始于学校）和智慧地实施交通规则。总的来说，基于有效预防的前瞻性转变和更智慧的犯罪控制必须包括变革大量监禁的应对性措施，以及变革方向错误的毒品战争，因为它们的社会成本巨大，具有种族歧视，还浪费金钱。

本章提醒我们这本书中提到的挑战，即尽管大规模监禁，犯罪和暴力仍对被害人造成伤害。"没有合理的执法理由，太多美国人在太多监狱里服刑的时间太长了。"总检察长霍尔德说。但是我更

喜欢"没有合理的公共安全,太多美国人在太多监狱里服刑的时间太长了"这句话。

本书提醒我们有大量知识表明犯罪预防如何成为可能,这些知识得到世界上主要和受人尊敬的致力于健康和拯救生命的机构的认可,本书收录了重要的减少犯罪的策略,这些策略在各章都得到论述,然后本书论述对这些成本有效的策略进行聪明的投资以及如何在伤害方面为被害人节省上数十亿美元,如何在误导的税收方面为纳税人节省上数十亿美元。

本章总结了使这些智慧的策略和成本有效的预防策略在需要的地方即问题地方得以实施的可持续方法,因为有问题的生活经历经常导致犯罪。重要的是,城市的政治意愿和领导是成功实施这些策略的关键,为了确保成功,城市和地方学校、住房、社会服务和执法部门必须致力于更智慧的方案的形成和实施。

本章结尾给出一份预算草案,表明如何进行必要的再投资——范式转移,从昂贵、一度扩大的应对性犯罪控制转向可持续的、具有前瞻性的和成本有效的犯罪预防。论述了范式转移的成本可以通过重新分配,不是增加税收来实现,总而言之,本章表明立法者如何拯救被害人生命,使他们不遭受巨大伤害,而同时降低税收,使纳税人的钱不乱花在公众资金上。

一、挑战

美国最普通的暴力和财产犯罪率与其他富裕民主国家类似,事实上,现在犯罪下降率也相似(至少在过去 20 年)。但是这些犯罪仍然对被害人造成伤害、带来痛苦以及生活质量的严重下降，尤其是对遭受暴力的被害人，估计每年损失 4500 亿美元，大约占 GDP 的 3%。

和其他富裕民主国家相比，美国有一些特殊区域非常失败，这些区域一直有枪击事件，在一些主要的城市，年轻人非法持枪彼此攻击。年轻黑人被枪杀的比例比年轻白人高 10 倍，酒驾死亡率是欧盟的 2 倍，是英国的 6 倍，而且其毒品过量注射率还在增加，超过其他富裕的民主国家。

但是美国掌握的关于犯罪的数据比其他民主国家更丰富，对犯罪的研究更多，它有大量经证明了的在犯罪发生前将其制止的策略，但是却较少使用。它有任何富裕民主国家关于针对女性暴力的最好数据，但是还没有将这些经证明了的制止暴力的方法推广，进而将其应用于其他犯罪。

一个多世纪以来，在美国（其他富裕民主国家）对犯罪控制的应对措施造就了警务、法庭和所谓的矫正制度。今天，这一制度每年花费美国纳税人 2600 亿美元，只是为了让其运作，这大约是其他国家如英国和加拿大人均的十分之三，这令人难以置信。尽管美国一直在西方世界享誉盛名，拥有最多的监狱，但在过去 40 年，从 20 世纪 70 年代开始它扩大了严惩的制度，以至于到 2010 年，它监禁的人数比其他富裕民主国家多 7 倍。它甚至使俄国黯然失色，是俄国的 2 倍，中国的 7 倍。监狱的这一增长速度导致任何时刻每 9 个年轻的成人黑人就有 1 个入狱，是白人的 6 倍。米歇尔·亚历山大将此比作新的吉姆·克劳法制度。[1] 这一失衡的状态部分表现在对毒品一定要发动的战争上，在这场战争中，纳税人每年花费 300 亿美元用来逮捕拥有毒品的人，远远超过逮捕任何其他类型的犯罪人，他们每年还花费 200 亿美元来监禁这些人。同时美国非法毒品和类鸦片过量的致死率已经远远超过每年杀人、自杀的数量以及交通死亡率。美国将更多政府花销用来限制这一民主制度中一些人的自由的画面充其量令人啼笑皆非，而美国的民主显然捍卫了小政府和个人自由。

每年 2600 亿美元花在应对性犯罪控制制度上，这一制度只注重犯罪已经实施后，即很多人已经受害后再"收拾残局"。这一制度对减少被害人数量不起作用，相反，它惩罚通常很小一群贫困的年轻人，这些人在犯罪入狱后再次被送回问题地方，他们会带给问题地方一连串"间接后果"，这会让他们更有可能再次犯罪进而再次入狱，可能只是因为用酗酒和吸毒来打消自己的无助。

二、经检验证明了的解决方法

上文提到的问题无非就是乱花钱，浪费生命，增加痛苦和苦难，这很令人遗憾，尤其是我们知道如何制止犯罪发生。现在我们有科

---

[1] 吉姆·克劳法（Jim Crow laws）泛指 1876 年至 1965 年间美国南部各州以及边境各州对有色人种（主要针对非洲裔美国人，但同时也包含其他族群）实行种族隔离制度的法律。这些法律上的种族隔离强制公共设施必须依照种族的不同而隔离使用，且在隔离但平等的原则下，种族隔离被解释为不违反宪法保障的同等保护权，因此得以持续存在。但事实上黑人所能享有的部分与白人相比往往是较差的，而这样的差别待遇也造成了黑人长久以来处于经济、教育及社会上较为弱势的地位。

学研究了解导致更多人犯罪的消极生活经历和"风险因素",我们知道"问题地方"会"培养"犯罪,我们知道通过重点帮助那些问题地方成长的人们,通过犯罪前预防可以预防犯罪。很多这些世界级的科学知识来自于美国,美国政府部门和机构的网站提供简单易懂的英语供大家阅读这些科学知识,如司法部网站、疾病控制和预防中心的网站。遗憾和具有讽刺意味的是,美国似乎是一个问题最严重,但是解决这些问题成本有效方法最多的富裕民主国家,也是对这些防止美国人成为犯罪被害人或者纳税过多的知识利用最少的国家。

执法、法庭和矫正的有效方法

在第二章我们讨论过,美国的警务资源和其他富裕民主国家没有什么大的不同。然而,执法体制变成应对性的原因是它将太多的资源投放在紧急电话服务上。尽管民粹主义执政者想要增加街上的"巡警",但是制止暴力更聪明的警务应该是制定策略。测图技术使警务能针对犯罪的"热点"——最好被称为"问题地方",警察对这些地方的了解有助于对暴力的一些先兆执法,例如对不法行为进行逮捕,没收街头的非法手枪。由警察领导的"集中威慑"项目让街头团伙成员感觉他们有可能被送进监狱,这和暴力犯罪减少有关——大约减少了40%的暴力。但是这些项目只是在执法上得以应用,暴力只是适度减少。很多范例表明"问题导向"警务如果只是表面实施的话,在解决当地的偷盗和侵害问题上收益很小。

但是项目用(错误使用)同样聪明的警务技术处理对被害人没造成伤害的街头毒品犯罪,警察过多地将重点放在"低处悬挂的果实",如逮捕街头零售毒品的黑人男性。通过逮捕这些不严重的犯罪人,他们可以很容易完成逮捕指标。但是,年轻白人继续关起门来交易毒品,因为他们更难被逮到,即使他们的毒品交易量更多。而且,测图技术让警察在问题地方拦截搜身,逮捕不严重的毒品交易者,但是这通常错误地针对太多无辜的年轻黑人男性。

第三章指出刑事法庭如何成为"旋转门生产线"的一部分,在这里,法官宣判定罪的犯罪人被监禁。因为很多法庭面对多达75%的重罪犯罪人,他们都有被捕前科,这一体制不能拯救被害人从而使他们免受伤害。但是如果法官注重解决问题,利用快速短期的制裁让犯罪人参与经证明有用的治疗项目,法官仍然可以制止受害,聪明地解决问题。这对家庭暴力、酒驾和与滥用酒精有关的犯罪尤其重要。已经证明毒品法庭有一些效果,而不需要过度使用监禁,但是刑事法庭对那些确实对被害人造成伤害的与毒品有关的犯罪应该限制毒品法庭的使用。

总的来说,从法庭得出的教训是,最有效的革新很少使用法庭,所以有前景的实践做法是从刑事法庭转向恢复性司法,或者转向社区精神健康服务部门,或者基于社区的毒品和酒精治疗中心。最近在科罗拉多州和华盛顿州"合法化"一些像大麻这样的毒品,使这些案子不在刑事法庭审理,这样执法和刑事司法群体才能将精力集中在智慧和经证明了的方法上来制止对被害人的伤害。

第四章指出矫正(如地方监狱、联邦和州监狱)如何给潜在的被害人带来有限的益处,因为它们让犯罪人服刑期间暂时丧失犯罪能力。对于潜在的被害人来说,监禁的长期益处有限,因为当犯罪人过了 30 岁他们往往不大可能再犯，但是这一有限的益处对于纳税人以及这些犯罪人生活的问题社区来说成本巨大。

尽管被称之为"矫正"，但该体制并没有给人印象深刻的矫正记录：大约 40% 的年轻人和 60% 的成人被释放三年之内再次被逮捕入狱。大量研究表明如果方法得当，用改变态度解决酒精和毒品滥用，减轻与再犯有关的风险因素等方法，可以将这些再犯率减少 20%。

如果他们被释放后可以有序生活、就业、参加家庭团聚的话，一样是在矫正。然而，服刑的附带后果（如缺少家庭联系，失去工作，社区内没有地位，失去投票权）使释放后不再犯罪更难。按这一思路，美国犯罪政策最近最有希望的改变是监狱里年轻犯罪人的数量和纽约市的监狱人口减少 50%，这一改变会让有犯罪风险的年轻人不受这些附带后果的危害，还会使他们更多地受到干预，这有助于他们将来抵制犯罪。

有效和节省成本的预防方法

在第二部分，你们看到，大量证据表明预防是减少犯罪最有效和节省成本的方法。第五章你们看到投资于问题地方的一些策略，给家庭帮助以注重早期儿童发展和减少虐待儿童来减少青少年和成年人犯罪。很多扩大到问题地方的家庭、儿童、青少年、学校和社区的项目经科学证明可以减少青少年暴力和其长大后的暴力。投资的回报巨大，总统奥巴马用了一个数字，即每投资 1 美元，会节省 7 美元，但是很多其他受人尊敬的权威机构表明回报甚至更好。

在耸人听闻的（幸运的是罕见）枪击屠杀中大量枪支被使用。

但是，第六章论述到，枪支对犯罪被害人造成的大部分严重伤害来自于无处不在的手枪犯罪，在美国这类事件每天都在发生，在几个但不是主要城市的媒体上很少受到关注——大多时候只在问题地方。聪明的警务项目在减少都市手枪杀人方面已经取得了一些成功，但是孤立的刑事司法观念模式之外的舆论强调全面的都市暴力预防，关键因素以及对社会发展的投资与波士顿的策略中以问题为导向的执法因素结合起来，也就是说，他们要超越智慧的执法，因为对这些犯罪不能仅停留在逮捕上。几个城市甚至一些医院的急诊部门表明枪支杀人大大减少，这些策略的持续成功取决于成立一个永久的负责中心来领导城市的变革。

实施注重安全的枪支法，正如布拉德利中心提议的那样，与总的杀人（自杀）数量减少有关，至少不会使备受瞩目的枪支屠杀恶化，幸运的是即使在美国枪支屠杀仍属罕见。

第七章论述了减少针对女性暴力必须用经证明了的策略，即改变高中和大学男性的态度。成功的策略还包括让朋友和其他人干预，受到体育偶像这样的男性模范示范的鼓励以及动员集体行动。为了让女性被害人有信心找警察报案，在其和亲密伴侣关系中拥有主导权，警察对被害人的态度必须大大改变。每年需要更多数据让执政者保持对减少暴力和不减少暴力行动的关注。为了更有效地解决问题，一些研究提出关注干预重点。要想真正消除针对女性的暴力，必须解决枪支的流行和酒精的滥用这些风险因素。

第八章表明交通死亡（包括酒驾死亡）在过去十年已经大量减少，但是美国的交通死亡和酒驾率是其他富裕民主国家的好几倍。

交通死亡减少的一个因素是汽车设计的改善，如气囊。关于如何减少和智能手机有关的分心驾驶，仍需要更多研究。但是解决方法可能基于技术而不是基于执法。在减少像超速和酒驾这样的危险驾驶方面，美国落后于其他西方国家，这可能因为集中威慑与其他国家相比不够严厉。幸运的是，它成功的方法没有过度依靠大规模监禁多数犯罪人。

第八章还提出很多减少酒精负面影响的方法，包括通过税收增加酒精的价格和对问题饮酒者进行有针对性的治疗。

自 1970 年以来，像入室盗窃这样的财产犯罪率一直在稳步下降，部分原因是人口统计学的变化。第九章表明过去 20 年财产犯罪的进一步下降在一定程度上是因为安全社区的设计和改善的安全小设备，这些措施可能击败了年轻的犯罪人，如报警器和奇特的点火互锁装置。经证明预防最有效的一个策略是动员邻居保护和干预，他们对"集体效力"很有用，集体效力是有凝聚力社区的一个标志。

基于社区的解决方法：城市在控制犯罪中的关键作用

当我们想到解决问题如垃圾和公共交通问题时，我们想到城市，但是当我们想到处理犯罪或者其他生死问题时，我们经常错误地想到警察局和矫正。如果我们要制止人们遭受暴力和犯罪侵害，这一想法必须改变。19 世纪 80 年代城市面对霍乱和伤寒时，不是急诊室的医生或者议员解决疾病问题，相反，是城市先了解关于水上的疾病然后实施项目，用可持续和支付得起的方式清理水质预防疾病。同样，很多犯罪专家（包括笔者）认为城市有能力让犯罪减少长期持续下去并负担得起这些花费。

我们必须开始将城市（胜于警察）作为打击犯罪的第一道防线，通过城市，节省成本的措施才能得以实施，并且持续地减少犯罪被害人的数量——纳税人承担得起。正如你们在第一章看到的那样，一个城市的问题地方产生大多数普通的犯罪问题；在第二章你们看到，学校的举措和对年轻人的外延服务是有效解决这些同样问题的方法。我们还看到社区的归属感和主人翁感有助于减少犯罪。因此，20世纪90年代，美国的市长会议（USCM）同意市政当局有策略地汇集那些能改变产生犯罪原因的人们，要求其他各级政府提供经济和技术支持来帮助他们。[2] 没错，警察会继续起主要作用，因为他们有执法权以减少犯罪的风险因素，但是他们的角色将在一个劳动部门内完成，包括智慧的警务，从而将重点和资源转移到学校、青年发展机构和公众健康护理能采取的行动上去。其他各级政府也要参与，因为他们能提供必需的经济和技术支持。但是城市真正地领导协调策略，让影响持久，因为这些部门是政府里最直接面对问题和解决问题的部门，所以他们最能关注需要他们的行动。城市能将社会服务集中提供给有需要的家庭和确保对年轻人提供扩大服务，他们能确保设计停车区域减少盗窃和暴力，他们能执行让房屋不被破门盗窃的建筑标准，他们能鼓励基于社区的举措，让居民带着主人翁感保护他们自己的社区。

但是更重要的是，他们有能力做出智慧的改变，建立能解决犯

---

[2] Irvin Waller, *Less Law, More Order: The Truth about Reducing Crime* (Westport, CT: Praeger Imprint Series, 2006; Ancaster: Manor House, 2008)；Irvin Waller, ed., *Making Cities Safer: Action Briefs for Municipal Stakeholders, Action Briefs*, no. 3 (Ottawa: University of Ottawa Institute for the Preven-tion of Crime, March 2009).

罪根源的有效合作，他们能动员学校董事会、住房服务、社会服务、运动项目、邻里、市民甚至商业来解决容易使孩子、家庭和社区犯罪的风险因素，他们能增加早期养育项目、青年中心和辅导项目的数量，以及更多的项目，也就是说，他们能直接增加获得暴力预防方法的一些最重要的资源。而且，他们能确保这些项目得到持续的资助，使这些项目在社区内永久固定下来。他们能坚持让地方警察局更加以问题为导向，让警察、学校和社会服务机构合作解决学校辍学和欺凌问题。他们能确保地方服务支持被害人和促进和平解决冲突。事实上，城市在开展我们知道的减少犯罪的具体行动上处于最有利的地位。

为了有效地开展行动，城市需要指定犯罪减少办公室，接受充足持续的资助和可能来自于政府的法令。这些办公室一定不能被当作装点公共关系的门面，相反，他们必须有影响力能动员城市的重要人物，如警察领导者、学校董事会委员和城市预算官员。简而言之，必须得有一个永久但是小的规划董事会和员工来管理诊断城市面临的犯罪问题。[3] 召集这个董事会很重要，因为董事会包括来自能影响犯罪风险因素的主要机构的代表。例如，董事会必须包括学校官员、社会服务代表、医院和精神健康官员、娱乐计划者、就业咨询人员和警察代表，女性和来自于具体少数或者社区群体的代表

---

[3] 哥伦比亚首都波哥大用这些方法在十年内将其极高的谋杀率减少了50%。波哥大接连由三位市长领导这一举措，波哥大成立犯罪预防计划办公室直接向市长报告。办公室工作包括分析引起暴力的风险因素，然后针对解决这些风险因素提出举措。其成功离不开警察的帮助，因为警察用问题导向警务策略帮助减少风险因素。没错，波哥大市如果对问题地方的社会发展进行目标投资的话，它本可以减少更多犯罪，但是在这样一个高暴力的城市谋杀率减少了50%也值得庆贺。

也将至关重要，因为在那些地方犯罪是一个特别的问题。

城市能通过一部分市政税收给这些办公室提供部分资助，毕竟，城市要为其居民保持一个稳定的税收根基，有动力确保社区更安全，要让人们承担得起的税收。城市还必须利用州和国家资金来资助发起的项目，让这些项目启动，但是重要的是从一开始就要考虑这些项目的资助期限以及资金能否被重新分配，并将警务和犯罪控制预算分配到其他各级政府来保持这一转变，因为我们前面看到，犯罪预防是一个聪明的投资，纳税人有很大的红利。

城市必须考虑纳税人的优先权，他们必须考虑现在对年轻人、家庭、妇女、道路使用者和社区有风险受害的情况进行解决投资是否有道理，证明投资是在改变他们利用税收的方式。在犯罪发生前进行预防成本有效、成本有益，因为健康的儿童和青年人以后会变成有生产力的成人。安全社区也为其居民提供更好的生活质量，增加经济发展投资和旅游的机会。正如城市对交通、环境和公众健康做出规划一样，他们也必须制订公共安全计划，优先考虑我们的税收应该如何得到更好利用。

三、模式转变

让政府实施有效策略的挑战

我们知道什么策略有效，知道在实施过程中城市的领导作用。现在我们需要把注意力转向如何将犯罪控制模式从应对性执法、法庭和矫正转向针对犯罪风险因素的集中预防策略。智慧的犯罪控制不在于警务或者监狱的多少，而是在制止受害和节俭使用税收方面成本有效。

前面提到过，青少年司法体制最近的改革给这一转变如何能得以实施提供了有前景的范例。随着犯罪率下降，有充分理由削减应对性体制的资金。美国人均在押年轻犯罪人多年来比其他富裕民主国家要多得多，最近其青少年监禁率下降了50%（即使如此，按国际标准水平仍然很高，但是在避免过度使用监禁和节省纳税人金钱方面有进步）。[4] 所以，如果对青少年，我们可以减少犯罪，减少对犯罪的应对，为什么对成年人不行呢？

对此，一项重要的研究对五个州进行了研究，这五个州对青少年司法制度进行了改革，它们实施经证明有效的项目。名为"推广有据可依的实践"的组织由两个世界专家领导，分析这些州为什么变革以及它们如何实施项目。[5] 他们变革的原因很简单——因为他们总是应对危机，例如金融危机或者因其青少年制度的不良状况而被司法部起诉。但是他们采取的行动都一样，见表10-1[6]

---

[4] "Reducing Youth Incarceration in the United States"（工作论文，Annie E. Casey Foundation, February 2013），http://www.aecf.org/~/media/Pubs/Initiatives/KIDS%20COUNT/R/Reducing Youth Incarceration Snapshot/Data Snapshot Youth Incarceration.pdf, accessed May 3, 2013.

[5] Peter W. Greenwood, Brandon C. Welsh, and Michael Rocque, "Implementing Proven Programs for Juvenile Offenders: Assessing State Progress"（工作论文，Association for the Advancement of Evidence-Based Practice, Downington, PA, December 2012），http://www.advancingebp.org/wp-content/uploads/2012/01/AEBP-assessment.pdf.

[6] 例如，每个州:（1）成立高水平任务力量来分析情况给出建议，这些行动力量包括家庭和儿童服务机构、精神健康机构、学校、警察和缓刑部门;（2）有想看到变革发生的拥护者;（3）有了解有效性文献的人;（4）测试新项目学习和实施有关的实际问题;（5）有对有据可依的策略的辅导;（6）开始多维治疗或者功能家庭治疗项目（第四章认为这些项目有效）;（7）设立特殊基金孤立具体那些有据可依的项目;（8）给那些需要评估、项目选择和实施的县提供技术帮助。

表 10-1 能够使政策从过度应对转向制止暴力的因素

成功地从应对性犯罪控制转向有效智慧的减少犯罪的主要因素	增加有据可依的实践	安妮·E.凯西基金会	世界卫生组织
1 变革的政治拥护者及高水平的任务力量推荐变革计划	是		是
2 资助和计划有执法的支持			
3 投资和受启发使用经证明有效的项目	是	是	
4 促进对被害人的支持,对被害人做出反应			
5 有限使用拘留		是	
6 给项目的实施提供技术支持和资金	是		
7 投资结果数据,如暴力趋势,包括性别和种族问题			是

安妮·E.凯西基金会对于如何有效将模式转向有效的犯罪预防有不同的"指南说明"。[7] 笔者在表 10-1 中也列出两个主要因素。[8] 其他机构强调执法如何有效的转变重点,用其影响力保护和增加对经证明投资儿童可以减少暴力的项目的资助。[9] 这也是警察

---

[7] "No Place for Kids: The Case for Reducing Juvenile Incarceration"(工作论文, Annie E. Casey Foundation, Baltimore, MD, 2011), http://www.aecf.org/Our Work/Juvenile Justice/Juvenile Justice Report.aspx, accessed March 20, 2013.
[8] 步骤包括:(1)限制监护;(2)投资监禁的替代;(3)采纳有希望的实践;(4)改变动机;(5)成立更小更强化的中心。
[9] Fight Crime: Invest in Kids, http://www.fightcrime.org/, accessed April 17, 2013.

领导者建议如何将被害人置于执法中心的主题。[10] 与此对比鲜明的是，疾病控制与预防中心甚至没有提到警察、法庭和矫正在转变模式预防暴力方面的任何作用。这和世界卫生组织（WTO）的做法相一致，世界卫生组织处理犯罪减少的问题和其处理其他公众健康策略如吸烟和肥胖问题的方法一样。世界卫生组织从应对转向预防的"指南说明"也包含在表10-1中。指南说明包括早期儿童发展和疾病控制与预防中心的主要项目，但是它更全面。[11] 我将世界卫生组织的内容分成五点。[12] 这个表格强调政治拥护者的重要性，因为他们是能组建提议计划的任务力量。要想节省成本，计划必须使用本书第一部分和第二部分提到的证据和经检验证明了的项目。从应对模式转向前瞻模式要求对问题地方进行诊断，以及对这一领域的专业人员重新进行培训。为了确保这一变革有可用的税收，必须特别限制监禁的使用。从政治角度讲，让执政者重视统计结果至关重要，过程中必须优先考虑被害人——不仅预防他们成为犯罪被害人，而且要确保他们的需要得到服务和资金的满足。[13]

---

[10] Irvin Waller, *Rights for Victims of Crime: Rebalancing Justice*（New York: Rowman and Littlefield, 2010），chap. 3.

[11] "Preventing Violence: A Guide to Implementing the Recommendations of the World Report on Violence and Health"（working paper, World Health Organization, Geneva, Switzerland, 2004），http://www.who.int/violence_in-jury_prevention/media/news/08_09_2004/en/index.html.

[12]（1）增加收集暴力数据的能力；（2）研究暴力的成因、后果和预防；（3）基于有用的证据，提高暴力的主要预防；（4）促进性别和社会平等预防针对女性的暴力；（5）加强对被害人的照顾和支持；（6）汇集所有资源制订一个十年国家行动计划。

[13] Waller, Rights for Victims of Crime.

转向投资预防：十年行动计划

采纳世界卫生组织的建议形成十年的国家行动计划，我提议美国的目标应该是在未来十年将其暴力受害率、财产犯罪率、交通犯罪率和毒品使用（注射）的过量率减少 50%。如果考虑本书中我们讨论过的知识和结果的话，这一目标适度，可以达到。然而，为了达到这一目标，国家需要预防的解决办法。为了使这一变革变成现实，我提议在未来五年将对应对性警务、法庭和矫正的预算增加的税收部分再投资到有效的预防上——最高 20% 的预算。这会让现存体制重新革新，还会让那些 25 年前因大规模监禁爆发而受雇的人退休。

这 20% 的资金和英国成功削减精干的多余的警察和监狱体制的数量一样，所以如果英国能做到美国也能，尤其美国人均花销高得多。

20 世纪五六十年代和 70 年代，美国将模式转变和减少监禁并行，将大量精神病人从医院里释放出来。所以有前车之鉴，尤其是有可能减少大规模监禁，而且除非对社区的解决方案大量再投资，否则大规模监禁没用。[14] 在表 10-2 中，我列出主要的预

---

[14] 美国在相对很短的时期内释放了精神病人，主要是联邦发起的。1955 年，州精神病医院的人口是 55.9 万，而当时美国的总人口数是 1.66 亿，也就是说每 10 万人中有 339 人有精神疾病。州监狱的人口与此可有一比，当时州人口数是每 3.1 亿人中有 150 万入狱，或者说每 10 万人中有 485 人入狱。大约从 1955 年开始，各州开始让病人从精神病医院出院，精神病人数量急剧减少。到 1972 年，病人的数量减少了 50%，到 2000 年，病人的数量减少了 90%，可见以前美国各州确实让精神病人大量出院。遗憾的是，对于精神病人的预防性药物使用不当，所以让大量精神病人出院意味着要对病人进行有效的预防。

防措施，如果 2015 年开始实施这些措施的话，到 2025 年犯罪受害数量将减少 50%。这一再投资要求再分配总量为 260 亿美元，这只是每年美国 2600 亿美元总花销的 10%。

表 10-2　什么再投资成本可以有效地制止暴力

将警察的保护和司法功能的数十亿美元进行再投资		
通过目标社会发展进行预防		
1.1	学前和早期养育	4 美元
1.2	对 6—12 岁儿童的生活技能培训	2 美元
1.3	对街头的青少年扩大服务	4 美元
1.4	学校暴力预防（与性、酒精、霸凌、干预相关）	2 美元
通过更有效的警务和司法进行预防		
2.1	警务革新（包括注重枪支、交通、酒精及更多）	2 美元
2.2	在法庭和矫正上利用经检验证明了的干预措施	2 美元
通过提高财产和交通安全标准进行预防		
3.1	涉及的预防商品（包括住房、车辆）	2 美元
通过有效的实施进行预防		
4.1	城市引领预防的作用	1 美元
4.2	用数据衡量对被害人的伤害减少(减少不严重的伤害，减少针对女性的暴力)，减少对税收浪费	2 美元

续表

	将警察的保护和司法功能的数十亿美元进行再投资	
	通过目标社会发展进行预防	
4.3	让各州有动力减少监禁（但是确保对有效的预防进行投资）	5美元
总数		26美元

在这个表格中，我只列出本书中先前被认定为经证明能减少犯罪的策略——大部分减少 20% 或更多。一些重点的社会发展项目基于一些严谨的科学研究，这些研究构成"完整的经证明大量减少累犯（再犯）和犯罪的项目清单，每花 1 美元使纳税人将来用于矫正的成本节省超过 10 美元"[15]。一些设计举措（例如安装有质量的没有弹簧的门锁或者安全带）需要很小投资，但是潜在的生命成本节省显然多得多。要记住，如果大规模实施这些项目的话，我们往往不知道是否会节省同样的成本；一些情况下，大规模的节约会降低实施成本。整合有效的项目会比单独实施一个项目更能减少犯罪数量。

通过目标社会发展进行预防。在表 10-2 中，对目标社会发展，我列出了四个优先项目，每一个在第五章都讨论过。第一个优先考虑的是养育和学前项目。这些项目真正需要钱，如果项目针对问题

---

[15] Greenwood et al., "Implementing Proven Programs"; Stephanie Lee, Steve Aos, Elizabeth Drake, Annie Pennucci, Marna Miller, and Laurie Anderson, "Return on Investment: Evidence-Based Options to Improve Statewide Outcomes—April 2012 Update"（working paper, Washington State Institute for Public Policy, April 2012）, http://www.wsipp.wa.gov/pub.asp?docid=12-04-1201, accessed February 13, 2013. 在这点上，WSIPP 对不尊重暴力持续减少的早期儿童项目打了折扣，一旦这些项目成为日常的一部分。

地方和家庭的话，项目有效地减少各种犯罪问题。例如，它们减少70%的儿童虐待（针对儿童的暴力）。经过一段时间，他们还能减少50%的青少年犯罪，可能减少针对女性的暴力犯罪和交通犯罪，数量不得而知，但是不一定没有意义。一般的回报率是每投资1美元可以节省7美元——在减少对被害人的伤害方面可能节省6美元，纳税人节省1美元。尽管收益很大，项目也相对昂贵，所以我建议每年花费40亿美元。和第一部分的策略收益相比的话，这一成本很小。第二个优先考虑的是生活技能训练。这些学校的项目成本相对很低，因为它们被整合到学校课程里。这些项目有效地减少犯罪，酒精和其他毒品滥用。这一影响会在项目实施的两到三年内实现。据估计单单减少酒精和其他毒品滥用的伤害的回报率是每投入1美元产生18美元的回报。[16] 因为成本低，我建议每年的花费为20亿美元。

第三个优先考虑的是对街头青少年扩大服务，这必须针对问题地方的青少年，大量减少杀人和严重伤害。因为经济学家明显的估测是一个年轻生命的损失超过500万美元，很容易看到这些项目每投资的1美元的回报率超过10美元。[17] 我建议每年花费40亿美元。

第四个优先考虑的是对学校暴力的预防。这些学校的项目成本

---

[16] T. Miller and D. Hendrie, *Substance Abuse Prevention Dollars and Cents: A Cost-Benefit Analysis* (Rockville, MD: Center for Substance Abuse Prevention, Substance Abuse and Mental Health Services Administration, 2008); 还见 "2013 National Drug Control Strategy", Office of National Drug Control Policy, http://www.whitehouse.gov/ondcp/2013-national-drug-control-strategy, accessed May 2, 2013.

[17] Mark A. Cohen and Alex R. Piquero, "New Evidence on the Monetary Value of Saving a High Risk Youth", *Journal of Quantitative Criminology* 25, no. 1 (March 2009): 25–49.

相对低，因为他们可以被整合到学校的课程里。这些项目有效地减少长期犯罪、针对女性的暴力以及交通死亡。但是我们需要做更多工作来估测男孩离开学校后对其的性暴力培训需要持续多久，估测培训对强奸和亲密伴侣间暴力的影响。因为成本低，我建议每年花费20亿美元。

通过更有效的执法，法庭和矫正进行预防。在表10-2中，我列出了这方面的两个优先预防。第一个优先考虑的是警务革新，更智慧地使用警察资源，这点在第二章中讨论过。例如，将每年可能支付警察额外工资和相关成本上的12万美元进行更智慧的分配，这些有关成本花在别的地方可能更好，会使警务成本更有效，同时也不增加任何警务预算。针对某些问题地方的具体项目只有再分配一些官员组织有效活动的边际成本。然而，禁止手枪的举措需要更长时间和更多再分配。即使如此，正如表10-2中提到的扩大对年轻人的服务，年轻人生命丧失的成本很高，所以如果这些再分配目标明确，在警务预算内每再分配1美元其红利会超过10美元。第六章论述过，如果将这些举措和对年轻人的外延服务结合起来的话，其结果会非常可观。

遗憾的是，对警务资源再分配以更好地监控超速、安全带、酒驾和分心驾驶所带来的确切红利还没有计算出来。然而，如果美国总的交通死亡和严重伤害能减少75%，达到英国的人均水平的话，对被害人总的伤害可以节省1800亿美元——所以在此每再分配的1美元还可能节省20美元，尤其是如果技术革新如超速摄像头更多的话。（记住警务每年的总成本是1240亿美元。）我建议再投资20亿美元让1240亿美元更有效地得到使用。最终不是增加警察预算，而是像一些警务领导和研究者提议的那样，这是总的变革的一部分，即变革孤立的警务战术，使其成为均衡并成本有效地利用税收来减少犯罪的警务的一部分。[18] 第二个优先考虑的是法庭和矫正革新，更均衡和成本有效地减少犯罪的策略。矫正预算的主要专家威廉·斯佩尔曼（William Spelman），表示在20世纪90年代，每增加10%的监禁数量只将犯罪减少2%。[19] 所以监禁人群的数量增加50%只相当于减少10%的犯罪。在成本上，这意味着犯罪每年的总成本减少大约10%的话，需要410亿5000万美元（或者830亿美元监禁预算的50%）。将这一巨大花销和投资预防对比一下，预防主要通过首先使被害人免受伤害的重点社会发展，却只需七分之一到十分之一的矫正成本！

第四章的好消息是矫正可以带来减少再犯的可持续的成本收益。例如，华盛顿州公共政策研究所认为认知—行为疗法和功能家庭疗法的预防效果是每投资1美元产生20多美元的红利，这些巨大的红利只需要重新分配资源就可以产生。需要将更多的资源投入到社区的矫正项目中（如赔偿）和鼓励更多的法庭项目，例如转移项目和毒品及精神健康法庭，可能产生预防红利，但是从现存的分析来

---

[18] 兰德公司综合了三项研究，这三项研究表明了受雇于警察机构的警察数量和抢劫、侵害、入室盗窃和机动车盗窃数量有统计相关性。就这些犯罪来说，兰德公司的研究表明警务成本增加1500万可以避免犯罪的总成本为1100万到2140万。见Paul Heaton, "Hidden in Plain Sight: What Cost of Crime Research Can Tell us about Investing in Police"（工作论文, Rand Corporation, 2010）, http://www.rand.org/pubs/occasional_pa-pers/OP279.html, accessed April 14, 2013.

[19] William Spelman, *Criminal Incapacitation* (New York: Plenum Press), cited in Steven D. Levitt, "Understanding Why Crime Fell in the 1990s: Four Factors That Explain the Decline and Six That Do Not", *Journal of Economic Perspectives* 18, no. 1 (Winter 2004): 163–90. http://pri-cetheory.uchicago.edu/levitt/Papers/Levitt Understanding Why Crime2004.pdf, accessed April 14, 2013.

看具体数量还不能得到确切估测。

通过提高财产安全和交通安全的标准来预防。在表 10-2 的第三类中,笔者的重点是工业设计。我们有大量明确的范例证明在预防犯罪和减少严重伤害或者死亡上哪些投资会有显著效果。必须将比较旧的汽车和房屋更新安全和防盗窃装置,必须要求新的住房的报警器、照明和锁头满足一定标准。除了已经提到过的更严格的执法,还需要加强对醉驾的管控,将法定的血液酒精浓度标准从 0.08 降到 0.05。智能手机被盗后,还应该实施禁止使用智能手机的方法。所有这些都需要资金来制定标准,但是一旦预期的低成本预防策略得到实施,他们带来的利益显著。

通过有效地实施计划和培训进行预防。表 10-2 的第四类强调实施更智慧的犯罪控制。有效(节省成本)地解决导致受害的风险因素的成功项目做法是动员不同的机构参与问题的会诊,这样才能制订具有策略的计划。

优先预防来自于这一章的前一部分,城市必须领导实施和监督,吸引顾问和培训者来帮助实施计划。

优先预防提到用更好的数据来指导和评估实施。还必须从警察的计算机化的绘图技术中获取更多有用的信息,但是不仅只是警用,这些地图的全部潜力没有充分实现,因为警察犯罪分析部门不知道如何能战略性地使用这些地图来前瞻性的解决犯罪成因的社区机构分享这些地图,这是需要解决的问题,因为这些地图确认了犯罪率和受害率的集中程度以及犯罪率、受害率和其他因素如贫穷、破裂家庭、体育设施缺少等因素的相关性。所以,从事破裂家庭或者娱乐工作的机构需要看到这一信息,这样才能利用其服务有策略地解决问题，而且，执政者必须能看到如何增加或者重新分配资源以解决问题。

因为很多犯罪发生在家里（如虐童和针对女性的犯罪），它们没有引起警察的注意，所以重要的是城市要投资于方法而不是这些警察地图，让负责社区安全的计划者们很容易获得这些信息。例如，来自于儿童保护机构的数据表明虐童发生的地点，基于学校的调查可以对这一信息进行补充，这些调查研究欺凌和家庭暴力。而且，对女性的调查可能有助于表明她们遭受的暴力程度，FOCUS群体可以补充这些系统数据，同样医院急诊室的数据也可以起到补充作用，最后的结果是可以得到一个关于社区如何注重犯罪预防的更加完整的画面。

优先预防强调在改变模式中联邦的角色，联邦政府鼓励过度使用监禁和执法，现在是时候需要联邦的资助、知识共享和培训来对受害者给予更多的成本有效的帮助，避免浪费税收。最后，联邦（有时是州）政府可以为州政府和地方政府提供有效改善公共安全的动力。

四、更智慧的犯罪控制令财政有效

在表 10-3 中，笔者列出一些估测，对被害人和纳税人节省的成本做了排序，成本节省的总量当然有助于立法者认真考虑本书提出的方法。即使还有经济学家算出我有据可依的一半的估测，但是重新进行投资的论点现在仍然非常诱人。

这个表格列出因为表 10-2 列出的重新投资后，有效的预防措施在哪些方面能节省被害人或者纳税人的成本。暴力和死亡减少50%，被害人节省的成本是生活质量缺失减少了，还包括其他有关成本，如医院急诊照顾和工作生产力丧失，这个表格还表明表格10-2 中在减少暴力方面给纳税人带来的大量成本和税收以及没有节省成本的项目可以被削减，包括果断地减少大规模监禁，减到美国历史上的监禁水平（19 世纪 80 年代之前），可能的话甚至和欧盟的监禁水平持平。

改变被害人生活质量丧失的状况，减少可见的成本

再次引用美国司法部长的话，"没有充分理由，太多的美国人经常成为暴力受害者，因为我们不知道制止暴力的有效方法"。在表 10-3 中，我围绕五个方面列出暴力被害人的潜在的成本节省，对于这五个方面，我列出伤害成本（见第一章图 1-4），这些是犯罪被害人避免的伤害估测，不是纳税人节省的成本，纳税人节省的成本后面会讨论到。

表 10-3 流向犯罪受害人和纳税人的钱

	流向潜在犯罪被害人的节省的成本	节省的成本和税款（按照重要程度）
A.1	减少 50% 的杀人和酒后驾驶伤亡	$57
A.2	减少 50% 的强奸	$66
A.3	减少 50% 的虐童	$62
A.4	减少 50% 的交通事故（不包括酒后驾驶死亡）	$87
A.5	减少 50% 的侵害	$28

续表

被害人生活质量节省成本		$300	
流向纳税人的节省成本			
B.1	减少50%犯罪需要的再投资（见表10–2）	-$26	
B.2	减少20%执法、法庭和矫正（犯罪下降红利）	$52	$26
C.1	减少50%医疗成本，同时犯罪下降红利	$6	$6
D.1	将大规模监禁降到1990年非毒品犯罪的水平	$4	
D.2	非罪化大麻的娱乐性用途	$9	$13
E.1	对酒精进行征税	$4	
E.2	对大麻征税	$9	$13
F.1	将监禁水平从1990年的水平降到1980年的水平	$28	
F.2	将监禁水平从1980年的水平降到1970年的水平	$3	
F.3	将监禁水平从1970年的水平降到欧洲的水平	$12	$42
G.1	非罪化其他非法毒品（葡萄牙模式）	$33	
每年纳税人其他重要的节省成本			$100

估算被害人的成本包括医疗成本，丧失的生产力和不可见的成本（如生活质量的丧失，而民事法庭会赔偿这一损失）。这五个方面包括杀人、酒驾死亡、强奸、虐童和侵害，不包括第六类非法毒品，因为被害人没有成本。

本书确认了减少这些暴力犯罪的有效方法，在表10–2中，提出了将应对警务的10%的成本重新投资，未来10年的目标是减少 50% 的暴力。所以用于提高潜在被害人生活质量所产生的成本是总成本的 50%。[20] 在表 10-3 中，第一类表明哪些方面可以减少对被害人的伤害。每一项，从 A.1 到 A.5，使用 1.4 的分组，每一组可以减少 50%，可以通过表 10-2 中列出的重新组合取得。据估测这些成本节省在减少潜在被害人伤害和生活质量方面，可以达到 3000 亿美元，这令人兴奋。

节省的哪些钱流向纳税人？

在表 10-3 的第二栏中，我将纳税人节省的成本分为六类。B.1 和 B.2 列出表 10-2 中讨论过的净流入清单，C.1 是表 10-2 中省下的钱流向医疗费用，E.1 和 E.2 包括来自于酒和大麻的潜在税收，D、F 和 G 列出了和大规模监禁及刑事司法成本减少有关的税收成本减少。

这个图表表明单从 B.1 到 F.3（不包括 G.1）的累计节省成本是 1000 亿美元，大约一半可以通过并用多个方法，包括再投资于成本有效的暴力预防（B.1、B.2 和 C.1），将大量监禁减少到 1990 年的水平（D.1），非罪化娱乐性大麻的使用（D.2），增加对酒类和大麻的征税（E.1 和 E.2），我会进一步探讨这些。

---

[20] Waller, *Rights for Victims of Crime*, 24–26; Centers for Disease Control and Prevention, "Universal Motorcycle Helmet Laws Increase Helmet Use and Save Money", news release, June 15, 2012, http://www.cdc.gov/injury/pressroom/story_archive/motorvehicle.html, accessed April 16, 2013.

将犯罪率下降带来的红利重新投资到智慧的公共安全（表10-2）和纳税人身上

看一下表1-5，我想说的第一点是自从1982年以来警务、法庭和矫正机构的花费几乎每年都在增加，在那之前可能就已经增长十年了。然而，自从1972年，财产犯罪稳步下降（见表9-1）。事实上，降到了1972年水平的25%。暴力犯罪有些复杂，但是也是1993年水平的27%。

所以犯罪率降低了意味着有充分理由减少应对性警务的花销，因为他们不能减少犯罪被害人的数量。司法部长霍得重复道："因为没有充分的执法原因，大量美国人入狱服刑时间太长。"笔者认为应当将"执法"换成"公共安全"，因为第三章和第四章表明监禁没有减少犯罪被害人的数量。

大规模监禁的进一步减少没有对犯罪被害人数量有任何不良影响。在第四章我们已经看到，在美国，很多州对年轻人监禁的减少及纽约市监狱人口的减少和较低的犯罪率有关。而且第九章对财产犯罪的国际比较证实了与其他没有大规模监禁的富裕民主国家相比，美国的大规模监禁没有降低犯罪率。

在第二章，我们不清楚的是警务花销的减少是否对受害率有影响，当然削减非重点警务对犯罪率不会产生影响，但是如果警察机构能平衡必须应对的应急电话和有针对性的智慧的警务的关系的话，那些预算在短期内可以得到合理应用，对比智慧的警务更能节省成本的项目进行投资。

英国政府正确地将警务和监狱的花销减少了20%，这很引人注目，因为英国没有像本书中提到的美国的政策制定者那样过度花费。所以美国纳税人的第一笔节省必须是包括全体人员在内花销的减少——笔者建议将用于现在应对性警务、法庭和矫正花销的20%转移，减少监禁项目，通过五年的时间让受雇于监禁项目的人退休。

然而，要实现更大可持续的节省，重要的是首先重新投资于本书中第二部分认可的成本有效的项目。在表10-2中，笔者选取了在减少被害人数量上那些社会回报巨大的再投资——通常对被害人的伤害减少50%——这些投资成本相对较小，但是收益大。第五章、第六章和第九章的数据有利地论证了这一说法，但是第七章、第八章中的研究同样有说服力。

减少医疗成本

下面的C.1部分表明政府医疗成本的节省，借此节省了纳税人的钱，今天想要精确估计这些成本很难。按照第一章中使用的资料估测，这些资料取决于暴力犯罪的减少和医疗成本的增加，笔者认为每年犯罪被害人的医疗成本大约是120亿美元，所以，犯罪减少50%的话纳税人会节省60亿美元。

减少大规模监禁的花费

D.1认为通过B.2可以进一步减少对大规模监禁的需求，因为表10-2的投资，犯罪继续减少。犯罪减少50%的话，警察、法庭和矫正的花费也削减50%。

保持警察的现有水平数量很明智，但是更明智的是要将警务重点转移，转向预防策略，例如，他们可以在问题地方运用问题解决的方法来减少犯罪，他们还可以将重点放在减少交通伤亡上，因为他们对拯救生命可以产生重要影响。

与此相反，矫正在监禁方面只有很小益处，见第四章，可以通过重点社会发展和犯罪前预防这些成本有效的方法实现，见第五章。而且，财产犯罪和暴力犯罪的下降表明减少监禁可以节省同样多的成本，例如，纽约市在犯罪率下降的同时监禁也大量减少。[21] D.2 指的是与毒品非罪化有关的重要红利，科罗拉多州和华盛顿州成为美国和世界上率先将大麻的娱乐性目的非罪化的两个州，他们对大麻像对酒那样进行管理、征税和控制。[22] 如果这一立法没有联邦的干预，它会对应对性的犯罪控制成本有非常重要的影响。杰佛瑞·迈轮（Jeffrey Miron）是这一领域的专家，他已经证实全国对大麻管理和征税的变革所节省的钱达 90 亿美元。

来自于约束的收入

E.1 和 E.2 指的是可能带来的税收。迈轮还估测如果也像对现在的烟酒那样对大麻征税的话，会带来公共资金流入，他估计单单对大麻收税这一数字就可以达到 90 亿美元。所有这些数字都假

---

[21] James F. Austin and Michael Jacobson, "How New York City Reduced Mass Incarceration: A Model for Change?"（工作论文，Brennan Center for Justice at New York University School of Law, 2013），http://www.brennancenter.org/sites/default/files/publications/How_NYC_Reduced_Mass_Incarceration.pdf, accessed February 27, 2013.

[22] Drug Policy Alliance, "Colorado and Washington State Make History, Become First U.S. States to Regulate, Tax and Control Marijuana Like Alcohol", press release, November 7, 2012, http://www.drugpolicy.org/news/2012/11/colorado-and-washington-state-make-history-become-first-us-states-regulate-tax-and-cont.

定在所有州都征收同样的税，否则，购买者会避免在税高的州购买大麻。[23]E.2 和第八章的酒精有关，我们看到减少暴力的一个方法是减少酒精的使用，而减少酒精使用的一个方法是提高其价格。实际上，在纽约市，提高烈性酒的税收被认为是 20 世纪 90 年代该市暴力大量减少的主要因素。[24] 每年美国酒精业的总收入是 1370 亿美元。再经过两三年征收额外 3% 的税每年会带来另外 40 亿美元的收入。[25] 我在表格中没有提及重新获得失去的生产力所带来的税收，但是这可能也很重要，前提是经济消化了多余的劳动力。[26]

连续减少大规模监禁

研究表明，大规模监禁可以通过表 10-3 中的 B.2 项和 D.1 项中的做法减少，对犯罪率没有主要影响。在问题地方对儿童和青年人进行投资，大量减少监禁更能维护社区安全，减少因为大规模监禁和体制中种族歧视因素相关后果带来的消极影响（以及接下来的

---

[23] Jeffrey Miron and Katherine Waldock, "The Budgetary Impact of Ending Drug Prohibition" (white paper, Cato Institute, Washington, DC, 2010).

[24] Andrew Karmen, New York Murder Mystery: The True Story behind the Crime Crash of the 1990s (New York: New York University Press, 2000).

[25] "Alcohol Industry 101: Its Structure & Organization" (工作论文，American Medical Association Office of Alcohol and Drug Abuse, Chicago, IL, 2004), http://www.alcoholpolicymd.com/pdf/AMA_Final_web_1.pdf.

[26] P. Corso, J. Mercy, T. Simon, E. Finkelstein, and T. Miller, "Medical Costs and Productivity Losses Due to Interpersonal and Self-directed Violence in the United States", *American Journal of Preventive Medicine* 32, no. 6 (2007): 474–82; *Deepali Patel and Rachel Taylor, eds., Social and Economic Costs of Violence: Workshop Summary* (Washington, DC: National Academies Press, 2012).

再犯循环）。[27] 而且，警察记载财产犯罪下降到 20 世纪 60 年代的水平，暴力犯罪率降到 20 世纪 70 年代的水平。总的来讲，今天美国的普通犯罪率和其他富裕民主国家的水平同等，而这些国家的监禁率是欧洲的水平，所以为什么不将美国的监禁水平调整到这一水平呢？例如，美国 1970 年州和联邦监狱人口为 30 万人，地方监狱为 20 万人，这相当于每 10 万人中监禁 200 人。但是在第四章我们看到截至 1990 年，美国的监禁率在 20 年内大约翻了一番，达到了 110 万人。在 20 年后的今天，监禁率大约又翻了一番。所以，D.1 中提到将今天的监禁率水平减少 50% 的话，美国大概又回到 1990 年的水平。继续减少到 1980 年的水平会节省另外 280 亿美元（F.1）。减少到 1970 年水平会节省 30 亿美元（F.2），减少到欧洲的水平会节省 150 亿美元（F.3）。

20 世纪，富裕的民主国家时不时地对犯罪人实行大赦，目的是减少过多的监禁和花费，有时减少 50% 的监禁。[28] 而且美国精神病医院病人的数量是那些医院里强行监禁数量的十分之一。事实是政府不投资于社区管理精神病人的项目，这比衡量到底投资于减少监禁聪明与否更重要。所以 F.1 项只将监禁率减少到 1980 年的水平，F.3 项将监禁率减少到欧洲国家的平均水平。政府通过大赦可以达到这些水平，这只是需要一个决定，即政府不能达到这些水平，尤其是当他们对黑人监禁比例不平衡时。

---

[27] Michelle Alexander, The New Jim Crow: Mass Incarceration in the Age of Colorblindness (New York: New Press, 2010).

[28] Irvin Waller and Janet Chan, "Prison Use: A Canadian and International Comparison", *Criminal Law Quarterly 17, no. 1* (December 1974) : 47–71; also in *Correctional Institutions*, 2nd ed., edited by L. T. Wilkins and D. Glazer, 41–60 (Philadelphia: Lippincott, 1977).

记住要想避免清空精神病院的不良后果，释放大量的精神病人需要一系列有效的相应的预防措施，因为经证明这些措施能减少街头暴力、针对女性的暴力、危险驾驶和无行为能力驾驶造成的交通伤亡，这些项目可以更大程度上减少犯罪，而监狱的无效会带来犯罪的轻微上升。

非罪化其他非法毒品

表 10-3 中最后一项列出了和非罪化非法毒品（包括大麻）节省的成本。葡萄牙非罪化（没有合法化）如可卡因和海洛因这些非法毒品，包括开海洛因处方或者注射点。迈轮估计减少对非罪化这些个人使用为目的毒品的应对性犯罪控制可以节省成本 330 亿美元，他还估计如果对非法毒品也像对烟酒那样征税的话还可以节省 380 亿美元。[29] 然而，加拿大和欧洲都没有对这些毒品征过税，而且对一些至瘾毒品使用者征税也不现实，因为他们无家可归，没有工作。所以减少警务、法庭和矫正的花费充其量只能节省 330 亿美元。为了避免计算两次，笔者将这些用括号标注，因为这些节省是通过释放精神病人取得的，如果非法毒品可以非犯罪化的话，还会有另外的节省。

五、结论

和其他富裕民主国家一样，美国的犯罪和暴力一直在减少，但

---

[29] Miron and Waldock, "The Budgetary Impact".

是它们仍对很多被害人造成巨大的损失和带来巨大痛苦，而这些可以得到预防。每年纳税人的钱有 2600 亿美元花在应对性犯罪控制上，但是很少花在受害预防上，相反，大量的公共资金花在事后应对上。

本书指出很多在犯罪造成伤害之前制止犯罪的举措，这些举措主要在美国由美国的专家进行实施和评估，受到令人尊敬的美国权威机构司法部的认可。具有讽刺意味的是，司法部真正实施这些做法，给州和地方政府提供大量资金，只是暂时制止了犯罪。

我们知道对经检验证明了的儿童和青少年发展项目进行投资可以减少犯罪和暴力，产生巨大红利，每投 1 美元大约节省 10 美元。这 10 美元大部分是对被害人减少的伤害，这对我来说很重要，但是至少有 1 美元是减少执法和刑事司法的需要，事实上，只有当执法、司法和矫正减少预算，纳税人才能节省这 1 美元。

纳入学校的一般项目也会减少暴力和财产犯罪，重要的是，他们会改变男性对性暴力和酒精滥用的态度和行为。扩大对街头团伙年轻人的服务可以减少枪支暴力，增加教育水平，所以对这些经证明的项目进行投资可以大大减少犯罪和暴力。

如果传统执法体制要想更有效地进行预防的话，警察需要停止孤立的工作方式，不要只在事后做出应对，相反，他们需要和社区机构合作，通过前瞻性方法来解决犯罪问题，他们还需要培训，注重（1）在问题地方减少枪支来制止犯罪；（2）减少超速和无行为能力驾驶行为；（3）重点解决酒精滥用问题。这些转变可能只通过重新分配人员得以实现，减少犯罪也一样。

想让矫正更有效，也有可实施的一些项目，这些项目，包括认知行为治疗和家庭功能服务大量减少再犯。尽管基于监狱的项目必须得到资助,但总体上还有缩减空间。事实上,美国的监禁水平可以达到类似于其他富裕民主国家的水平,而又不危及潜在的暴力被害人。这个体制需要停止监禁大量不严重犯罪的黑人,因为黑人比例太大,这样做不能制止黑人的高杀人率。

美国还必须减少酒驾的数量,注重规范超速、危险驾驶和不专心驾驶的标准。道路安全还可以通过降低法定血液酒精浓度水平来加强,还有空间通过更严格的施工标准使犯罪远离我们的生活,使我们的房屋免于被盗,使我们的社区更有凝聚力,通过安装电子智能的小装置来减少被盗概率。

城市主要的兴趣是保护纳税人的安全,合理节省纳税。他们的主要作用是确保将警务和监禁转变到问题地方最需要的暴力预防上,他们必须收集更多数据确保针对最需要的地方。如果我们能看到主要变化,那么联邦政府必为各州转向更有效的犯罪预防和受害预防提供动力。

这些都是最终需要减少美国每天被害人及其家庭伤害、痛苦和损失需做出转变的具体范例,可以节省3000亿多美元。这一转变不仅减轻被害人生活质量的丧失,还可以节省犯罪可见的成本,包括生产力丧失和急诊室的成本。广泛非罪化大麻的娱乐使用也可以减少成本,因为可以对其征收使用税,这样可以制止酒精滥用和控制大麻的使用。

纳税人的这些钱有1000亿美元可以用于减少大规模监禁,这需要几年时间,因为人口高峰期出生的矫正官员得退休,对其他人重新分配。我们有充足理由不再将纳税人的钱乱花在昂贵的犯罪应对上，不再将钱花在不能保护被害人生命的项目上。

本书可供纳税人、潜在的被害人、执政者和媒体阅读，它分享了智慧的犯罪控制如何为美国和全世界富裕的民主国家，为我们和孩子带来更安全的社区，它为不富裕的民主国家提供了保障社区安全的做法，同时智慧地对暴力预防的成本进行控制。

参考书目

1. Alexander, Michelle. *The New Jim Crow: Mass Incarceration in the Age of Colorblindness*. New York: New Press, 2010.

2. All-Party Parliamentary Group on Drug Policy Reform. "Towards a Safer Drug Policy: Challenges and Opportunities Arising from 'Legal Highs' ". Working paper, All-Party Parliamentary Group on Drug Policy Reform, London, 2013.

3. American Bar Association. "National Inventory of the Collateral Consequences of Conviction". http://www.abacollateralconsequences.org/CollateralConse-quences/map.jsp. Accessed March 19, 2013.

4. Annie E. Casey Foundation. "Juvenile Detention Alternatives Initiative Resources". Annie E. Casey Foundation, http://www.aecf.org/Knowledge Center/Publications Series/JDAIResources.aspx. Accessed March 11, 2013.

"No Place for Kids: The Case for Reducing Juvenile Incarceration". Working paper, Annie E. Casey Foundation, Baltimore, MD, 2011. http://www.aecf.org/Our Work/Juvenile Justice/Juvenile Justice Report.aspx. Accessed March 20, 2013.

5. Audit Commission. *Misspent Youth⋯ Young People and Crime*.

London:Audit Commission for Local Authorities and National Health Service in England and Wales, 1996.

6. Austin, James F. "The Proper and Improper Use of Risk Assessment in Corrections". Federal Sentencing Reporter 16 (2004): 1–6.

7. Austin, James F., Todd Clear, Troy Duster, David F. Greenberg, John Irwin, Candace Mc Coy, Alan Mobley, Barbara Owen, and Joshua Page. "Unlocking America: Why and How to Reduce America's Prison Population". Working paper, JFA Institute, Washington, DC, 2007.

8. Austin, James F., and Michael Jacobson. "How New York City Reduced Mass Incarceration: A Model for Change?" Working paper, Brennan Center for Justice at New York University School of Law, 2013. http://www.brennan-center.org/sites/default/files/publications/How_NYC_Reduced_Mass_Incar-ceration.pdf. Accessed February 27, 2013.

9. Baumer, Eric P., and Kevin T. Wolff. "Evaluating Contemporary Crime Drop(s) in America, New York City, and Many Other Places," Justice Quar-terly (2012): 1–34.

10. Bellis, Mark A., Karen Hughes, Clare Perkins, and Andrew Bennett. "Pro-tecting People, Promoting Health: A Public Health Approach for Violence Prevention for England". Working paper, North West Public Health Obser-vatory, Liverpool, October 2012.

11. Bennett, Trevor, Katy Holloway, and David Farrington. "The Effectiveness of Neighborhood Watch". Campbell Systematic Reviews 18 (2008).

12. Berman, Greg, and John Feinblatt. Good Courts: The Case for Problem-Solving Justice. New York: New Press, 2005.

13. Black, M. C., K. C. Basile, M. J. Breiding, S. G. Smith, M. L. Walters, M. T. Merrick, J. Chen, and M. R. Stevens. The National Intimate Partner and Sexual Violence Survey (NISVS): 2010 Summary Report. Atlanta, GA: National Center for Injury Prevention and Control, Centers for Disease Control and Prevention, 2011.

14. Blincoe, Lawrence J., Angela G. Seay, Eduard Zaloshnja, Ted R. Miller, Edu-ardo O. Romano, Stephen Luchter, and Rebecca S. Spicer. "The Economic Impact of Motor Vehicle Crashes 2000". Working paper, National Highway Traffic Safety Administration, Washington, DC, 2002.

15. Blumstein, Al, and J. Wallman, eds. The Crime Drop in America. Cambridge: Cambridge University Press, 2000.

16. Bonta, James, and Donald Andrews. "Risk-Need-Responsivity Model for Offender Assessment and Rehabilitation 2007–06". Working paper, Public Safety Canada, Ottawa, 2007.

17. Braga, Anthony, and David Weisburd. "The Effects of 'Pulling Levers': Focused Deterrence Strategies on Crime". *Campbell Systematic Reviews* 8, no. 6 (2012).

Policing Problem Places: Crime Hot Spots and Effective Prevention. New York: Oxford University Press, 2012.

18. Byrne, James. "Drunk Driving: An Assessment of 'What Works' in the Areas of Classification, Treatment, Prevention and

Control". Working paper, Council of Productivity and Management, State of Maryland, Department of Parole and Probation, Drinking Driver Monitor Program. University of Massachusetts, Lowell, 2003.

19. Campbell, J. C., N. Glass, P. W. Sharps, K. Laughon, and T. Bloom. "Intimate Partner Homicide: Review and Implications of Research and Policy". *Trauma, Violence, and Abuse* 8, no. 3 (July 2007): 246–69.

20. Campbell, Kristine, Andrea M. Thomas, Lawrence J. Cook, and Heather T. Keenan. "Resolution of Intimate Partner Violence and Child Behavior Problems after Investigation for Suspected Child Maltreatment". JAMA Pediatrics 324 (2013): 1–7.

21. Carson, Ann, and William J. Sabol. "Prisoners in 2011". Working paper, Bureau of Justice Statistics, Washington, DC, December 2012.

22. Caulkins, Jonathan, and Sara Chandler. "Long-Term Trends in Incarceration of Drug Offenders in the United States". *Crime and Delinquency* 54, no. 4 (2006): 619–41.

23. Center for the Study and Prevention of Violence. "Blueprints Program". Model programs for preventing violence are available at http://www.colorado.edu/cspv/blueprints/ and http://www.blueprintsprograms.com/.

24. Centers for Disease Control and Prevention. "Safe Youth. Safe Schools". http://www.cdc.gov/Features/Safe Schools/.

"2010 Mortality Multiple Cause Micro-data Files. Table 10".

http://www.cdc.gov/nchs/data/dvs/deaths_2010_release.pdf. Accessed February 17, 2013.

25. Center for Problem-Oriented Policing. http://www.popcenter.org/.

26. Chalk, Rosemary, and Patricia A. King, eds. *Violence in Families: Assessing Prevention and Treatment Programs*. Washington, DC: National Academy Press, 1998.

27. Chettiar, Inimai, and Ethan Nadelmann. "Justice Department Can Be Smarter about Sequester". *The Hill's Congress Blog* (blog). http://thehill.com/blogs/congress-blog/economy-a-budget/284953-justice-department-can-be-smarter-about-sequester#ixzz2M6t B6Kk N.

28. Cissner, Amanda, Melissa Labriola, and Michael Rempel. "Testing the Effects of New York's Domestic Violence Courts: A Statewide Impact Evaluation". Working paper, Center for Court Innovation, New York, 2013. http://www.courtin-novation.org/sites/default/files/documents/statewide_evaluation_dv_courts.pdf.

29. Clarke, Ronald. Situational *Crime Prevention: Successful Case Studies*. Albany, NY: Harrow and Heston, 1997.

30. Clement, Marshall, Matthew Schwarzfeld, and Michael Thompson. "The National Summit on Justice Reinvestment and Public Safety: Addressing Recidivism, Crime, and Corrections Spending". Working paper, Council of State Governments Justice Center, New York, January 2011.

31. Cloud, David, and Chelsea Davis. "Treatment Alternatives to Incarceration for People with Mental Health Needs in the Criminal

Justice System: The Cost-Savings Implications". Working paper, Vera Institute of Justice, New York,February 2013. http://www.vera. org/sites/default/files/resources/downloads/treatment-alternatives-to-incarceration.pdf.

32. Cohen, Mark A., and Alex R. Piquero. "New Evidence on the Monetary Value of Saving a High Risk Youth". *Journal of Quantitative Criminology* 25, no. 1 (March 2009): 25–49.

33. Coker, Ann L., Patricia G. Cook-Craig, Corrine M. Williams, Bonnie S. Fisher, Emily R. Clear, Lisandra S. Garcia, and Lea M. Hegge. "Evaluation of Green Dot: An Active Bystander Intervention to Reduce Sexual Violence on College Campuses". *Violence Against Women* 17 (2011): 777–96.

34. Community Guide. "Reducing Alcohol-Impaired Driving: Ignition Interlocks", October 1, 2010. Available at www.thecommunityguide.org/mvoi/AID/ignitioninterlocks.html.

35. Cooper, Alexia, and Erica L. Smith. "Homicide Trends in the United States, 1980–2008, Annual Rates for 2009 and 2010". Working paper, Bureau of Justice Statistics, November 2011. http://bjs.ojp.usdoj.gov/content/pub/pdf/htus8008.pdf. Accessed February 20, 2013.

36. Corso, P., J. Mercy, T. Simon, E. Finkelstein, and T. Miller. "Medical Costs and Productivity Losses Due to Interpersonal and Self-directed Violence in the United States". *American Journal of Preventive Medicine* 32, no. 6 (2007): 474–82.

37. Crooks, Claire V., David A. Wolfe, Ray Hughes, Peter G.

Jaffe, and Debbie Chiodo. "Development, Evaluation and National Implementation of a School Based Program to Reduce Violence and Related Risk Behaviours: Lessons from the 4*th* R". *IPC Review* 2 (March 2008): 109–36.

38. Cross, Brittany. "Mental Health Courts Effectiveness in Reducing Recidivism and Improving Clinical Outcomes: A Meta-Analysis". Master's thesis, University of South Florida, 2011.

39. Cullen, Francis T., Cheryl Lero Jonson, and Daniel S. Nagin. "Prisons Do Not Reduce Recidivism: The High Cost of Ignoring Science". Prison Journal 3 (2011) supplement.

40. Department for Transport. "Reported Road Casualties in Great Britain: 2011 Provisional Estimates for Accidents Involving Illegal Alchohol Levels, Statistical Release". Department for Transport, August 16, 2012. https://www.gov.uk/government/publications/reported-road-casualties-in-great-britain-2011-provisional-estimates-for-accidents-involving-illegal-alcohol-levels.

41. Dhani, Amardeep. "Police Service Strength: England and Wales, 31 March 2012". Statistical bulletin, Home Office, July 26, 2012. http://www.homeoffice.gov.uk/publications/science-research-statistics/research-statistics/police-reserach/hosb0912/hosb0912?view=Binary.

42. Donziger, Steven, ed. *The Real War on Crime: The Report of the National Criminal Justice Commission*. New York: Harper Perennial, 1996.

43. Dowden, Craig, and D. A. Andrews. "What Works in Young

Offender Treatment: A Meta-Analysis". *Forum on Corrections Research* 11, no. 2 (1999).

44. Dugan, Laura, Daniel Nagin, and Richard Rosenfeld. "Explaining the Decline in Intimate Partner Homicide: The Effects of Changing Domesticity, Women's Status, and Domestic Violence Resources". *Homicide Studies* 3, no. 3 (August 1999): 187–214.

45. Durlauf, Steven, and Daniel Nagin. "Imprisonment and Crime: Can Both Be Reduced?" *Criminology & Public Policy* 10, no. 1 (2011): 13–54.

46. Elder, R. W., R. A. Shults, D A. Sleet, James L. Nichols, Stephanie Zaza, and Robert S. Thompson. "Effectiveness of Sobriety Checkpoints for Reducing Alcohol-Involved Crashes". *Traffic Injury Prevention* 3 (2002): 266–74.

47. Ellis, Tom, and Peter Marshall. "Does Parole Work? A Post-release Comparison of Reconviction Rates for Paroled and Non-paroled Prisoners". *Australian and New Zealand Journal of Criminology* 33, no. 3 (2000): 300–317.

48. European Monitoring Centre for Drugs and Drug Addiction. *State of Drugs Problem in Europe* 2011: Annual Report. Lisbon: European Monitoring Centre for Drugs and Drug Addiction, 2011.

49. European Transport Safety Council. "Police enforcement strategies to reduce traffic casualties in Europe". Working paper, European Transport Safety Council, Brussels, Belgium, 1999.

50. Farrington, David P. "Criminal Careers". In *The Cambridge*

Handbook of Forensic Psychology, edited by J. M. Brown and E. A. Campbell, 475–83. Cambridge: Cambridge University Press, 2010.

51. Farrington, David P., and B. C. Welsh. *Saving Children from a Life of Crime: Early Risk Factors and Effective Interventions*. Oxford: Oxford University Press, 2007.

52. Federal Bureau of Investigation. "Table 1, Crime in the United States by Volume and Rate per 100,000 Inhabitants, 1992–2011". Federal Bureau of Investigation, http://www.fbi.gov/about-us/cjis/ucr/crime-in-the-u.s/2011/crime-in-the-u.s.-2011/tables/table-1.

53. Fisher, Bonnie. "Shifting the Paradigm: Primary Prevention on Campuses". Power Point presentation at the 5th Annual Campus Safety Summit, Dennison University, 2011. https://www.ohiohighered.org/files/uploads/Campus Safety/Fisher-August-2011-v5.ppt. Accessed February 26, 2013.

54. Fisher Bonnie, F. Cullen, and M. Turner. "The Sexual Victimization of College Women". Research paper, National Institute of Justice, Bureau of Justice Statistics, Washington, DC, December 2000. https://www.ncjrs.gov/pdf-files1/nij/182369.pdf.

55. Fleegler, Eric W., Lois K. Lee, Michael C. Monuteaux, David Hemenway, and Rebekah Mannix. "Firearm Legislation and Firearm-Related Fatalities in the United States". *JAMA Internal Medicine* 173, no. 9 (2013): 1–9.

56. Florida, Richard. "A Growing Divide in Urban Gun Violence". Atlantic Cities, January 10, 2013. http://www.theatlanticcities.com/

neighborhoods/2013/01/growing-divide-urban-gun-violence/4328/.

57. Garside, Richard, and AriannaSilvestri. "Justice Policy Review: Volume 2, 6 May 2011 to 5 May 2012". Working paper, Centre for Justice and Policy Studies, London, 2013.

58. Gendreau, Paul, Tracy Little, and Claire Goggin. "Meta-analysis of the Predictors of Adult Offender Recidivism: What Works?" Criminology 34, no. 4, (1996): 575–608.

59. Glaser, Dan. *The Effectiveness of a Prison and Parole System*. Indianapolis: Bobbs-Merrill, 1964.

60. Glaze, Lauren E., and Erika Parks. "Correctional Populations in the United States, 2011". Bulletin, Bureau of Justice Statistics, United States Department of Justice, November 2012.

61. Global Commission on Drug Policy. "Report of the Global Commission on Drug Policy". Working paper, Global Commission on Drugs, 2011. http://www.globalcommissionondrugs.org/wp-content/themes/gcdp_v1/pdf/Global_Commission_Report_English.pdf.

62. Goldblatt, Peter, and Chris Lewis, eds. "Reducing Offending: An Assessment of Research Evidence on Ways of Dealing with Offending Behaviour". Working paper, Home Office, Research and Statistics, 1998, London.

63. Gondolf, Edward. "Theoretical and Research Support for the Duluth Model: A Reply to Dutton and Corvo Transforming a Flawed Policy: A Call to Revive Psychology and Science in Domestic Violence Research and Practice". *Aggression and Violent Behavior* 11 (September

2006): 457-83. http://www.theduluthmodel.org/pdf/Theoretical%20 and%20Research%20Support.pdf. Accessed February 12, 2013.

64. Greenwood, Peter W., Brandon C. Welsh, and Michael Rocque. "Implementing Proven Programs for Juvenile Offenders: Assessing State Progress". Working paper, Association for the Advancement of Evidence-Based Practice, December 2012. http://www.advancingebp.org/?page_id=18. Accessed April 16, 2013.

65. Harrendorf, Stefan, Markku Heiskanen, and Steven Malby, eds. "International Statistics on Crime and Justice". Working paper, European Institute on Crime Prevention and Criminal Justice, Helsinki, 2010.

66. Heaton, Paul. "Hidden in Plain Sight: What Cost of Crime Research Can Tell Us about Investing in Police". Working paper, Rand Corporation, 2010. http://www.rand.org/pubs/occasional_papers/OP279.html. Accessed April 14, 2013.

67. Heckman, James J., SeongHyeok Moon, Rodrigo Pinto, Peter A. Savelyev, and Adam Yavitz. "The Rate of Return to the High/Scope Perry Preschool Program". Discussion Paper No. 4533, Institute for the Study of Labor, Bonn, October 2009. ftp://ftp.iza.org/SSRN/pdf/dp4533.pdf. Accessed February 14, 2013.

68. Henry, Kelli, and Dana Kralstein. Community Courts: The Research Literature. New York: Center for Court Innovation, 2011. http://www.courtinnovation.org/sites/default/files/documents/Community%20Courts%20Research%20Lit.pdf. Accessed February 2,

2013.

69. Her Majesty's Inspectorate of Constabulary. "How to Use the Crime and Policing Comparator". http://www.hmic.gov.uk/crime-and-policing-comparator/how-to/. Accessed January 9, 2013.

"What Is the Best Thing the Police Can Do to Reduce Crime?" Her Majesty's Inspectorate of Constabulary. http://www.hmic.gov.uk/pcc/what-works-in-policing-to-reduce-crime/what-is-the-best-thing-the-police-can-do-to-reduce-crime/. Accessed February 25, 2013.

70. Howell, J. C., and M. W. Lipsey. "Research-Based Guidelines for Juvenile Justice Programs". Justice Research and Policy 14, no. 1 (2012): 17–34.

71. Hughes, C. A., and A. Stevens. "What Can We Learn from the Portuguese Decriminalization of Illicit Drugs?" British Journal of Criminology 50 (2010): 999–1022.

72. Innes, Martin. "Doing More with Less: The 'New' Politics of Policing". Public Policy Research 18, no. 2 (June 2011): 73–80.

73. Institute of Medicine. "Clinical Preventive Services for Women: Closing the Gaps". Report brief, Institute of Medicine, National Academy of Sciences, 2011.

74. International Traffic Safety and Analysis Group. Road Safety: Annual Report 2011. http://www.internationaltransportforum.org/irtadpublic/pdf/11Irtad Report.pdf. Accessed February 18, 2013.

75. International Transportation Forum. "Towards Zero: Ambitious Road Safety Targets and the Safe System Approach". Report, Joint

Transport Research Center, 2008. http://www.internationaltransportforum. org/jtrc/safety/targets/targets.html. Accessed January 7, 2013.

76. James, Doris J., and Lauren E. Glaze. "Mental Health Problems of Prison and Jail Inmates, Highlights". Bureau of Justice Statistics, September 2006. http://www.bjs.gov/content/pub/pdf/mhppji.pdf.

77. Justice Policy Institute. "Rethinking the Blues: How We Police in the US and at What Cost". Working paper, Justice Policy Institute,Washington, DC, 2012. http://www.justicepolicy.org/uploads/justicepolicy/documents/rethinkingth-eblues_final.pdf. Accessed February 27, 2013.

78. Karmen, Andrew. *New York Murder Mystery: The True Story behind the Crime Crash of the* 1990s. New York: New York University Press (2000).

79. Kauder, Neal, and Brian Ostrom. State Sentencing Guidelines: Profiles and Continuum. Williamsburg, VA: National Center for State Courts, 2008.

80. Kelling, George, Tony Pate, DuaneDieckman, and Charles Brown. *Kansas City Preventive Patrol Experiment: A Summary Report*. Washington, DC: Police Foundation, 1974.

81. Kelling, George, and William Sousa. "Do Police Matter? An Analysis of the Impact of New York City's Police Reforms". Working paper, New York: Center for Civic Innovation at the Manhattan Institute, New York, December 2001.

82. Kennedy, David. *Don't Shoot: One Man, A Street Fellowship,*

and the End of Violence in Inner-City America. New York: Bloomsbury, 2011.

83. Kennedy, David, Anthony Braga, Anne Piehl, and Elin Waring. "Reducing Gun Violence: The Boston Gun Project's Operation Ceasefire". Research report, National Institute of Justice, Washington, DC, 2001.

84. Kilpatrick, D. G., Heidi S. Resnick, Kenneth J. Ruggiero, Lauren M. Conoscenti, and Jenna Mc Cauley. "Drug-Facilitated, Incapacitated, and Forcible Rape: A National Study". Working paper, National Institute of Justice, Washington, DC, July 2007. https://www.ncjrs.gov/pdffiles1/nij/grants/219181.pdf.

85. King, Ryan, and Jill Pasquarella. *Drug Courts: A Review of the Evidence*. Washington, DC: Sentencing Project, 2009.

86. Knapp, Kay. What Sentencing Reform in Minnesota Has and Has Not Accomplished. Judicature 68, no. 3 (October–November 1984): 181–89.

87. Kyckelhahn, Tracey. "Justice Expenditure and Employment Extracts, 2009—Preliminary". Bureau of Justice Statistics, May 30, 2012. http://www.bjs.gov/index.cfm?ty=pbdetail&iid=4335.

88. Labriola, Melissa, Sarah Bradley, Chris S. O'Sullivan, Michael Rempel, and Samantha Moore. "A National Portrait of Domestic Violence Courts". Working paper, Center for Court Innovation, New York, December 2009. https://www.ncjrs.gov/pdffiles1/nij/grants/229659.pdf. Accessed February 2010.

89. Labriola, Melissa, Michael Rempel, and Robert C. Davis. "Testing the Effectiveness of Batterer Programs and Judicial Monitoring: Results from a Randomized Trial at the Bronx Misdemeanor Domestic Violence Court". Working paper, Center for Court Innovation, National Institute of Justice, November 2005.

90. Landenberger, N. A., and M. A. Lipsey. "The Positive Effects of Cognitive Behavioral Programs for Offenders: A Meta-analysis of Factors Associated with Effective Treatment". *Journal of Experimental Criminology* 1 (2005): 451–76.

91. Latessa, Edward J., Lori B. Lovins, and Paula Smith. "Final Report: Follow-up Evaluation of Ohio's Community Based Correctional Facility and Halfway House Programs—Outcome Study". Working paper, Center for Criminal Justice Research, University of Cincinnati, February 2010. http://www.drc.ohio.gov/public/UC%20Report.pdf.

92. Lee, Stephanie, Steve Aos, Elizabeth Drake, Annie Pennucci, Marna Miller, and Laurie Anderson. "Return on Investment: Evidence-Based Options to Improve Statewide Outcomes—April 2012 Update". Working paper, Washington State Institute for Public Policy, April 2012. http://www.wsipp.wa.gov/pub.asp?docid=12-04-1201.

93. Levitt, Steven D. "Understanding Why Crime Fell in the 1990s: Four Factors That Explain the Decline and Six That Do Not". *Journal of Economic Perspectives* 18, no. 1 (Winter 2004): 163–90. http://pricetheory.uchicago.edu/levitt/Papers/Levitt Understanding Why Crime2004.pdf. Accessed April 14, 2013.

94. Lipsey, Mark W. "The Primary Factors that Characterize Effective Interventions with Juvenile Offenders: A Meta-Analytic Overview". *Victims & Offenders* 4, no. 2 (2009): 124–47.

95. Lipsey, Mark W., James C. Howell, Marion R. Kelly, Gabrielle Chapman, and Darin Carver. "Improving the Effectiveness of Juvenile Justice Programs: A New Perspective on Evidence-Based Practice". Working paper, Center for Juvenile Justice Reform, Washington, DC, December 2010.

96. Lonsway, Kimberly A., Victoria L. Banyard, Alan D. Berkowitz, Christine A. Gidycz, Jackson T. Katz, Mary P. Koss, Paul A. Schewe, and Sarah E. Ull-man, with contributions from Dorothy Edwards. "Rape Prevention and Risk Reduction: Review of the Research Literature for Practitioners". VAWNET, National Online Resource Center for Violence Against Women, 2009. http://www.vawnet.org/applied-research-papers/print-document.php?doc_id=1655.

97. Mac Kenzie, Doris L. What Works in Corrections: *Reducing the Criminal Activities of Offenders and Delinquents*. Cambridge: Cambridge University Press, 2006.

98. MADD. "Rating the States' Drunk Driving Efforts". Mothers against Drunk Driving. http://www.madd.org/drunk-driving/campaign/state-report.html. Accessed February 16, 2013.

99. Mauer, Mark, and Kate Epstein, eds. "To Build a Better Criminal Justice System: 25 Experts Envision the Next 25 Years of Reform". Working paper, Sentencing Project, Washington, DC, 2011.

100. Mayor's Office for Policing and Crime. "Police and Crime Plan 2013–2016". Report, Mayor of London, March 2013.

101. Maxwell, Christopher D., Joel H. Garner, and Jeffrey A. Fagan. "The Effects of Arrest on Intimate Partner Violence: New Evidence From the Spouse Assault Replication Program". Research brief, National Institute of Justice, Washington, DC, July 2001.

102. Mc Farlane, Judith, Jacquelyn C. Campbell, and Kathy Watson. "The Use of the Justice System Prior to Intimate Partner Femicide". Criminal Justice Review 26, no. 2 (Autumn 2001): 193–208.

103. Mc Garrell, Edmund F., Natalie KroovandHipple, Nicholas Corsaro, Timothy S. Bynum, Heather Perez, Carol A. Zimmermann, and Melissa Garmo. "Project Safe Neighborhoods—A National Program to Reduce Gun Crime: Final Project". Working paper, National Institute of Justice, Washington, DC, 2009.

104. Miller, M., E. Drake, and M. Nafziger. "What Works to Reduce Recidivism by Domestic Violence Offenders?" Working paper, Washington State Institute for Public Policy, Olympia, January 2013.

105. Miller, T., and D. Hendrie. *Substance Abuse Prevention Dollars and Cents*: A Cost-Benefit Analysis. Rockville, MD: Center for Substance Abuse Prevention, Substance Abuse and Mental Health Services Administration, 2008.

106. Ministry of Justice. "Green Paper Evidence Report: Breaking the Cycle: Effective Punishment, Rehabilitation and Sentencing of Offenders". Working paper, Ministry of Justice, London, 2010.

107. Miron, Jeffrey, and Katherine Waldock. "The Budgetary Impact of Ending Drug Prohibition". White paper, Cato Institute, Washington, DC, 2010.

108. Mitchell, Ojmarrh, David B. Wilson, Amy Eggers, and Doris L. Mac Kenzie. "Assessing the Effectiveness of Drug Courts on Recidivism: A Meta-analytic Review of Traditional and Non-traditional Drug Courts". Journal of Criminal Justice 40 (2012): 60–71.

109. National Center for *Health Statistics. Health United States* 2011: *With Special Feature on Socioeconomic Status and Health.* Hyattsville, MD: National Center for Health Statistics, 2012.

110. National Crime Prevention Council. "Six Safer Cities: On the Crest of the Crime Prevention Wave". Working paper, National Crime Prevention Council, Washington, DC, 1999.

111. National Drug Intelligence Center. *The Economic Impact of Illicit Drug Use on American Society.* Washington DC: United States Department of Justice, 2011.

112. National Highway Traffic Safety Administration (NHTSA). "Traffic Safety Facts 2010: Alcohol-Impaired Driving". Fact sheet, National Highway Traffic Safety Administration, US Department of Transportation, Washington, DC, 2011. http://www-nrd.nhtsa.dot.gov/Pubs/811606.pdf.

"Traffic Safety Facts 2011: Alcohol-Impaired Driving". Fact sheet, National Highway Traffic Safety Administration, US Department of Transportation, Washington, DC, 2012. http://www-nrd.nhtsa.dot.gov/

Pubs/811700.pdf. Accessed February 16, 2013.

113. National Institute of Justice. "Gun Violence Prevention". National Institute of Justice, March 28, 2010. http://www.ojp.usdoj.gov/nij/topics/crime/gun-violence/prevention/welcome.htm.

" 'Swift and Certain' Sanctions in Probation Are Highly Effective: Evaluation of the HOPE Program". Accessed February 4, 2013. http://www.nij.gov/topics/corrections/community/drug-offenders/hawaii-hope.htm.

114. National Registry of Evidence-Based Programs and Practices. "About NREPP". NREPP. http://nrepp.samhsa.gov/About NREPP.aspx.

115. Naumann, R. B., A. M. Dellinger, E. Zaloshnja, B. A. Lawrence, and T. R. Miller. "Incidence and Total Lifetime Costs of Motor Vehicle-Related Fatal and Nonfatal Injury by Road User Type, United States, 2005." Traffic Injury Prevention 11 (2010): 353–60.

116. New York Civil Liberties Union. "Stop-and-Frisk Campaign: About the Issue". NYCLU, 2011. http://www.nyclu.org/issues/racial-justice/stop-and-frisk-practices.

117. Nutt, David J., Leslie A King, and Lawrence D. Phillips. "Drug Harms in the UK: A Multicriteria Decision Analysis on Behalf of the Independent Scientific Committee on Drugs". Lancet 376, no. 9752 (November 2010): 1558–65.

118. Organization for Economic Cooperation and Development, Road Safety Annual Report 2011, Paris, 2013. This is produced by the International Traffic Safety Data and Analysis Group (IRTAD), which

is a permanent working group of the Joint Transport Research Centre of the OECD and the International Transport Forum. See www.irtad.net and http://internationaltransportforum.org/irtadpublic/pdf/09brochure.pdf.

119. Osher, Fred, David A. D'Amora, Martha Plotkin, Nicole Jarrett, and Alexa Eggleston. "Adults with Behavioral Health Needs under Correctional Supervision: A Shared Framework for Reducing Recidivism and Promoting Recovery". Working paper, Council of State Governments Justice Center, National Institute of Corrections, and Bureau of Justice Assistance consensus project, 2012.

120. Papachristos, Andrew V., Tracey L. Meares, and Jeffrey Fagan. "Attention Felons: Evaluating Project Safe Neighborhoods in Chicago". Journal of Empirical Legal Studies 4, no. 2 (2007): 223–72.

121. Patel, Deepali, and Rachel Taylor. Social and Economic Costs of Violence: Workshop Summary. Washington, DC: National Academies Press, 2012.

122. Patterson, Evelyn J. "The Dose-Response of Time Served in Prison on Mortality: New York State, 1989–2003". *American Journal of Public Health* 103, no. 3 (March 2013): 523–28.

123. Pew Center on the States. "State of Recidivism, One in 100: Behind Bars in America". Working paper, Pew Center on the States, Washington, DC, 2008.？ "Time Served: The High Cost, Low Return of Longer Prison Sentences". Working paper, Pew Center on the States, Washington, DC., 2012.

124. President's Commission on Law Enforcement and Administration

of Justice. *The Challenge of Crime in a Free Society*: A Report. New York: Avon, 1968.

125. Prinz, Ronald J., Matthew R. Sanders, Cheri J. Shapiro, Daniel J. Whitaker, and John R. Lutzker. "Population-Based Prevention of Child Maltreatment: The U.S. Triple P System Population Trial". Prevention Science 10 (2009): 1–12.

126. Prothrow-Stith, Deborah, and Howard Spivak. Murder Is No Accident: Understanding and Preventing Youth Violence in America. San Francisco: JosseyBass, 2004.

127. Reddy, Vikrant P., and Marc Levin. "The Conservative Case against More Prisons". American Conservative, March 6, 2013. http://www.theamerican-conservative.com/articles/the-conservative-case-against-more-prisons/com-ment-page-1/#comment-1401741. Accessed March 7, 2013.

128. Region of Waterloo. "Violence Prevention". Region of Waterloo. http://region-ofwaterloo.ca/en/safeHealthy Community/violenceprevention.asp.

129. Reinarman, C., P. Cohen, and H. Kaal. "The Limited Relevance of Drug Policy: Cannabis in Amsterdam and in San Francisco". American Journal of Public Health 94 (2004): 836–42.

130. Reuland, Melissa, Matthew Schwarzfeld, and Laura Draper. "Law Enforcement Responses to People with Mental Illnesses: A Guide to Research-Informed Policy and Practice". Working paper, Council of State Governments Justice Center, New York, 2009.

131. Richardson, E. G., and D. Hemenway. "Homicide, Suicide,

and Unintentional Firearm Fatality: Comparing the United States with Other High-Income Countries, 2003". *Journal of Trauma and Acute Care Surgery* 70, no. 1 (2011): 238–43.

132. Roehl, Jan, Dennis P. Rosenbaum, Sandra K. Costello, James R. "Chip" Coldren Jr., Amie M. Schuck, Laura Kunard, and David R. Forde. "Strategic Approaches to Community Safety Initiative (SACSI) in 10 U.S. Cities: The Building Blocks for Project Safe Neighborhoods". Working paper, National Institute of Justice, Washington, DC, 2006, 72–73.

133. Rossman, Shelli B., Janeen Buck Willison, Kamala Mallik-Kane, Ki Deuk Kim, Sara Debus-Sherrill, and P. Mitchell Downey. "Criminal Justice Interventions for Offenders with Mental Illness: Evaluation of Mental Health Courts in Bronx and Brooklyn". Working paper, Center for Court Innovations, New York, 2006.

134. Royal Society for the Prevention of Accidents. "Drinking and Driving". Working paper, Royal Society for the Prevention of Accidents, Birmingham, England, August 2012. http://www.rospa.com/roadsafety/info/drinking_and_driving.pdf.

135. Sarteschi, Christine M., Michael G. Vaughn, and Kevin Kim. "Assessing the Effectiveness of Mental Health Courts: A Quantitative Review". Journal of Criminal Justice 39, no. 1 (2011): 12–20.

136. Schweinhart, Lawrence, Jeanne Montie, Zongping Xiang, W. Steven Barnett, Clive R. Belfield, and MilagrosNores. "The High/Scope Perry Preschool Study through Age 40: Summary, Conclusions and

Frequently Asked Questions". Working paper, High/Scope Educational Research Foundation, Ypsilanti, MI, 2005.

137. Scotland Violence Reduction Unit. "About the Violence Reduction Unit". VRU. http://www.actiononviolence.com/about-us.

138. Sentencing Project. "Total Corrections Population". http://www.sentencingpro-ject.org/map/map.cfm#map. Accessed February 15, 2013.

139. Shapland, Joanna, Anne Atkinson, Helen Atkinson, James Dignan, Lucy Edwards, Jeremy Hibbert, Marie Howes, Jennifer Johnstone, Gwen Robinson, and Angela Sorsby. "Does Restorative Justice Affect Reconviction? The Fourth Report from the Evaluation of Three Schemes". Working paper, Ministry of Justice Research Series, London, 2008.

140. Sherman, Lawrence, David Farrington, Brandon Welsh, and Doris Mac Kenzie. *Evidence Based Crime Prevention*. New York: Routledge, 2002.

141. Sherman, Lawrence W., and Heather Strang. "Restorative Justice: The Evidence". Working paper, The Smith Institute, London, 2007. http://www.iirp.edu/pdf/RJ_full_report.pdf.

142. Shults, R., D. Sleet, R. Elder, G. Ryan, and M. Sehgal. "Association between State Level Drinking and Driving Countermeasures and Self Reported Alcohol Impaired Driving". Injury Prevention 8, no. 2 (June 2002): 106–10. http://www.ncbi.nlm.nih.gov/pmc/articles/PMC1730839/. Accessed February 16, 2013.

143. Shults, Ruth, R. W. Elder, D. A. Sleet, J. L. Nichols, M. O. Alao, V. G. Carande-Kulis, S. Zaza, D. M. Sosin, and R. S. Thompson. "Reviews of Evidence Regarding Interventions to Reduce Alcohol-Impaired Driving". *American Journal of Preventive Medicine* 21(4 suppl.): 66–88. Available at http://www.thecommunityguide.org/mvoi/mvoi-AJPM-evrev-alchl-imprd-drvng.pdf. Accessed February 16, 2013.

144. Sivak, Michael, and Brandon Schoettle. "Towards Understanding the Recent Large Reductions in U.S. Road Fatalities". Working paper, University of Michigan Transportation Research Institute, Ann Arbor, MI, 2010.

——— "What Reduces Residential Burglary: Action and Research in Seattle and Toronto". In The Victim in International Perspective, edited by Hans Joachim Schneider, 479–92. New York: De Gruyter, 1982.

145. Waller, Irvin, and Janet Chan. "Prison Use: A Canadian and International Comparison". *Criminal Law Quarterly* 17, no. 1 (December 1974): 47–71. Also in *Correctional Institutions*, 2nd ed., edited by L. T. Wilkins and D. Glazer, 41–60. Philadelphia: Lippincott, 1977.

146. Waller, Irvin, and Norm Okihiro. *Burglary, the Victim and the Public*. Toronto: University of Toronto Press, 1978.

147. Waller, Irvin, Daniel Sansfaçon, and Brandon Welsh. *Crime Prevention Digest II: Comparative Analysis of Successful Community Safety*. Montreal: International Centre for Prevention of Crime, 1999.

148. Walmsley, Roy. "World Prison Population List". International Centre for Prison Studies. http://www.idcr.org.uk/wp-content/

uploads/2010/09/WPPL-9-22.pdf. Accessed February 3, 2013.

149. Weatherburn, Don, and Megan Macadam. "A Review of Restorative Justice Responses to Offending". Evidence Base, no. 1 (2013). http://journal.anzsog.edu.au/userfiles/files/EvidenceBase2013Issue1.pdf.

150. Webster, D. W., J. M. Whitehill, J. S. Vernick, and F. C. Curriero. "Effects of Baltimore's Safe Streets Program on Gun Violence: A Replication of Chicago's Cease Fire Program". *Journal of Urban Health* 90, no. 1 (February 2013): 27–40.

151. Welsh, Brandon, and David Farrington, eds. *Preventing Crime: What Works for Children, Offenders, Victims, and Places*. New York: Springer, 2006.

152. Western, Bruce. *Punishment and Inequality in America*. New York: Russell Sage Foundation, 2006.

153. Whitehill, Jennifer, D. W. Webster, S. Frattaroli, and E. M. Parker. "Interrupting Violence: How the Cease Fire Program Prevents Imminent Gun Violence through Conflict Mediation". *Journal of Urban Health* (February 26, 2013): 1.

154. Willett, Terrence. Criminal on the Road: *A Study of Serious Motoring Offences and Those Who Commit Them*. London: Tavistock, 1971.

155. Willis, C., S. Lybrand, and N. Bellamy. "Alcohol Ignition Interlock Programmes for Reducing Drink Driving Recidivism". *Cochrane Database of Systematic Reviews* no. 3 (2004).

156. Wolfe, D. A., C. V. Crookes, P. Jaffe, D. Chiodo, R. Hughes,

W. Ellis, L. Stitt, and A. Donner. "A Universal School-Based Program to Prevent Adolescent Dating Violence: A Cluster Randomized Trial". *Archives of Pediatric and Adolescent Medicine* 163 (2009): 693–99.

157. Woolf, Steven H., and Laudan Aron, eds. U.S. Health in International Perspective: Shorter Lives, Poorer Health. Washington, DC: National Academies Press.

158. World Health Organization. *Global Status Report on Road Safety*, 2013. Geneva: World Health Organization, 2013.

―――― *Preventing Intimate Partner and Sexual Violence against Women: Taking Action and Generating Evidence*. Geneva: World Health Organization, 2010.

―――― "Preventing Violence: A Guide to Implementing the Recommendations of the World Report on Violence and Health". Working paper, World Health Organization, Geneva, Switzerland, 2004. http://www.who.int/vio-lence_injury_prevention/media/news/08_09_2004/en/index.html.

―――― *Violence Prevention: The Evidence*. Geneva: World Health Organization, 2009. http://www.who.int/violence_injury_prevention/violence/4th_milestones_meeting/publications/en/index.html. Accessed April 7, 2013.

―――― *World Report on Violence and Health*. Geneva: World Health Organization, 2002.

159. Youth Justice Board, London. http://www.justice.gov.uk/about/yjb.

160. Zador, P. L. "Alcohol-Related Relative Risk of Fatal Driver Injuries in Relation to Driver Age and Sex". Journal of Studies on Alcohol 52, no. 4 (1991): 302–10.

索　引

图引

图 1-1　美国的谋杀率：比其他富裕的民主国家（地区）高得多..................006

图 1-2　美国的交通死亡率：比其他富裕的民主国家高得多..................007

图 1-3　美国的（高度）监禁率：比其他富裕的民主国家高得多..................008

图 1-4　犯罪给被害人方造成的成本：谋杀、强奸、醉驾和虐童..................013

图 1-5　警察、法庭和矫正增长的税款支出..................020

图 2-1　美国人均拥有的警察率和其他富裕的民主国家相似..................035

图 2-2　未侦破的案件率：警察知道的很多犯罪人没有最终受到逮捕..................041

图 2-3　因毒品而被捕的罪犯数量超过有被害人的被捕数量..................042

图 3-1　毒品的重罪被告数量超过有被害人的重罪被告数量..................068

图 4-1　大规模监禁：从 1980 年到 2010 年监禁率增加了 3 倍..................106

图 4-2　年轻黑人的监禁率最高..................109

图 4-3　真正矫正再犯的矫正项目..................122

图 5-1　应对性的犯罪控制比有效的犯罪前预防昂贵得多..................165

图 6-1　枪支的获得对比杀人的数量：对照加拿大和美国..................193

图 7-1　强奸女性：发生在 25 岁之前的可能性大..................207

图 8-1　美国交通死亡率呈下降趋势：仍然需要赶上富裕民主国家..................228

图 9-1　财产犯罪率：2011 年的财产犯罪率比 1973 年的减少了四分之三..................254

图 9-2　美国的入室盗窃率：和其他的富裕民主国家相似..................257

表引

表 2-1 制止犯罪的执法策略 038

表 3-1 制止犯罪和过度花销的法庭举措 071

表 5-1 预防年轻人成为惯犯的犯罪前预防 139

表 6-1 制止枪支暴力的方法 172

表 7-1 阻止针对女性暴力的举措 204

表 8-1 如何制止交通死亡和酒精有关的暴力 225

表 9-1 制止针对个人财产的犯罪举措 255

表 10-1 能够使政策从过度应对转向制止暴力的因素 289

表 10-2 什么再投资成本可以有效地制止暴力 292

表 10-3 流向犯罪受害人和纳税人的钱 299

Translated from the English Language edition of Smarter Crime Control: A Guide to a Safer Future for Citizens, Communities, and Politicians, by Irvin Waller, originally published by Rowman & Littlefield Publishers, an imprint of The Rowman & Littlefield Publishing Group, Inc., Lanham, MD, USA. Copyright © 2013. Translated into and published in the Chinese Simplified language by arrangement with Rowman & Littlefield Publishing Group, Inc. All rights reserved.

图书在版编目（CIP）数据

智慧的犯罪控制：共建安全未来的指南／（加）欧文·沃勒（Irvin Waller）著；吕岩译. —北京：中国法制出版社，2018.9

书名原名：Smarter Crime Control: A Guide to a Safer Future for Citizens, Communities, and Politicians

ISBN 978-7-5093-9577-6

Ⅰ.①智… Ⅱ.①欧… ②吕… Ⅲ.①犯罪控制—研究 Ⅳ.①D917.6

中国版本图书馆 CIP 数据核字（2018）第 139955 号

策划编辑 马 颖　　　责任编辑 马 颖　王雯汀　　　封面设计 李 宁

智慧的犯罪控制：共建安全未来的指南
ZHIHUI DE FANZUI KONGZHI: GONGJIAN ANQUAN WEILAI DE ZHINAN

著　者／[加拿大]欧文·沃勒
译　者／吕　岩
经　销／新华书店
印　刷／北京中科印刷有限公司
开　本／880 毫米×1230 毫米　32 开
印　张／11.25
字　数／251 千

版次：2018 年 9 月第 1 版／2018 年 9 月第 1 次印刷
书号：ISBN 978-7-5093-9577-6　　　　　定价：56.00 元

北京西单横二条 2 号
邮政编码：100031　　　　　　　传真：010-66031119
网址：http://www.zgfzs.com　　　编辑部电话：010-66060794
市场营销部电话：010-66033393　邮购部电话：010-66033288

（如有印装质量问题，请与本社印务部联系调换。电话：010-66032926）